열린 마음 열린 대화

정봉화

지은이는 1939년 경남 진주에서 태어나 부산고등학교를 거쳐 1962년 육군사관학교를 졸업했으며, 이후 2000년 경남대학교 대학원에서 정치학 박사 학위를 취득했다. 현재 영일기업(주) 대표이사이며, 평화통일정책자문회의 상임위원과 포항종합제철협력사협의회 회장 등을 맡고 있다. 또한 관동대학교 겸임교수로 재직하고 있으며 경남대학교, 경상대학교에 출강하고 있다.

열린 마음 열린 대화

2000년 12월 20일 1판 1쇄 인쇄 / 2000년 12월 26일 1판 1쇄 발행

지은이 정봉화 / 펴낸이 임은주 / 펴낸곳 도서출판 청동거울 / 출판등록 1998년 5월 14일 제13-532호
주소 (135-080) 서울 강남구 역삼동 832-52 상봉빌딩 301호 / 전화 02)564-1091~2
팩스 02)569-9889 / 하이텔I.D. 청동 / 전자우편 cheong21@freechal.com

편집장 조태림 / 본문 편집디자인 문해경 / 표지 디자인 우성남 / 영업관리 정덕호

값 9,000원

잘못된 책은 바꾸어 드립니다.
지은이와의 협의에 의해 인지를 붙이지 않습니다.
무단 전재 및 무단 복제를 금합니다.
ⓒ 2000 정봉화

Copyright ⓒ 2000 Cheong, Bong Hwa
All right reserved.
First published in Korea in 2000
by CHEONGDONGKEOWOOL Publishing Co.
Printed in Korea.

ISBN 89-88286-38-3

열린 마음
열린 대화

정봉화 지음

청동거울

머리말

　필자는 포항종합제철 구내운송 협력 업체인 영일기업(주)의 대표이사로 재직중이다. 이 책에 수록되어 있는 글들은 1985년 회사를 설립하고 1986년 업무를 개시하면서 전국에서 모여든 기능직 사원들을 한 공동체 구성요원으로서 소속감을 고취시키기 위하여 대화의 장인 사보를 발간하면서 쓰기 시작한 글들이다.
　우리 회사의 특성상 모든 기능직 사원들이 출근과 동시에 자신에게 할당된 장비와 함께 임무 수행을 위하여 그 광활한 공장 구석구석을 누비고 일하다 보면 어느새 근무 시간이 종료되고 장비를 교대 인원에게 인계한 후 곧바로 퇴근하게 된다. 이러한 근무의 특수성 때문에 기능직 사원들이 소속감을 느끼지 못할 뿐만 아니라 공동체의 일원으로서 전체를 위한다는 희생 정신 없이 이기적이고 개인적인 분위기로 일관될 수밖에 없었다.
　무릇 한 회사가 성공적인 기업으로 성장하기 위해서는 주어진 여건 속에서 최대의 이윤을 창출해 나가야 한다. 이렇게 되기 위해서는 소속되어 있는 개개인이 자기 희생을 통하여 전체 공동체를 위하는 마음가짐이 집대성되어야 하고 이러한 분위기가 기업 문화를 창출하는 것이다. 기업의 성공은 저절로 이루어지는 것이 아니라 기업을 앞에서 끌어나가는 경영자 및 간부들이 스스로 솔선하고 노력하는 데 많은 영향을 받게 되는 것이다.
　이런 결과로 노사 화합이 이루어진다. 노사 화합의 기본 요소는 구성원 전원의 원활한 의사 소통, 즉 수평·수직 대화가 순조롭게 진행됨으로써 가능한 것이다. 우리 회사는 불행히도 창설 초기 특수한 근무 환경을 극복할 수 있는 대화의 수단과 방법을 제대로 갖지 못하여 노사간에 상당한 불편 관계가 지속될 수밖에 없었다.

이를 극복하기 위하여 회사는 1987년 사보를 발간하기 시작하여 십사 년이 지난 오늘에 이르기까지 한 번도 빠지지 않고 계속되고 있다. 지금은 없어서는 안 될 우리 공동체의 대화의 장으로 자리매김하게 되었다. 이로 인하여 회사내의 원만한 노사 관계가 유지됨은 물론 회사 구성 요원들의 가족까지 공동체 요원으로 묶일 수 있었으며, 회사를 자랑스럽게 생각하고 사랑하는 분위기로 전환될 수 있었다.

이 글들은 사원들에게 사장의 마음을 전하기 위해 쓰여졌다. 열린 마음과 열린 대화가 필자의 목적이었다. 오랜 세월을 통하여 빠지지 않고 쓰다 보니 상당한 분량의 글이 모이게 되었고 회사가 설립되어 지나온 과정에서 그때그때 일어났던 일들을 통하여 회사의 노정을 엮는 역사성을 지니게 되었다. 이번에 책으로 엮게 된 것은 필자의 연륜도 있고 능력의 한계도 서서히 느끼면서 후배에게 공동체 과정을 어떤 형태로든 물려주어야겠다는 마음이 들었기 때문이다. 주제넘게 글 같지 않은 글을 엮어서 책으로 낸다는 것이 어떤 면에서 비경제적인 노력이라는 것을 필자 스스로 인정하는 바이다. 그러나 한 가지 분명한 것은 이 책이 우리 구성원들에게 값진 역사요, 추억이 되리라는 것이다. 비단 목적하는 바의 범위가 큰 것이 아니라고 할지라도 우리 공동체 일원의 영원한 추억으로 간직할 수 있는 수단으로서의 역할을 할 수 있다면 필자는 더 없는 영광으로 생각할 것이다.

 이 책이 만들어지기까지 지도해 주시고 용기를 접을 때마다 다시 펼 수 있게끔 격려해 주신 최동호 교수님께 깊은 감사를 드린다. 또한 원고 정리를 위하여 노력해 준 사보 담당 윤희정, 비서실 진은정 양의 수고 또한 고맙다. 수많은 글들을 일일이 읽고 선별하는 데 일조한 아내와 그리고 아이들에게 감사할 따름이다.

2000년 12월
정봉화

차례

5 머리말

제1부 환경 변화와 기업 경영

15 환경 변화를 예측해야 살아 남는다—철강 산업의 변수 1
18 POSCO 방침에 대처하는 우리의 자세—철강 산업의 변수 2
21 고생을 사서 하는 이유—특수 윤활유공장을 준공하면서
24 새싹을 피우는 마음으로—송년 유감
27 꿈 같은 이야기를 현실로—선진 제철소 물류 견학
31 만남—사보 100호를 기념하며
35 창업 동지에게 감사하며
38 과이불개(過而不改)
41 적소성대(積小成大)
44 백지의 의미
46 한보사건을 보면서
49 협력(協力)과 용역(用役)
52 IMF와 우리
56 10퍼센트의 절감
59 변해야 산다—창립 12주년을 맞으며
64 우리의 소망—새로운 경영진의 취임을 축하하며
67 종속 관계
71 대화의 광장으로—사보 발간 1주년을 맞으며
73 무역 적자

제2부 생활의 지혜

- 79 담배, 목숨을 피운다
- 83 주님의 매
- 87 여유 있는 마음으로
- 90 마음의 텃밭, 추석
- 92 정(情)의 표시
- 95 생명 가치
- 98 마지막 한 달을 의미 있게
- 102 한 걸음만 물러서자
- 105 초파일의 등
- 107 타타타
- 109 꽁보리밥
- 111 여행 유감 1—중국을 다녀와서(I)
- 120 소욕(少慾)과 지족(知足)
- 122 산적과 떼강도
- 125 엿장수의 가위질
- 127 공수래 공수거(空手來空手去)
- 129 함수 관계
- 132 새롭게 태어나자
- 135 선물과 뇌물
- 138 '불구하고'의 사랑
- 140 중매

142 여행 유감 2—발트해 3국을 다녀와서
146 건망증
149 권력욕
151 덕(德)
153 노픽션(Nofiction)
155 새옹지마(塞翁之馬)
157 코페르니쿠스의 지동설
160 완장
163 두꺼비
167 불이화일(不二和一)
170 구유밀복유검(口有蜜腹有劍)
173 여행 유감 3—통일 베트남을 다녀와서
177 발렌타인 데이
180 넋두리
184 여행 유감 4—중국을 다녀와서(2)
189 아름답게 보이는 것
193 풍년을 고대하는 마음
196 국민소득과 도둑의 형태
200 살아 있는 '큰바위 얼굴'
203 21세기 우리의 마음가짐
206 21세기의 진정한 직업 의식

제3부 최후의 분단국이 통일로 가는 길

213 최후의 분단국 1—남북의 분단
216 최후의 분단국 2—분단의 고착화
219 해빙—사회주의의 붕괴
223 통일로 가는 길 1—6·25에 즈음하여
226 통일로 가는 길 2—사회주의에 대하여
231 통일로 가는 길 3—북한 공산주의에 대하여
238 통일로 가는 길 4—김일성 주체사상에 대하여
243 통일로 가는 길 5—북한의 통일 방안
247 통일로 가는 길 6—우리의 통일 노력
253 통일로 가는 길 7—통일을 준비하는 생활
255 평양, 1999년 겨울—통일의 봄을 위하여
292 일관성
295 배수진

제4부 새해를 맞이하며

- 301 우리는 한 가족
- 304 웃자
- 308 어디로 갈 것인가?
- 312 평범한 진리
- 315 어려움을 극복하는 길
- 318 희망찬 새해, 만족스런 한 해
- 321 개꿈을 현실로!
- 323 '새해 새 아침'의 의미
- 326 깊은 사랑으로 새해를
- 328 비장한 각오로 다시 일어서자
- 331 사랑하는 영일 가족과 새천년을 맞으며

제1부
환경 변화와 기업 경영

환경 변화를 예측해야 살아 남는다
철강 산업의 변수 1

　IMF 체제를 맞은 지금 우리의 처지는 지척을 분간할 수 없는 짙은 안개 속과 같다. 한 치 앞을 가늠할 수 없는 것이 인생이라고 하듯 개개인의 미래를 예측한다는 것은 불가능하다. 그러나 과거의 경험을 통해 환경의 변화를 예측하고 그에 따라 미래 상황을 유추하는 과학적인 방법이 날로 발전하고 있다.
　그럼에도 불구하고 이러한 예측 방법이 매우 모호하게 여겨지는 것은 예측한 결과가 잘 적중되지 않기 때문이다. 왜 예측이 빗나가는 것일까? 그것은 아마도 세상사에 수없이 생겨나는 복잡하고 다양한 '변수'에 원인이 있을 듯하다. 그러면 이러한 변수는 왜 생기는 것일까? 그 이유는, 세상에 일어나는 현상이 각 개체의 자유 의사에 따라 끊임없이 변화하기 때문이다. 결국 이러한 것을 모두 고려해 미래를 예측한다는 것은 매우 어려운 일이 되어 버린다. 우리는 종종 "내 마음을 나도 모르겠다"라고 표현한다. 이렇듯 자기 자신조차 잘 이해할 수 없는데 세상사는 말할 필요가 없다. 하물며 어떤 개인이나 회사가 종속 관계에 있다면 자기 의사의 몫이 더욱더 줄어들 것은 불을 보듯 자명한 일이다. 바로 지금 우리 회사가 이런 환경에 처해 있다.

POSCO 감사 결과와 관련해 전임 관리 책임자에 대한 과오를 지적한 신문 기사를 읽었다. 불과 몇 달 전, 지금 상황을 예측하였더라면 전혀 시행해서는 안 될 일들이 당시에는 매우 정당하고 합리적으로 이루어졌다. 한마디로 큰 테두리 속에서의 합리성을 간과한 것이 실수였다. 만약 사심 없이 큰 테두리 속에서 오늘을 관찰했다면 어느 정도는 예측이 빗나가는 것을 줄일 수 있지 않았을까. 예컨대 IMF 상황은 예측하지 못했더라도 철강 산업의 세계적인 추이 정도만 제대로 파악했더라면 불필요한 과잉 투자는 안 했을 것이다. 또 양적으로 세계 제일의 회사를 만들겠다는 개인적인 욕심이 없었더라면 무모한 양적 확장보다 질적 측면을 중시하였을 것이다. 또한 여유가 있을 만큼 자금이 확보되지 않았더라면 경제적인 이익을 중시해 낭비하지도 않았을 텐데 하는 아쉬움이 남는다.

세계 철강 산업의 추이는 무엇보다 생산과 소비 사이의 상관 관계로 예측할 수 있다. 생산은 소비에 준하여 이루어지기 때문에 소비량의 증가는 생산 수단의 증가를 불러일으키고 반대로 소비의 감소는 생산 활동의 감소로 연결된다. 여기서 한 가지 눈에 띄는 점은 선진국일수록 1인당 철강 소비량이 절정 시기를 지나 감소하고 있다는 사실이다. 미국의 1인당 연간 철강 소비량이 1970년대 초 약 750kg이었던 것이 현재는 약 500kg으로 감소했다. 이러한 현상은 유럽의 선진국에서도 거의 같은 비율로 나타나고 있으며, 이웃 나라 일본 역시 1980년대에 850kg이던 1인당 철강 소비량이 현재는 800kg 이하로 감소 추이에 있다. 이를 통해 우리 나라도 선진국에 가까워질수록 철강 소비량이 줄어들 것이라는 점을 유추해 볼 수 있다.

지금 우리 나라는 1인당 철강 소비량이 800kg(1997년 통계)으로 철강 소비량 최대치에 육박했다고 볼 수 있다. 정부 통계에 의하면

2005년경에는 1인당 600kg의 소모량을 보일 것이라고 한다. 이 예측은 2000년대 초반에 우리 나라가 선진국이 된다는 것을 가정하고 이뤄진 것이다. 물론 지금과 같은 IMF 상황에서 이러한 예측이 정당한가라는 의문을 제기할 수도 있지만, 대략 선진국의 철강 산업 추이를 볼 때 그렇게 될 것이라고 인정할 수 있다.

현재 우리 나라 인구를 4천만 명이라고 보면 국내 철강 수요는 3200만 톤으로 추정할 수 있다. 그런데 현재 우리의 제강 능력은 5000만 톤 정도로, 약 1800만 톤의 생산 설비 능력이 내수량에 비해 과다한 실정이다. 여기서 내수량 대 수출량이 6.5 대 3.5의 비율임을 감안하여 우리 나라의 철강 수출량을 약 1750만 톤으로 본다면, 현재 우리는 최대의 철강 생산과 수요 수준(피크 타임)에 와 있다고 볼 수 있다. 게다가 우리 나라는 많은 양을 수출함과 동시에 많은 양을 수입하고 있기 때문에 생산 설비 면에서 더욱 과다한 능력을 가졌다고 판단된다. 앞으로 점점 소비량이 줄어들 것이라는 예측을 감안한다면 상당량의 과잉 설비를 갖고 있는 셈이다.

우리는 이미 IMF라는 변수 때문에 내수와 수출 양쪽 모두 예상치 못한 급감 추세에 직면했다. 철강 업계가 큰 타격을 입고 있음은 두말할 필요가 없다. 평소 매우 용의주도한 모습을 보였던 POSCO 역시 대처 방안에 있어서 여러 가지 차질을 빚었고, 이번 정부의 감사 결과에서도 지적되었듯이 많은 예산을 낭비한 결과로 나타났다. 이와 같은 결과를 놓고 볼 때 모든 정책 결정을 책임지는 최고 경영자의 과욕과 IMF와 같은 상황 변화를 제대로 예측하지 못한 근시안적 안목이 안타까울 따름이다. (1998. 11)

POSCO 방침에 대처하는 우리의 자세
철강 산업의 변수 2

　지난 8월 18일 포스코(POSCO) 센터 28층 회의실에서 PI(Process Innovation) 관련 회의가 열렸다. 포스코 사장도 참석한 이 날 회의에서는 협력 작업의 개선 문제에 관한 논의도 이루어졌다. 그 문제와 관련하여 제시된 다양한 의견들 가운데 우리의 주목을 끄는 대목은 '협력 작업의 적정 이익 수준'과 '계약 업무'에 관한 것이었다. 요약하자면, "자기 자본에 대한 시중 이자보다 조금 높은 수준의 이익"이 협력 작업의 적정 이익 수준으로 바람직하다는 것이었으며, "단위 작업별로 원단위를 산정·계약·정산하는 방식을 지양"하고 "평균적인 가격을 산정하여 운용하는 방식을 적용"하는 것으로 계약 업무의 성격이 변화되어야 한다는 것이었다. 이는 향후 협력 업체 관리 방법의 개선을 예고하는 것이었다.
　적정 수준의 이익에 대한 논의는 현재 협력사의 이익 수준이 과다하다는 인식에서 비롯된 것이며, 계약 방법의 개선책 역시 현재 적용되고 있는 '작업 실적에 의한 계약' 방식의 문제점에 대한 인식에서 비롯된 것이다. 결국 두 가지 모두가 원가 절감을 위한 합리적 방법의 모색으로 귀결된다.

포스코에서 PI를 추진하는 근본적인 목적은, 21세기 무한 경쟁 시대에서 살아 남기 위해 모든 분야의 경쟁력을 키우겠다는 것이며, 그 결과로 얻어지는 이익을 극대화하겠다는 것이다. 이는 설비·기술·공정·인력 등 모든 분야에서 세계 제일의 경쟁력을 갖추겠다는 의지의 표현이다. 바꾸어 말해 최소의 원가로, 최단의 시간에, 최대의 이익을 산출하기 위한 모든 조치를 강구하겠다는 뜻인 것이다. 포스코의 그러한 목표는 세계 철강 업계에서 명실상부한 제일의 자리에 서기 위한 것이고, 21세기에는 세계 제일의 경쟁력을 갖추지 않고서는 결코 생존할 수 없다는 논리에 근거한 것이다.

포스코에서 협력 작업비의 절감을 위하여 여러 가지 방법을 강구하는 이유는 생산 원가를 최대한 절감해 보자는 데 있다. 포스코는 그러한 목표 달성을 위해 앞에서 예고한 바와 같은 조치들을 가시화할 것이 분명하다. 종속적인 위치에 놓여 있는 포스코의 협력사들이 현실적으로 그러한 조치들을 거부할 수 없는 처지에 있다는 사실을 직시한다면, 협력사들 역시 스스로의 생존을 위하여 피동적으로 대처하기보다는 오히려 적극적이고 능동적인 대책을 강구해야 할 것이다. '협력사들에 대한 포스코의 과다하고 불합리한 요구는 없을 것이다'는 전제 아래 정당한 노력에 의해 문제를 해결할 수 있는 조건이 갖추어진 상황을 가정했을 경우, 능동적으로 대처하고자 하는 노력을 기피하고 수동적인 자세에 머무르거나 시행 자체를 거부한다면 협력사들에게는 자연히 도태되는 길 이외에 달리 선택의 여지가 없을 것이다.

그렇다면, 협력 회사가 능동적으로 대처하는 방법에는 어떤 것들이 있을까? 이 질문에 대한 대답은 협력 작업의 성격에 따라 대처할 수 있는 내용이 각각 다를 수 있기 때문에 어느 한 가지로 요약될 수 없음은 물론이다. 그러나 어느 회사의 경우에도 공통적으로 적용될 수 있는 한 가지 요소를 찾는다면, 그것은 바로 회사를 구성하고 있는 개개인의 마인드일 것이다.

협력사의 구성원들이 과거처럼 스스로를 이익 창출을 위한 하나의 수단에 불과한 존재로 여긴다면 발전의 여지는 전혀 없다. 21세기 정보화·지식화 시대에 한 회사의 구성원은 자기에게 주어진 직분을 수행하기 위해 반드시 고도의 기술과 지식을 갖추어야만 한다. 물론, 구성원 개개인의 그와 같은 노력이 현실화되고 집대성되기 위해서는 집단 공동체의 투명성 보장이 선행되어야 하며, 그러한 투명성의 바탕 위에서 노사가 하나로 되어 모든 정보를 공유하도록 노력해야 할 것이다.

결국 21세기의 노사 관계는 '노동자 : 고용주'와 같은 별개 존재의 대립적 구도를 극복하고 공동체의 화합적 구도를 모색해야 하며, 구성원 각자는 스스로를 생산 활동의 단순한 수단이 아니라 능동적으로 참여하는 주역이라는 인식의 전환을 이룩해야 할 것이다. 이와 같이 한 단계 높은 고차원적인 사고 방식을 바탕으로 각 협력사의 구성원 각자가 적극적으로 참여할 때, 비로소 부분과 전체가 상호 유기적인 조화를 이루게 됨으로써 단순히 생존하는 것에만 머무르지 않고 세계 제일의 자리에 설 수 있게 될 것이다. 포스코가 각 협력사들에 요구한 내용의 어떤 부분이 설령 우리의 현실에서는 지나치게 가혹하다고 느껴지더라도 과감하게 그것을 받아들이고 최대·최선의 노력을 기울여야 하며, 그 결과로서 오는 부(負)의 성과는 마땅히 포스코의 몫이 되어야 할 것이다. (1998. 12)

고생을 사서 하는 이유
특수 윤활유공장을 준공하면서

　1990년 6월 1일, 포항제철 제2연관 단지내에 특수 윤활유공장을 준공하고 평소에 가깝게 지내던 몇 분을 초대하여 간단한 준공식을 가졌다. 간략하고 조촐한 기념식이었지만 그것이 오히려 그리 넓지 않은 부지에 마련한 작은 공장의 격에 어울렸을 것이다. 특수 윤활유공장을 꼭 지어야 하였는가 하고 누군가 내게 물으면, 시원한 대답을 할 수 없는 것이 현재의 내 심정이다.

　나와 특수 윤활유와의 인연은 10년 전으로 거슬러 올라간다. 당시 나는 타의에 의하여 생활 환경을 바꾸고 이렇다 할 경험이 없는 상태에서 하는 일마다 실패의 연속이었다. 그러나 투지는 대단하였던 것 같다. 아마 젊음이 있었기 때문이고 어쩌면 세상사에 무지했던 탓이기도 했으리라. 그래서인지, 우연한 기회에 특수 윤활유 판매업을 권유받았고 손쉽게 시작할 수 있었다. 사실 그 업종이 얼마나 복잡하고 특히 영업적인 측면에서 더욱 그러하다는 것을 깨닫게 된 것은 한참 세월이 지난 후였다. 뒤로 물러설 수도 없는 지경에 이르고 나서야 그것을 깨달았으니 둔해도 무척 둔한 내 자신임을 새삼 느낄 수 있었다.

세월이 지나 10년, 강산도 바뀐다는데 적은 우리 식구지만 이리저리 얽혀 굴러다니다 보니 고운 정 미운 정이 다 들었다. '철들자 망령든다' 는 말이 지금 나를 두고 하는 말인 것 같다. 더러 주변에서 "당신은 왜 사서 고생을 합니까?"라고 충고를 한다. 하기야 그것도 일리가 있는 말이라 받아들인다. "요즘처럼 여러모로 여건이 어려운 때에 무엇 때문에 사서 고생을 하나? 그 돈 있으면 가만히 앉아 잘 먹고 잘 살 수 있는데!" 이것도 사실 옳은 말이다. 그러나 무슨 일을 도모한다는 것이 어찌 단순히 영리만을 목적으로 할 수 있겠는가? 일을 한다는 것 그 자체, 또한 무언가를 성취한다는 만족감, 그리고 더불어 잘 되자는 사회적인 책임—좀 거창하게 표현한다면 국가와 국민의 일원으로서의 의무감. 바로 이런 것들이 '사서 고생하는' 이유이며 삶의 보람이어야 하지 않겠는가.

기실 10여 년간 이 분야의 유통업을 하면서 느낀 바는 외국 선진국에 대한 기술 의존도가 너무 크다는 것이다. 물론 기술 축적이 없으니 할 수 없는 일이라고 말할 수도 있겠지만, 우리의 연구와 노력으로 대등하거나 앞서야 하겠다는 의지가 전혀 보이지 않고 그저 주는 것 받아서 영리를 추구하기에 급급하다 보니 발전이 있을 수 없다는 생각이 든다. 사용자가 바라는 만족스러운 제품의 수준이 되었을 때 사용자와 공급자 모두가 잘된다는 단순 논리조차 망각하고 눈 가리고 아옹하는 식의 사고 방식으로 기업을 운영하는 태도로는 오래 지탱할 수 없다고 생각한다. 단순히 영세한 여건을 핑계삼기에 앞서 이것은 양심과 노력의 부재라고 밖에 여겨지지 않는다. 시작하는 마당에서 이러한 그간의 느낌을 바탕으로 새롭게 각오를 다지게 된 것이 무척 다행스럽다.

이제 이 공장을 가동하면서 비록 보잘것은 없지만 국가와 국민에게 얼마나 보탬이 되는 역할을 할 것인가 하고 곰곰이 생각하게 된다. 다행히 그간의 우리 식구들이 모두 한마음으로 뜻을 모아 첫 시작의 각오를 새롭게 하고 있음을 느끼면서 목적 성취의 밝은 희망을 가져 보는 것이다. (1990. 7)

새싹을 피우는 마음으로
송년 유감

　어제 비가 내리더니 아침 기온이 곤두박질하여 전방의 고지에는 기온이 영하 20도라 한다. 미처 겨울 채비를 못한 동물들이 깜짝 놀랐겠다. 아직 가을인 줄 알고 있었는데, 갑작스런 추위에 나 역시 놀랐고 벌써 겨울이구나 하면서 달력의 마지막 장을 바라본다.
　우리는 한 해 동안 너무나 빠른 속도로 엄청난 변화를 겪다 보니 머릿속에 기존 개념의 정리도 제대로 하지 못하고 눈이 빙빙 도는 현기증마저 느낄 정도가 되었다. 앞날에 긍정적인 서광이 비치는 것 같기도 하고, 페르시아만 사태로 제2의 석유 파동을 목전에 두고 여러 가지 걱정이 엄습해 오기도 한다.
　지난 수 년 동안 우연이든 계획적이든 나는 회사의 설립, 또는 폐쇄를 몇 번 반복하게 되었다. 이런 일들이 아무렇게나 쉽게 치를 수 있는 일들이 아님을, 단 한 번이라도 경험하였던 이들은 모두 알 것이라고 생각한다. 일반적으로 한 기업체를 설립하였을 때 처음부터 모든 일이 순조롭게 이루어진다는 것은 거의 불가능한 일일 것이다. 그러기에 일단 설립된 기업이 터전을 잡고 걸음마 정도를 할 수 있는 데는 적어도 3년 내지 5년이 걸리고, 10년 이상의 연륜을 쌓아야 비로소 그 회사가 잘 넘어지지 않는다는 것이 경험에 의한 이야기인 것이다. 물론 몇 년 이내에 이뤄진 재벌을 보기도 하였지만 그것은 예외 중의 예외이고, 대개는 앞의 경우와 같다고들 한다. 그리고 보면 올해 설립된 (주)영일도 예외일 수는 없다. 금년은 지극히 어려웠고 내년 역시 꽤나 고생할 것이라고 여기고 있다. 그러나 바람이 있다면 이러한 고통을 어떻게 하면 짧게 끝낼 수 있을까 하는 것이다.

(주)영일은 영일하우톤이 모체가 되어 생산 업체로 전환하면서 필요한 인원들을 각계 각층에서 영입하여 급조된 회사라 볼 수 있다. 한 신설된 회사가 잘 되려면 정확하고 빈틈없는 계획은 필수 요건이고, 그 계획을 뒷받침할 제반 요소들이 차질 없이 갖춰져야 함은 물론이다. 그렇지만 그 중에서도 가장 중요한 것은, 구성원 전원이 자격과 능력을 갖추고 빠른 시간내에 화합하여 공통된 목표 의식을 가지고 매진하는 일이다. 지극히 옳은 말이고 쉽게 이해되는 이야기이다. 그러나 이것처럼 실현하기 어려운 것도 없을 것 같다.

지금 회사내의 어려운 상황은, 낯설고 이질적인 사람들이 모여서 서먹서먹하고 어색하여 티격태격하는 것 때문도 아니고, 먹고 얻을 것이 많아 욕심내는 아귀다툼에서 비롯된 것도 아니다. 서로 잘 하려고 하여도 견해와 방법이 다르다 보니 의견의 대립이 있을 수 있고 이것이 잘못되어 마찰이 일어나는 것으로 보인다. 행여 이러한 과정에서 오해가 심화되고 감정의 골이 깊어진다면 정말 큰일일 것이다. 세월이 지나면 이해되고 해결될 것이라는 안이하고 한가한 생각을 갖기에는 시간이 너무 아까운 것이다.

우리의 고민은 바로 여기에 있다. 그렇다고 각자의 마음을 열어 구경시키고 확인할 수도 없는 일이다. 한 가지 방법이 있다면 무조건 서로를 신뢰하고 그리고 양보하는 길이다. 누군가 이 글을 읽으면서,

'도대체 얼마나 상황이 심각하기에 이렇게 표현하는 것일까?' 하고 오해할 수도 있을 것 같다. 회사 내부의 상황이 꼭 그렇다는 것은 아니다. 다만 그 동안의 경험을 토대로 노파심에서 이야기하고 있다고나 할까⋯⋯. 그러나 분명한 것은, 정상 궤도로 진입하는 지름길은 다름 아닌 구성 요원의 화합으로 이루어진 일사불란한 행동뿐이라는 점이다.

  이제 며칠만 지나면 올해도 저문다. 마치 해는 지고 갈 길은 먼 겨울 나그네의 심정이다. 유가를 비롯하여 모든 물가가 다 오르고 있다. 산 넘어 산이다. 앞으로 더 거세게 불어 올 바람, 더 추운 수많은 겨울 날들과 긴긴 밤을 또 어떻게 견딜까. 그러나 저 앙상한 나무는 찾아오는 봄을 기다리며 모든 어려움을 이기고 새싹을 피우리라! 우리들도 이제 며칠 남지 않은 이 해에 내년 봄이면 새싹을 피울 수 있는 슬기를 모아야 할 것이다. 묵은 감정 다 털어 버리고 미련과 후회도 다 잊어버리자. 오직 다시 시작하는 마음으로 새해를 맞자.

(1990. 12)

꿈 같은 이야기를 현실로
선진 제철소 물류 견학

　1993년 3월 포항제철 물류관리연구반 요원과 함께 10여 일 동안 유럽 여러 나라의 제철소와 특장차 제작 회사를 견학할 수 있는 기회를 가졌다. 모처럼의 유럽 여행길이어서 기대에 부풀었지만 너무 바쁜 일정 때문에 업무적인 견학을 제외하고는 관광을 할 수 없었다는 것이 못내 아쉬웠다. 그러나 다행스러운 것은 선진 기술의 제철소를 방문하여 현재 혹은 앞으로의 제반 문제들을 쉽게 접하고 이해할 수 있게 되는 성과를 거두었다는 사실이다.
　원래 '물류(物流)'란 글자 그대로 물건의 흐름을 말하는 것이다. 원료로부터 생산 공정을 거쳐 제품이 만들어지고 상품화되어 소비자에게 이르는 전반적인 흐름이 모두 물류에 속하는 것이다. 그리고 현대의 산업 구조에서 물류 비용이 원가에 미치는 영향이 대단히 크기 때문에 상품의 경쟁력 제고에 있어서 그 중요성이 더욱 부각되고 있다.
　세계 각국 제철소들의 물류 비용 동향을 보면 총매출액에서 차지하는 비율이 대략 8~15퍼센트에 이른다고 한다. 실로 놀라운 수치이다. 따라서 세계의 제철소들이 이 수치를 줄이기 위하여 필사의 노력을 경주하고 있는 것이다. 예컨대 스웨덴에 있는 스웨디시제철소는 물류 비용을 최대한 절감하기 위하여 제선, 제강 설비는 내륙 원료 산지에 두고 후처리 공정은 해만(海灣) 또는 하천을 끼고 설치하는 방식으로 공장을 분리 운용하는 특수한 예라고 할 수 있다. 또 일본 각 제철소의 경우 제품 공정 과정에서 중복 또는 역류에 의한 손실을 줄이기 위하여 대대적인 레이아웃(Layout) 개선 작업에 착수하고 있다는 점도 물류 비용을 절감하기 위한 노력이라고 하겠다.

이런 세계적인 추세와 비교하여 포항제철의 경우를 보면 물류 비용이 11~20퍼센트를 점유하고 이를 금액으로 환산하면 8천억 원 가량이 된다고 한다. 이것은 수치상으로 세계의 중간 정도로서 선진국들과는 큰 격차가 있음을 쉽게 알 수 있다. 최소한 3~4퍼센트의 개선이 필요하며 금액으로는 약 2천억 원의 절감이 요구된다. 물류 전반의 문제는 너무 광범위하여 지면을 빌려 일일이 언급할 수 없고 다만 현재 우리 회사가 맡고 있는 구내 운송 분야에 한하여 이야기하고자 한다.

구내 운송의 종류는 원료, 반제품, 제품, 부산물 등으로 구분할 수 있으며, 운송 수단으로는 트레일러 작업류와 덤프 작업류로 대별할 수 있다. 현재 포항제철내의 구내 운송 현황을 보면 11개 업체로 세분되어 구내 운송 작업을 담당하고 있다. 장비면으로는 대소 덤프류, 대소 상차 장비, 대소 집적 장비, 각종 운반 트레일러 장비 등 수종의 다양한 차종으로 각 협력 업체의 물량과 성격에 맞도록 보유하여 작업을 수행하고 있는 실정이다. 이와 같은 형태는 얼핏 보기에는 작업 수행 능력면에서 편의하게 이루어졌다고 보일지도 모르나 실상은 많은 장비와 다양한 차종, 다수의 인원 등이 원가 측면에서 대단히 불리한 비용 부담의 원인이 되고 있다. 따라서 구내 운송 개선과 원가 절감을 위하여 필연적으로 이뤄져야 할 사항으로는 첫째 장비 개선,

둘째 성역, 셋째 기능 기술의 전문화 등을 꼽을 수 있다. 이를 위해 우선 개선되어야 할 부문이 장비의 신예화와 대형화로서, 현재 구내 운송을 위해 보유 중인 다종·다수의 차종을 단순화·다기능화시켜야 할 것이다.

선진국의 경우 소수의 다기능 차량(Combi Truck)과 여러 형태의 적재 팔레트(Pallet)를 이용하여 효율적으로 운송에 임하고 있다. 다시 말해, 종전의 1인 1차량 운전 형태에서 1인 1견인 차량으로 수 종의 팔레트를 운반하는 형태로 전환하여 많은 장비를 줄이며 대기 시간을 없애고, 이를 통해 성역 및 원가를 절감하고 있다. 또한 기능 요원의 전문화로 작업의 효율성을 기하는 한편 운영 방법 등의 소프트웨어 개발로 기대 효과를 배가시키고 있는 상황이다.

우리 나라도 선진 제철소의 구내 운송 수준까지 도달하기 위해서는 지금부터라도 비상한 각오로 임하여야 한다. 이를 위하여 선행, 개선되어야 될 부분이 너무나 많음을 실감하고 있다. 우선 다기능 차종을 운행하기 위해서는 충분한 물량의 확보가 선행되어야 한다. 또 이를 위하여 조직의 통폐합이 이루어져야 하고, 각 작업장의 조건을 조정·개선해야 할 것이다. 또한 작업의 전문성과 효율성을 위하여 장비를 유형별로 집합 운영하는 것도 고려되어야 한다.

실제로, 선진국에서 입수한 차량의 종류와 그 제원을 기준으로 하여 대략적인 계획을 수립하고 손익계산을 해본 결과 기대 효과가 실로 놀라운 수준이었음을 실토하지 않을 수 없다. 그 자료의 전면적인 공개는 여러 업체간의 이해 관계로 인하여 할 수 없음을 유감스럽게 생각한다. 다만 구내 운송 부분의 개선 효과만을 살펴보면, 구장비 130여 대가 30여 대로, 인원(직접 인원) 300여 명이 100명 선으로 성역되어 협력 작업비가 대략 50퍼센트 절감되는 경이적인 효과를 기대할 수 있는 것으로 결론지어졌다. 물론 수치 데이터로 나타난 것과 실제 운영상의 격차가 클 것으로 생각되지만, 이러한 운영상의 격차는 머지않은 장래에 점진적으로 해결되리라는 확신을 가질 수 있었다. 꿈 같은 이야기가 현실로 나타나기를 간절히 바라는 마음이다.

(1993. 5)

만남
사보 100호를 기념하며

　1987년 9월에 창간호를 내고 월보로 100호가 되었으니 정확하게 계산하여 8년 4개월이 된 셈이다. 정말 장하다. "눈이 오나 비가 오나 그 험한 산길을 통학, 개근하였음." 어느 시골 초등학교 졸업식에서, 개근한 기특한 어린이에게 학교장께서 하신 코멘트보다 더 장하다.
　사실 1985년 6월에 회사를 설립, 각지에서 모여든 인원을 규합하여 1986년 2월 1일 구내 운송 작업을 시작하였을 당시에는 너무 급조된 가족이었다. 더욱이 작업 자체가 모여서 이루어지는 공동 작업이 아니고 개개인이 행동하는 단일 작업이었기 때문에 아침에 잠깐 모여 눈 마주치고 저녁 퇴근길에 만나는 정도였으니—지금도 마찬가지지만—가족끼리의 친화는커녕 대화조차 변변히 나눌 수 없었다. 따라서 회사는 한 가족 차원의 분위기는커녕 오직 일하는 장소가 될 수밖에 없었다. 이런 안타까운 상황을 극복할 수 있는 방법을 찾다가 생각해낸 것이 지면을 통하여 만남의 장을 만들어 보자는 것이었다. 그러나 말이 쉽지 매월 사보를 편집하여 발간한다는 것이 어디

우리들의 만남의 광장
1987년 9월 창간되어 '좋은 만남'의 매체가 되어 온 사보.

그리 쉬운 일인가?

우선 백여 명의 적은 식구인데, 자신의 의견을 글로 표현할 수 있는 사람은 또 과연 몇 명이나 될까? 그리고 그 일을 추진할 수 있는 능력을 가진 사람은 있을까? 의문투성이였다. 명색이 회사의 얼굴일 수 있는 사보에 조잡한 글을 싣게 되면 다른 사람들의 웃음거리가 될 텐데 하는 망설임도 있었음이 사실이다. 그러나 당시 사정으로 그런 사치스러운 염려를 할 겨를이 없었다. 만남의 기회와 시간이 없는 우리 가족에게 대화의 수단은 그 길밖에 없다는 결론에 도달하였다. 지금 생각하니 무지하기까지 하다. 그러나 무지하였으니 그렇게 할 수 있었다는 말이 가장 정확한 표현일 것이다. 그 무지에서 나온 오기와 외고집으로 지금까지 단 한 번도 거르지 않고 사보를 발행해 왔으니 어찌 자축하지 않을 수 있겠는가!

금년 들어 좀더 성숙한 작은 책자 형태로 사보가 발간되고 더러는 보내달라는 외부의 청까지 받게 되니 그저 대견스럽고 자부심을 갖게 한다. 초기에 발간되었던 사보는 내용도 그렇고 하여 호응을 크게 받지 못하였다. 사보를 나누어 주어도 가족들은 그것을 보지도 않고 회사 구석구석 휴지로 팽개쳐지기 십상이었다. 그러나 시간이 가면서 그 속에 진솔한 의견이 실리고 서로 의견을 교환할 수 있는 간접적인 수단으로 자리매김을 할 수 있었고, 요즘은 온 가족은 말할 것 없고 주변까지 기꺼이 참여하는 분위기다. 내용도 많이 세련되어 우리 가족의 글솜씨가 언제 이렇게 정진되었나 싶다. 이런 것 모두가 고맙다. 이것으로 만족하는 것이 아니고 이제부터 한 차원 높여 시작하려는 것이다.

그간 우리 회사의 규모가 많이 커졌다. 따라서 더욱더 복잡한 인간관계가 이루어지고 이를 잘 유지해 나가야 할 필요성이 증대되었다. 이러한 관점에서 대화의 광장의 필요성도 더욱 커지고 있다. 인생은 만남으로 시작된다고 한다. 인류의 시작이 아담과 이브의 만남으로 시작되었듯이, 만남이 시작인 것이다. 이 사회는 여러 가지 만남의 연속 속에서 삶이 이루어지고 있는 것이다. '회사'라는 단어도 만남의 장소를 의미한다. '회(會)'는 모인다는 뜻 즉 만남이요, '사(社)' 역시 모인다는 뜻이다(社에는 제사 지내는 장소, 즉 모이는 장소라는 뜻이 내포되어 있다).

이렇게 우리 가족 모두가 회사라는 만남의 장소에서 삶을 영위하고 있다. 우리들에게 회사는 삶의 터전, 즉 생활의 장이다. 이와 같이 만남이 있으면 여러 가지 일들이 발생하게 된다. 거래 관계가 생기고 수수(授受) 관계, 위수탁(委受託) 관계, 이해 관계, 애증 관계, 상하 관계, 우정 관계 등 수없는 인간 관계가 생긴다. 그런데 이와 같은 만남은 오해와 갈등의 관계로 변할 수도 있는 것이다. 만남을 좋은 관계, 아름다운 관계로 이끌어 나가려면 대화와 절충을 통하여 이해와 양보로써 서로 타협해 나가야만 한다. 바로 이런 맥락에서 사보와 같은 매체의 역할이 필요한 것이다.

우리들의 만남이 원앙과 같은 배우자의 만남, 좋은 부모와 자식의 만남, 훌륭한 스승과 제자의 만남, 우정이 넘쳐 흐르는 친구의 만남, 서로 아끼는 상관과 부하의 만남처럼 되기를 바란다. 또한 나는 우리들의 만남이 소크라테스와 플라톤의 만남, 그리스도와 베드로의 만남, 석가와 아난의 만남, 공자와 자공의 만남처럼 창조적이고 행복감을 분출시키는 긍정적인 만남으로 승화되기를 원한다. 그렇게 될 수 있도록 우리는 대화의 장을 활짝 열고 우리 앞에 놓인 어려운 여건들을 극복해 나가야 할 것이다. (1995. 12)

창업 동지에게 감사하며

　1996년 2월 1일은 영일기업이 협력 작업을 시작한 지 만 10년째가 되는 날이다. 엄격히 말하자면 창설 기념일이 아니고 협력 작업 개시일인 셈이다. 그러나 영일기업 자체가 협력 작업을 목적으로 설립되었기 때문에 창설 목적이 실현된 2월 1일을 기념일로 삼자는 의견을 수렴하여 오늘에 이르고 있다.
　옛사람들은 '10년이면 강산도 변한다' 하였다. 10년이라는 시간이 긴 세월임을 의미하는 것이다. 그런데 지금은 세상 변화의 속도가 빨라지고 보니 그 느낌도 사뭇 다른 것 같다. 요즘 사람들은 '지금의 1년이 옛날 10년과 같다'고 한다. 변화의 속도가 옛날보다 10배는 빨라졌다는 뜻이다. 그런데도 불구하고 우리에게 '지난 10년이 마치 1년처럼 느껴진다'는 것은 그만큼 눈코 뜰 사이 없이 분주했다는 이야기이다.
　이제 창업 당시의 동지가 나를 포함하여 모두 23명 남았다. 희로애락(喜怒哀樂)을 같이한 동지임과 동시에 마치 형제와 같은 존재들이다. 영일의 자존심이 이들로부터 나온 것이라는 사실을 의심치 않는다.

초기 시작부터가 그러했다. 무(無)에서 유(有)를 창조한다는 불 같은 개척 정신이 없었더라면 그 낡은 장비로 지금과 같은 일을 어떻게 할 수 있었겠는가? 지금 기억으로는 장비가 고장나면 밤새워 고쳐 임무를 완수하고 퇴근하였다. 그러니까 2교대, 3교대가 아니라 임무 수행 무교대의 정신이었던 것 같다. 그때는 나이 20대의 젊은 패기가 있었고 개척자(New frontier) 정신이 있었다. 봉급도 쥐꼬리만큼이나 보잘것 없었는데 무슨 귀신이 씌워서 그랬는지 꿈만 같은 날들이었다. 그러나 분명한 것은 처음 탄생한 구내 운송 전문 업체의 창립 요원이라는 자부심, 내 것 네 것이 따로 없이 우리 모두의 것이라는 공동체 의식, 그리고 순수한 마음으로 모인 한 가족 의식이 있었기에 그와 같은 일들이 가능했다는 사실이다.

이제 세월이 흘러 모두 잔주름이 생기는 의젓한 중년 가장이 되었다. 나는 어느새 할아버지가 되었고……. 참말로 세월이 빠르다. 진정 서로의 정을 나눌 만한 마음의 여유를 갖지도 못하고 무엇인가에 쫓기는 듯 세월이 흘렀다. 10년을 매듭지으면서 한번 돌이켜볼 수 있는 기회를 갖게 되어 무척 다행스럽게 생각한다. 무엇보다 이렇게 말하고 싶다. "정말 감사하다. 그리고 고맙다." 또한 "정말 정말 미안하다"라고.

처음 시작하였던 전인원이 지금 있다면 얼마나 좋을까! 하고 생각해 본다. 그러나 인고의 세월 속에 갈 길을 찾아 제각기 흩어지고 이제 23명만이 남았다. 멀리 떠나간 식구들 모두 부디 건강하고 매사에 성공하길 기원한다. 그들이 남긴 발자취는 우리 앞에 뚜렷이 남아 있다. 회사는 비록 아직도 허덕이지만 그때와 비교한다면 상상할 수 없을 정도로 발전하고 변모하였다. 이제 적어도 외형적으로는 세계 일류라는 목표에 가까워졌다. 이것이 그들과 우리 모두의 땀과 피의 결실인 것이다. 아직 갈 길이 멀리 남아, 가면서 흘려야 할 땀과 피가 요구되고 있는 시점이지만 반드시 목표를 이루리라 믿어 의심치 않는다. 우리에게는 긍정적인 과거가 있기 때문이다.

이제 작년 통폐합으로 이루어진 재창업의 기반 위에 다시 초기의 창업 정신으로 재도전할 수 있는 기회가 온 것이다. 우리가 목표로 한 2000년까지는 반드시 세계 제일의 전문 업체가 되어야 한다. 이를 위하여 창업 요원들이 다진 기초 위에서 기술 연마, 정신 무장으로 내실 있는 회사를 건설하는 데 모두 동참해 주기를 바란다. 그간 유명을 달리한 형제들의 명복을 빌며, 자리를 떠난 옛동료들의 행운과 우리 모두의 건투를 기원한다. (1996. 2)

과이불개(過而不改)

 "子曰, 過而不改 是謂過矣(자왈, 과이불개 시위과의)". "공자께서 말씀하시기를, 잘못하고서 고치지 않는 것, 이것이 잘못인 것이다". 사람은 누구나 잘못을 저지를 수 있다. 그러나 자신의 잘못을 깨닫고 즉시 고치는 사람이 있는 반면에 잘못인 줄 알면서도 고치려 하지 않고 핑계와 거짓으로 합리화하려는 사람도 있다. 전자를 대인(大人)이라 하고 후자를 소인(小人)이라고 한다. 공자의 다른 말씀 중에 "主忠信 無友不如己者 過則勿憚改(주충신 무우불여기자 과즉물탄개)"라는 구절도 있다. 이 말씀은, 충직하고 신의를 위주로 할 것이며 자기보다 못한 사람을 친구로 삼지 말고 잘못이 있을 때는 고치는 데 주저하지 말아야 한다는 뜻이다.
 공자의 두 말씀 모두 잘못이 있을 때는 솔직히 시인하고 즉시 고쳐야 하며 잘못을 고치게 되면 비록 부지불식중에 잘못을 범했다 하더라도 이미 개선되었기에 용서받을 수 있다는 의미일 것이다.
 이러한 상황이 현대와 같은 고도의 법치주의 사회에서 적용되는가 여부는 사안의 정도에 따라 달라질 것이다. 그러나 동서고금을 통틀어 잘못을 뉘우치고 정의로워졌을 때 주변의 칭송을 받는다는 것은 변함 없는 사실이다. 종교적인 측면에서도 잘못을 고백하고 용서를 구함으로써 죄를 사할 수 있다고 하였고, 일반 사회에서도 개과천선(改過遷善)했다면 비록 지은 죄가 무겁다 할지라도 정상을 참작하여 선처해 주는 것이다.

그러나 대개 자기의 잘못을 솔직히 시인하기보다는 합리화하거나 숨기고 거짓말에 또 거짓말을 하는 것이 현대인의 모습이다. 즉 세상은 소인배(小人輩)투성이다. 이런 혼탁한 사회 속에서 살고 있는 우리는 참과 거짓을 구별하지 못하고 지나가는 경우가 참으로 많다. 4·11 총선에서 입으로는 공명 선거를 외치면서 손으로는 부정이 난무하는 현장을 수없이 보았다. 어디 그뿐인가. 요즘 세상만사는 이리가 양의 탈을 쓴 것과 흡사하여 제대로 보이는 것이 없는 것 같다.

구조 조정의 일환으로 이번에 우리 회사와 관계되는 포철 협력사의 제강 고내 작업을 선일기업으로 인계하게 되었다. 갑작스럽게 이루어진 관계로 부작용을 최소화하기 위해 개인과의 면담을 시도하는 등 최선을 다했으나 총체적인 합의 도출이 불가능한 상태였다. 마치 1994년에 이루어졌던 대대적인 조정과 같은 상황이었다. 그때 인수 임무를 맡았던 것이 우리 측이었기에 사람이 가고 오는 것이 얼마나 어렵고 괴로운 것인가를 익히 알고 있는 터이다. 짧은 시간이었지만 개개인의 불이익을 최소화할 수 있는 방안이 무엇인가에 대해 회사로서는 최선을 다했다고 생각한다. 다만 개개인의 감정적인 문제까지 고려할 방법이 없었던 것이 못내 아쉽게 여겨진다.

전부는 아니지만 일부 인원은 처음에는 영일이 좋고 선일이 좋지 못해서 응할 수 없다는 것처럼 반대하였으나, 회사에서는 이미 결과를 예측하고 있었기에 개개인에게 불이익이 돌아가지 않도록 이해와 설득을 반복했다. 한 식구였다는 그간의 정 때문이었다. 그러나 그들의 행동이 앞과 뒤가 다르다는 것을 발견하고는 매우 놀란 것도 사실이다. 지금은 헤어지지만 한 울타리 속에서 서로 다른 회사에 소속된 채 다시 만나야 하기에 더욱 서글픔을 느끼게 되었다. 이번 구조 조정의 원인이 우리 영일기업의 어려운 살림 때문인 것까지 함께 떠올리면서……

 이러한 현실이 어느 한 개인의 잘못 때문이라기보다는 우리 모두의 부족함 때문임을 인식하고 서운함을 감수해야 할 것이다. 그것이 인간의 정이요, 도리가 아닐까? 또한 우리 모두 반성해야 한다. '過而不改 是謂過矣(과이불개 시위과의)'라는 공자의 말씀이 만고의 진리임을 다시 생각하면서, 비뚤어진 마음을 바로 펴도록 하자.

(1996. 5)

적소성대(積小成大)

　갑자기 추위가 찾아와 영하의 날씨가 되었다. 기상청의 장기 예보에 따르면 올 겨울은 평년보다 더 춥고 길 것 같다고 한다. 가뜩이나 주머니 사정도 썰렁한데 날씨까지 장단을 맞추니 벌써부터 걱정만 앞선다. 시쳇말로 '등 따뜻하고 배부르면 족하다'는 것이야말로 착하고 소박한 서민들의 바람이다.
　그러나 국가적인 차원에서 서민들의 소박한 바람을 충족시켜 주기란 그리 쉬운 일이 아닌 것 같다. 특히 지금과 같은 냉기류의 경기 속에서는 더욱 그러할 것이다. 얼마 전 대통령은 냉혹한 국제 사회의 경쟁 속에서 살아 나갈 수 있는 방법은 생산 원가의 절감밖에 다른 길이 없다고 밝히고, 경쟁력 10퍼센트 제고(提高)를 전국민에게 호소하였다.
　이를 실천하는 방법은 여러 가지가 있을 수 있다. 복잡한 것은 빼고 쉽게 이야기하여 10퍼센트 내핍하면 되는 것이다. 바꾸어 말하면, 절약하고 열심히 일하면 된다는 말이다. 우리 나라의 임금 수준은 경쟁국과 비교하여 상당히 높은 반면에 근로의 질은 떨어진다고 한다. 근로의 질이란 단위 시간당 일의 양과 기술 수준으로 가늠한다. 결국 일의 양도 부족하고 기술도 부족하다는 결론이다. 이러한 취약점을 개선해야 국제 경쟁력을 회복하고 우리가 살아 나갈 수 있다는 것이다. 이를 위해 최소한 10퍼센트 정도라도 절감해야 한다는 말이다. 지금의 상황을 종합해 보면 10퍼센트 절감 운동은 꼭 해야 할 일이고 달리 방법이 없는 것 같다. 최근 각계 각층에서 여러 가지 대책을 수립하여 실행에 옮기고 있다. 우리도 '10퍼센트 축소 운영'이란 실행 목표를 설정하였다. 그러면 어떻게 할 수 있을까? 정말 어려운 일이다.

마치 작은 옷을 주고 나서는 '거기에 몸을 맞추라'는 격이다. '몸이 불어났으니 큰 옷을 새로 사야 되겠다'는 일반적인 상식은 통하지 않는다. 그러니 작은 옷을 입기 위해서는 불어난 몸을 줄이는 길밖에 없다. 몸을 줄이기 위해서는 덜 먹고 열심히 운동하여 살을 빼야 한다. 바꾸어 말하면 내핍 절약하고 열심히 일해야 된다는 말이다. 또 문제는 열심히 일만 한다고 되는 것이 아니고 질적인 향상도 동시에 도모해야 한다는 점에 있다.

우리 회사가 요즘 실시하고 있는 '장비 책임제', '6.5시간 초과 달성운동', 그리고 일의 질을 향상 시키기 위한 '트래킹 시스템(Tracking system)' 등 모든 것이 '10퍼센트 축소 운영'을 달성하기 위한 방법으로 시행되는 것이다. 그러나 이러한 방법은 시행을 위한 형식에 불과한 것이고, 제일 중요한 것은 각자가 위기 의식을 느끼고 자발적이고도 적극적인 참여 의식을 가져야 성공할 수 있다는 사실이다. 마지못해 끌려가는 분위기라면 불만만 팽배해지고 실패와 좌절만이 기다릴 뿐이다.

이러한 불행을 막고 성공할 수 있는 길은 우리 모두가 인내를 바탕으로 하여 각자의 마음을 밝고 맑게 가지는 것이다. 또 회사에서는 이를 뒷받침할 수 있는 방책을 수립하여 분위기 조성에 앞장서야 할 것이다. 이를 위해 회사에서는 사정이 여의치 않은 중에도 여러분의 자발적인 참여를 유도하기 위한 포상 제도를 실시하고자 한다. 비록 포상의 규모가 크지는 않으나, 작다고 생각지만 말고 기꺼이 참여해 주길 바라는 마음이다. 그리하여 여러분의 노력이 한데 뭉쳐 큰 것을 이루고(積小成大), 큰 것이 다시 나뉘어 개인의 몫이 될 때, 우리의 그간의 노력도 더욱 빛을 발하게 될 것이다. (1996. 12)

백지의 의미

흰 색깔의 종이를 백지(白紙)라 한다. 종이의 용도는 여러 가지지만 흰 종이는 대부분 글을 쓰는 데 사용된다. 그런데 흰 종이 위에 검은 글자가 씌어지면 흰 종이의 의미는 급격히 퇴색하고 글자의 내용이 부각된다. 그러나 아무리 능력이 있는 분의 글이라고 하더라도 주제에 대한 표현의 절대 만족을 얻을 수 없다는 것이 글쓰기의 한계이다. 그러기에 순수한 백지에 내포된 의미는 오히려 한없이 큰 것일 수밖에 없다.

'백지로 보낸 편지'는 이심전심으로 느낄 수 있는 마음의 편지를 말하는 것이요, '백지 수표'는 무한의 신뢰를 담고 있는 약속의 표시이다. 그러기에 백지는 순수하고도 순결한 마음을 무한한 믿음으로 대신하는 증표인 셈이다.

이번 임금 협상에서 근로자 대표들이 전 근로자의 뜻을 모아 '백지 위임장'을 회사에 제출하여 협상 당사자인 회사는 물론이고 사회 각계에 신선한 충격을 주었다. 또한 이로써 우리 영일가족의 위상과 성숙한 노사 관계가 만방에 알려지게 되었다. 회사의 어려움을 진정으로 안타까워하는 근로자들의 마음이 회사의 경영진에게 격려와 희망으로 전해지리라는 무한히 큰 뜻을 담은 '백지 위임장'인 것이다. 정말 이와 같은 근로자의 표시는 용기 백배할 수 있는 계기가 될 것임이 분명하다.

요즘 노동법 개정에 즈음하여 전국 상당수의 노동조합이 개정 노동법의 철폐를 주장하며 파업에 돌입하여 사회를 어수선하게 만들고 있다. 이러한 행위는 사회 전반의 불신 풍조를 바닥에 깔고 있다. 노사 모두가 각기 다른 손익계산을 하고 있기 때문에 국가의 이익을 위한다는 명분 아래 제정된 '개정 노동법'은 처음부터 논란이 예상되었던 것이다. 지금의 형편으로는 조금씩 양보하고 전체의 이익을 생각하는 마음에서 타협을 해야겠지만, 근본적인 문제 해결책은 상호 불신을 제거하는 것이다.

노동 운동의 빈도와 강도를 살펴보면 나눔의 몫을 두고 다투기보다는 상호 신뢰하지 못하는 분위기 속에서 분규가 발생하는 경우가 대부분이고 또 그런 경우가 십중팔구 심각한 문제로 발전한다. 이런 의미에서 우리의 '백지 위임장'의 뜻은 크게 돋보이는 것이다. 이것을 기회로 더욱 공고한 신뢰의 기반을 다져 명실공히 다툼이 없이 공생공영하는 모범 노사 관계를 이뤄 나가기를 바라는 마음 간절하다.

(1997. 1)

한보사건을 보면서

한보 부도 사건 때문에 온 세상이 벌컥 뒤집혔다. 며칠 전만 해도 노동법, 안기부법 등의 국회 날치기 법안 통과 때문에 온 나라가 시끄러웠는데 한보철강의 부도 사건이 발생하고 나니 그 동안 시끌벅적하던 여타의 사건들이 모두 잠잠해지고 말았다. 북한에서 귀순한 가족들의 사연도 평상시 같으면 국민들의 이목을 집중시킬 만한데 그렇지 못한 걸 보면 한보사건은 경제적으로 뿐만 아니라 숱한 정치적인 루머로 인해 세인의 관심을 집중시키는 사건임에 틀림없나 보다.

이번 사건에서 은행의 대출 규모가 4~6조 원이라고 하는데 일반 국민들로서는 평소 감히 상상할 수도 없는 액수이다. 그러니 이 사건의 주인공인 정 모 씨야말로 정말 '난사람'으로서 일반 서민들의 상상을 초월하는 액수의 돈을 한 개인으로서 좌지우지한 것이다. 이러한 사건 보도를 접하면서 일반 서민과 중소기업을 하는 사람의 심정은 놀랍다기보다는 오히려 허탈하다는 표현이 적당할 듯하다. 왜냐하면 일반 서민이나 중소기업들은 금융 기관의 문턱이 굉장히 높다는 것밖에는 알지 못했기 때문이다.

요즘 우리 회사의 살림이 매우 어렵다는 것은 우리 가족 모두 잘 알고 있는 사실이다. 때문에 우리 집 가장은 가족의 얼굴 볼 겨를도 없이 집안을 꾸려 나가기 위해서 돈줄을 쥐고 있는 곳이라면 어디든지 가리지 않고 찾아가서 구해야 한다. 회사가 파산하면 온 가족이 불행해지기 때문이다. 그러나 권세가 있는 사람은 1조라는 액수도 별로 크게 보지 않는 듯한데, 힘없고 못난 우리 같은 중소기업은 단돈 1억이 엄청나게 크게 다가오는 현실 앞에서 움츠러들 수밖에 없다.

며칠 전 음력 설을 지내기에는 회사의 형편이 여의치 않아 모 은행을 찾아가 "절대로 실수하지 않을 테니까 돈 좀 빌려 주십시오" 하고 애걸복걸하여 보았지만 문전박대한다. 이유인즉 3년째 적자 운영이며 자본금 마저 잠식되었으니 이런 형편에 당신에게 돈 꾸어 주었다가는 은행감독원 감사에 모두 모가지감이라는 설명이다. 많지도 않은 돈이지만 규정이 그렇다고 하니 할 말이 없었다. 우리 같은 소기업을 하는 소시민이 규정과 법에 어긋나는 행위를 한다면 살아 남을 수 없다는 것은 상식이기 때문이다. 그런데 정 모 씨는 얼마나 위대하기에 이러한 소시민의 제약이 적용되지 않는단 말인가? 정말 이해할 수 없는 일이다.

이것은 당사자를 비판할 것인가, 아니면 해당 기관을 욕할 것인가 정확히 분간하기 어려운 일이다. 그렇지만 정말 괘씸한 것은 우리 같은 소박한 중소기업의 생존에 필요한 소액은 철저히 법규에 적용시켜 해석, 집행하면서 몇 조 단위의 엄청나게 큰 덩치는 무사 통과할 수 있는 현실이다.

이런 일이 있을 때마다 서민이 개미처럼 열심히 일하여 저축한 돈이 어떤 특정인 또는 특정 기업에 편중 지원된다는 사실에 서민들이 과연 동의할 수 있을까 하는 생각이 든다. 서민들은 진정으로 그들이 모은 돈이 건전한 중소기업을 살리는 데 쓰여지기를 바랄 것이다. 이런 바람과는 전혀 무관한 듯한 한보사건에 실망하지 않을 수 없으며, 며칠 전 문전박대 받고 돌아온 중소기업의 슬픈 진실을 누가 알아줄까 생각하니 서럽기만 하다. (1997. 2)

협력(協力)과 용역(用役)

　포항제철은 구조 조정의 연장선상에서 그간의 협력 업체를 용역 업체로 2단계에 걸쳐 전환하겠다고 발표하였다. 물론 이것은 원가 절감의 차원에서 이루어진 일련의 조치이다. 국제적으로 무한 경쟁 체제로 돌입한 현 상황에서 철강업이라고 예외일 수는 없으며 선진국의 철강 산업 경쟁력 제고 노력에 우리 역시 발 빠르게 대처해야 생존할 수 있는 실정이다. 더구나 자원이 전무한 우리 나라에서 철강 산업의 경쟁력을 높이기는 매우 어렵다.
　이런 현실에서 살아 남기 위해서는 강인한 의지를 바탕으로 한 기술력 향상, 일사불란한 조직력으로 원가 절감에 임하는 방법이 최선일 것이다. 더구나 포항제철이 신일본제철을 제치고 세계 제일의 단일 제철소로 부상해야 하는 시점에서 용역 업체로의 전환 발표에 당황할 수밖에 없다. 협력에서 용역으로의 전환에 따르는 제반 조치가 구체적으로 어떻게 전개될 것가 하는 점이 앞으로의 최대 관심사이다.
　국어사전에서는 협력을 "힘을 모아 서로 도우는 일"이라고 하였고, 용역은 "물품이나 노력을 제공하는 일"이라고 정의하고 있다. 즉 협력은 '주역'의 위치요, 용역은 필요에 따라 역할하는 '조역'의 위치다. 따라서 '협력 업체'는 한 가족 차원의 협조자이지만 '용역 업체'는 주인의 필요에 따르는 제한적 위치에 불과하다.

포항제철에서 분류한 기준을 보면 주공정 과정에서 포항제철 직원과 같은 차원에서 일하고 있는 부분과 누구라도 대신하여 조력할 수 있는 부분을 대별하고 있다. 본래 포항제철이 공장을 건설하여 가동한 최초의 시기에는 공정 전과정을 자사 직원이 주관하였다. 그러나 점차 그 역할이 주공정과 보조 부분으로 분류되고, 보조 부분까지는 고급 인력을 투입하지 않아도 작업 수행에 지장이 없게 되었다. 따라서 보조 부분을 협력화해 성역을 통한 원가 절감의 효과를 기할 수 있었고, 이러한 노력은 점차 확대되어 고도의 기술적인 분야까지 협력화했다.

그러나 이러한 일들이 생산 과정에서 유기적으로 협력화되지 않으면 소기의 목적을 달성할 수 없었던 관계로 오랜 세월을 통하여 하찮은 일에 이르기까지 나름대로의 전문성을 갖도록 노력하였고, 한 가족 개념으로 화합하여 능률 제고를 위하여 서로 노력하였다. 그러나 지금은 경쟁력을 향상시키기 위하여 냉철하게 손익계산을 해야 할 시점이다. 이런 측면에서 포항제철은 이번 조치를 원가 절감과 협력 업체의 체질 강화 차원에서 취한 것이라고 설명하고 있다.

그러나 막상 이러한 조치에 직면한 해당 업체로서는 그 당위성을 인식하면서도 그간의 관행에서 변화되는 부분에 깊은 염려와 존립의 위기감마저 느끼게 된다. 본래 협력 업체의 형성, 운영 과정이 일반 시중의 타기업에 비하여 특수한 여건 속에서 작업에 임해 왔기 때문이다. 포항제철에 의해 주어지는 작업에 필요한 전문 인력과 장설비를 갖추어야 했고, 이와 같은 상황은 협력 업체들이 일반 기업과 경쟁할 수 없는 특수성을 띠게 했다고 본다. 다만 그 동안 보호막 속에서 안주하려는 경향이 있었다는 점은 인정해야 할 부분이기도 하다.

이제 우리 회사의 입장에서 보자. 우리는 1994년 제1차 구조 조정 때 6개사를 통합하여 회사가 대형화되었으나 당시 인수 과정에서 발생된 제반 경비로 인하여 약 3년간 심한 고통을 받은 바 있다. 이로 인하여 온 가족이 내핍 생활을 했고 정상화를 위하여 혼신의 노력을 경주하였던 것이 주지의 사실이다. 이제 회복 단계에 진입한 시점에서 제2차 구조 조정이라 볼 수 있는 협력 업체 개편 조치에 따라 용역 업체로 전환된다. 포항제철의 입장에서 보면 갈 길도 멀고 해야 할 일도 산적했는데 많은 기업을 상대로 개별적인 사정을 고려하여 정책 수행을 할 수는 없을 것이다. 따라서 적자 생존의 원칙에 입각하여 스스로 생존하는 수밖에 없다.

우선 스스로 상황을 직시하고 필생(畢生)의 의지로 마음의 자세부터 가다듬어야 하며, 이런 바탕 위에서 물자와 장비를 아껴 손실을 줄이는 한편 기술 연마와 시간 절약으로 작업량을 극대화하여야 한다. 이러한 목표를 향하여 한마음으로 노력할 때 온 가족 화합은 물론이고 지금과 같은 어려움 속에서도 승리할 수 있는 길이 반드시 열리리라 믿는다. (1997. 4)

IMF와 우리

　IMF란 'International Monetary Fund'의 첫 글자를 따서 표기한 것으로 국제통화기금을 가리키는 약자이다. 미국을 위시한 선진국들이 기금을 내어 설립한 국제 경제 분야의 기구 가운데 하나로, 현재 우리 나라와 같이 외환 부족으로 국가 부도 위기에 처한 나라에게 선별적으로 자금을 지원하는 기구이다.
　국제간의 무역이란 간단히 말해 다른 국가를 상대로 한 거래에서 이익을 창출하고 그 돈으로 우리에게 부족한 각종 물건을 외국에서 수입하는 일련의 과정이다. 그런데 수출로 생겨나는 이익보다 수입하는 금액이 더 많아지면 나라 살림이 적자를 보게 되고 이를 메우기 위해 외국 은행에서 돈을 빌리는 악순환을 거듭하게 된다. 그 빌린 액수가 자기 나라의 경제 능력으로 도저히 갚을 수 없는 지경에 도달하게 되는 것이 소위 우리가 말하는 국가 부도다. 마치 우리 개인이나 가정이 자신의 수입보다 더 많은 지출을 하다 보면 빚더미에 올라앉아 급기야 패가망신하게 되는 경우와 같다.
　세계의 각 나라들은 제각기 생활 환경이 매우 다르다. 미국과 같이 국토도 넓고 각종 자원도 풍부하고 또 과학 기술도 고도로 축척된 선진 국가가 있는가 하면, 우리 나라처럼 좁은 땅덩어리에 빈약한 지하 자원으로 높은 인구 밀도를 나타내는 나라도 있다. 물론 우리 나라보다 더 열악한 환경에 있는 나라도 있다.

다행히도 우리 부모님들이 어려운 가운데서도 자식 교육을 열심히 시킨 보람으로 인력만큼은 세계에서 상위권을 유지하고 있다. 그 동안 이 인적 자원을 바탕으로 외국 돈을 꾸어와 공장을 짓고 원료를 사들여 그것을 가공해 외국에 되파는 형태로 꾸어온 빚도 갚고 우리들의 살림도 꾸려 나가면서 열심히 저축해 왔다. 그 결과로 우리는 국민소득 일만 불 시대에 진입하게 되었다. 경제협력개발기구(OECD)에도 가입하여 '우리도 부자가 되었으니 당신네들 부자 모임에 끼워 주시오'라는 식의 허세를 부리는 여유까지 보였다. 그러나 탄탄한 기초를 바탕으로 선진 문화를 이룩한 부국들과 우리 나라의 처지는 비교가 되지 않는다. 굳이 비유하자면 마치 뱁새가 황새를 흉내내는 꼴이다. 그러니 황새가 얼마나 아니꼽게 생각했을까.

우리 스스로도 마찬가지이다. 국가를 운영하는 어른들께서 자신들이 잘 하고 있다는 것을 선전한답시고 마치 우리가 선진국의 대열에 들어선 양 국민들에게 떠들어대니 가진 것이라곤 아무것도 없이 허세만 늘어나게 되었다. 결국 국민들은 노사 갈등병, 낭비병, 방황병, 사치병, 과시병 같은 중병에 걸려 시름시름 앓는 처지가 되었고, 높으신 어른들께서는 과대망상증까지 걸려 망상과 현실을 제대로 분간 못한 채 헛소리만 하고 있으니 정말 큰일 중의 큰일이다. 국가가 진정한 부국이 되려면 지속적으로 근검 절약해 저축을 증대시켜 나라 경제의 기초를 탄탄히 해두고 다른 나라와의 경쟁에 대비하는 것이 정도(正道)이다. 세계 선진국들을 살펴보면 어느 한 나라 그렇지 않은 경우가 없다. 멀리 볼 것도 없이 이웃 일본을 보면 당장에 알 수 있다. 그들은 알맞은 주택 규모로 낭비를 줄이고 불필요한 자가용 사용을 억제하며 모든 사람들의 편의를 생각한다. 각종 소비의 패턴도 이와 같은 마음가짐에서 비롯된다. 바로 이런 것이 질적인 선진화인 것이다.

우리는 어떤가. 갑작스런 개발 바람에 부동산 값이 올라 그간 농사 짓던 사람이 갑자기 부자가 되어 정신을 차리지 못하는 경우가 허다하다. 주체할 수 없는 돈 때문에 반미친 사람이 되는 이러한 '졸부'들의 갖가지 행태는 일반 서민 근로자들에게까지 영향을 미쳐 각종 노사 마찰을 유발시키는 촉매 역할을 하게 되었다. 모두들 제몫 챙기기에 여념이 없고 남들에게 보이기 위한 과시용으로 또 조금의 불편함도 허용하지 않겠다는 잘난 이기심 때문에 불필요한 자가용 사기가 유행병처럼 번졌다. '집은 셋방이라도 자가용은 있어야 한다'. 바로 이것이 요즘 젊은 세대들의 중병이 아니고 무엇이겠는가. 아이들까지 외제병에 걸려서 외제 가방이 아니면 메지를 않고 외제 학용품이 아니면 쓰지를 않는 총체적인 망국병에 걸려 있는 나라가 바로 지금의 우리 나라이다. 이렇게 되니 기술력이 부족한 근로자들에게도 고임금 현상이 두드러지게 되었고, 저축 없는 적자 가계는 바로 '고임금 저효율'로 이어져 세계 시장에서 경쟁력을 상실하는 결과를 초래하게 되었다. 또한 개인 가계의 적자는 국가 간접자본 투자를 위축시켜 결국 모든 것을 뒷걸음치게 만들었다.

거기다 문제를 제대로 파악하지 못한 정치 지도자들이 국내 자금 흐름의 투명성 제고를 위한답시고 저축할 만한 분위기를 싹 없애 버렸다. 반면 국내 살림은 빈약한 처지인데도 해외에서의 지명도를 의식해 외화 반출을 확대 허용함으로써 외국에 나가 흥청망청 돈 쓸 수 있는 여건을 만들어 놓고 말았다. 이러니 억만장자인들 얼마나 오래 견딜 수 있었겠는가.

이제 올 것이 온 것뿐이다. 그런데도 한심한 것은 쌀뒤주에 쌀이 하나도 없는 것도 모른 채 아직까지도 양반 행세만 하려는 주인 어른의 태도이다. 어떻게 하겠는가. 이것이 현실인 것을! 그렇다고 이렇게 주저앉을 수는 없지 않겠는가! 우선 현재의 위기를 극복하려는 노력을 효율적으로 해야 한다. 지금까지의 우리 모두의 잘못을 솔직히 시인하고 이제는 속죄하는 마음으로 현실로 돌아가야 한다. 그런 인식을 바탕으로 사력을 다해 다음을 실천하자. 첫째, 절약. 둘째, 저축. 셋째, 겸손. 넷째, 복종. 다섯째, 단결. 이렇게 해야만 IMF 시대의 속박을 벗어날 수가 있다. 부디 대오각성하자. (1998. 1)

10퍼센트의 절감

여기에서 10퍼센트란 IMF가 몰고 온 최소한의 고통 분담 수치를 일컫는 말이다. 10퍼센트란 10분의 1에 해당하는 양만큼으로, 요즘 같은 어려운 시기에 열에서 하나만 줄여 아홉으로 견뎌 보자는 뜻에서 나온 말이다. 망하면 10을 다 잃어버리고 1로 돌아가야 하기 때문에 그것보다는 하나를 잃는 고통을 감수하고서라도 9로 견뎌내는 것이 더 낫지 않겠는가라는 생각이다. 10 중에 하나만 잃고 아홉을 지킬 수 있다면 그것이야말로 상책 중의 상책이 아니겠는가. 그런데 말이 쉽지 정말 어려운 과제다.

작업은 현수준을 유지한 상태에서 원가만 줄여 보자는 것인데 그것이 생각만큼 쉽게 이루어질 것 같지는 않기 때문이다. 그 동안 순이익 비율이 10퍼센트 정도 보장되었다고 한다면 지금과는 얘기가 달라졌을 것이다. 그러했다면 이제는 아무런 대가나 이익 없이 오로지 노력 봉사한다는 생각으로라도 일을 해볼 수 있겠는데, 문제는 그간 10퍼센트의 순이익이 나질 않았다는 사실이다. 이 일을 어떻게 할 것인가.

세상에는 이와 유사한 일들이 종종 있다. 오늘날의 군대는 물자나 다른 생활 수준 면에서 많이 풍요로워졌지만 예전엔 물자가 그렇게 넉넉하지 못했다. 그런 어려웠던 시절, 군대에 가면 지급받은 개인 용품이 자신에게 맞지 않는 경우가 더러 있었다. 그래서 '신발이 발에 맞지 않으면 발을 신발에 맞춰라!' 이런 말이 생겨날 정도였으니 그때의 어려웠던 상황이 어느 정도 짐작이 갈 것이다. 실현 불가능할 것 같은 명령이다. 그러나 그 시절 다 그렇게 어려움에 적응하며 버텨냈던 때가 있었다. 요즘 우리가 겪고 있는 IMF 시대 역시 어려웠던 그 시절을 버텨냈던 그런 강인한 정신력을 필요로 한다. 이 위기를 헤쳐 나가기 위해서는 사고의 전환이 필수적으로 수반되어야 한다.

　그런데 10퍼센트 절감이라는 문제가 단순히 산술적 계산 차원에 그치는 문제가 아님에 그 심각성이 크다. 난감하기 짝이 없는 노릇이다. 용수철도 탄성 한계점을 지나면 제 역할을 못 하는 무용지물이 되고 만다. 적당히 늘어뜨리면 제자리로 돌아와 다시 쓸 수가 있지만 너무 힘껏 늘어뜨리면 용수철로서의 역할을 할 수 없는 지경으로 망가져 버리는 것이다. 이러한 현상을 '탄성 한계치'라고 하는데 아무리 생각해 봐도 우리에게 10퍼센트라는 수치가 탄성 한계치를 초과하는 수치 같아 보이기 때문에 겁부터 나는 것이 솔직한 심정이다.

　그러나 용수철이 용수철로서의 제 역할을 포기한다면 무슨 쓸모가 있겠는가. 그 탄성 한계치를 극복할 만한 방법은 없는 것일까? 환율이 오르고, 금리가 오르고, 물가가 천정부지로 뛰어올랐다. 우리가 현재 겪고 있는 모든 제반 여건 자체가 10퍼센트의 삭감을 어쩔 수 없이 받아들이고 실행해야 하게끔 되어 있다. 그리고 그 외에도 상당 부분 원가 상승의 요인이 동시에 생겨났다. 쌀이 없으면 보리로 끼니를 때우고 그것마저 없으면 풀죽으로라도 연명한다라는 최저의 생활 방식을 고수해서라도 살아 남을 수만 있다면 얼마나 좋을까.

 행여 탄성 한계치를 넘으면 어떻게 하나 걱정이 앞서는 것은 어쩔 수 없다. 다만, 우리는 최대의 노력을 각오해야 한다. 그 길이 고통 극복을 위한 최선의 길이라고 확신하기 때문이다. (1998. 2)

변해야 산다
창립 12주년을 맞으며

　지금부터 만 12년 전인 1986년 2월 1일은 영일기업이 POSCO 구내 운송 협력 업체로서 일을 시작한 날이다. 10년이면 강산도 변한다는데 이만큼 지나고 보니 참 많이도 변했다.
　하기야 우리만 변한 것이 아니라 세상이 변해도 한참 변했다. 1980년대 말 소련을 위시한 사회주의 진영이 붕괴되어 냉전 시대를 종결지었고, 1990년대에 들어서면서 미국이라는 초강대국의 세력하에 세계 각국이 생존을 위하여 갖가지 노력을 다하고 있다. 유럽의 국가들은 하나로 뭉친 강력한 통합 세력을 형성하려는 노력이 한창이고, 중동 지역의 아랍 국가들은 미국의 영향력에서 벗어나고자 안간힘을 쏟고 있다. 또한 아시아 국가들도 중국, 일본 등을 위시하여 블록화하려는 움직임이 활발하다. 어디 이것뿐이겠는가! 공산권이 와해되면서 동구의 여러 나라가 분열의 위기를 맞아 각기 민족주의적 성향으로 독립하거나 여러 가지 이유로 분리 또는 통합되는 과도기에 처하였다. 20세기 전반을 통하여 형성되었던 미·소의 양대 세력권이 21세기를 눈앞에 둔 지금 재편의 소용돌이에 휩싸인 것이다.

여기에서 한 가지 분명한 것은 공산 경제권의 붕괴로 인해 이제 전 세계가 자유 시장 경제 체제로 전환되었다는 사실이다. 이것에는 필연적으로 생존을 위한 개혁 개방의 조치가 수반되기 마련이다. 이를테면 '국제화'나 '세계화'라는 표현이 바로 이러한 국제 사회의 흐름을 두고 일컫는 말이다. 이는 정치적 위험 요소는 제거된 상태에서 오로지 경제적 자존만이 현실에 적응하기 위한 필수 요건이 된 현상으로 이해해야 한다. 즉 각 국가들이 통합 세력을 형성하고 서로 블록화하려는 움직임을 보이는 것 등의 모든 변화가 생존 경쟁에서 살아 남기 위한 몸부림인 것이다.

다가오는 21세기는 치열한 경제 전쟁을 예고하고 있다. 세계는 지금 초강대국의 절대 영향력 속에서도 독립적인 생활권을 형성하려는 노력을 치열하게 전개하고 있다. 지금 우리가 처해 있는 IMF의 통제는 이러한 국제 사회의 경제 현실에 제대로 대응하지 못한 결과라고 봐야 할 것이다. 때문에 IMF 통제를 벗어나려는 갖가지 노력을 이러한 맥락에서 받아들이고 인식해야 할 필요가 있다. 그렇지 않으면 멸망이라는 결과뿐이고 바로 이것이 경제 노예국으로 전락하는 꼴이 아니고 무엇이겠는가. 이 위기를 극복하지 못하면 지난날 우리가 겪어야 했던 일제 식민지 시대보다 더 비참한 꼴이 될지도 모를 일이다.

국제 사회에는 영원한 적도 영원한 친구도 없다. 이는 그간의 역사를 통하여 잘 알려진 사실이다. 오로지 자국의 이익을 위해 때로는 협력을, 때로는 외면을 선택할 따름이다. 20세기의 정치적 여건이 변화하고 있는 지금, 자국의 이익을 위한 행동만이 국제 사회에 존재한다. 우리 나라가 이러한 국제 환경을 제대로 인식하지 못하고 안이하게 대처하다가 지금의 난관에 봉착하였다는 것은 의심할 바 없는 사실이다.

우리 모두 살아 남기 위해서는 변해야 한다. 여기에서의 변화란 획기적인 사고의 전환을 말하는 것이다. 지금껏 구태의연하게 답습해 왔던 우리의 사고를 확실히 바꾸어야만 이 위기를 극복할 수 있다. 1950년대 일본이 세계 2차대전의 패전국으로 국제 사회에서 완전히 그 영향력을 상실하는 듯했으나 당시 미소의 극렬한 대결을 틈타 미국의 편에 가담함으로써 재건을 도모할 수 있었고 보호의 장막 속에서 자국의 산업을 급속히 발전시킬 수 있었다. 또한 그 여세로 일본은 세계 경제 시장에서 미국의 지위를 넘볼 수 있는 위치까지 올라가게 되었다. 그러나 지금은 무소불위의 막강한 일본 경제력에 대응하려는 미국과 서방 각국의 견제로 상당한 시련에 봉착하게 될 조짐이 보이고 있다. 한때 일본 산업계의 구조와 정신이 일본의 국제 경쟁력을 높이는 요체라고 인정되어 세계 각국의 주목의 대상이 되기도 하였다. 그러나 지금은 그것마저도 구시대의 유물로 치부되고 있다. 일본의 이른바 종신 고용제, 가족적인 공동체 경영 등이 바로 그것이다. 그 동안에는 이것이 큰 강점으로 부각되었으나 지금은 그 한계성을 드러내 서서히 변화의 손길이 가해지고 있다. 왜냐하면 일 분 일 초가 다르게 급속히 변화하는 경제적인 여건에 그러한 제도들이 신속히 대처하지 못해 경제적인 이익 창출에 막대한 지장을 초래했기 때문이다.

미국이 줄곧 세계 강국으로 존재하는 이유는 이러한 변화에 대처하는 속도가 매우 빠르기 때문이다. 치열한 국제 경쟁 사회에서 강자의 자리를 지켜 나갈 수 있는 길은 변화에 대처하는 기민성뿐이라는 것을 일본과 미국의 경우를 통해 알 수 있다. 더 이상 동양적인 의리와 인정에 얽매인 기업 경영과 정신은 백전백패만을 안겨 줄 뿐이다.

POSCO 역시 경영진이 바뀌면서 구조 조정을 통해 군살을 빼고 경쟁력 제고를 위한 각종 조치를 쉴새없이 진행시켰다. 그러한 결과로 지금 대기업들이 겪고 있는 고통을 다소나마 덜 수 있었던 것 같다. 그러나 이 같은 현상이 장기적인 측면에서 적절하였다고는 속단할 수 없다. 기업 경영도 인간의 생활 속의 한 부분이기 때문이다. 지금의 어려운 환경에서 한 가지 분명하고도 변할 수 없는 사실은 살아남아야 한다는 것이다. 그러기 위해서는 우리 역시 환경에 적응하는 수밖에 다른 방법이 없다. 우리 회사가 그간의 고통을 겪게 된 것도 이러한 변화에 적절히 대응하지 못하고 설마설마하며 적당히 넘어가려는 의도가 있었기 때문이 아닌가 반성하게 된다.

지난 10년! 짧은 시간 같지만 수많은 변화가 우리의 주변을 스치고 지나갔다. 그런데 분명한 것은 그간 쓰러지지 않고 아직 존재하고 있다는 사실이다. 모진 세상 용케도 살아 남았는데 지금부터가 더 문제이다. 그러나 우리에겐 10년 이상 버텨 온 저력이 있고 어려움을 이겨내는 면역도 생겨났다. 쉽게 쓰러지지는 않을 것이다. 그러기 위해서는 대를 위하여 소를 희생시킬 줄 아는 결단과 묵묵히 인내하는 정신이 요구된다.

창립 12주년을 맞아 우리 스스로 무엇을 생각하고 또 실천할 것인가 냉철히 반성하고 행동에 옮겨야 할 것이다. 과거의 타성에 젖어 설마하고 적당히 넘어가려는 정신이 아직 남아 있다면 절대로 살아 남을 수 없다. 각자가 자기 위치를 되돌아보고 내 스스로가 우리 전체의 손익계산에서 보탬이 되는 존재인가를 확인할 필요가 있다. 적어도 주변 동료들의 덕분으로 하루하루를 이어 나가는 존재라면 지금과 같은 생존 경쟁의 냉혹한 현실에서는 도태될 수밖에 없다. 이제는 인정 사정 없는 경제적 판단만이 남아 있다는 사실을 직시해야 한다. 그간 부지불식간에 젖어 있었던 안이한 사고는 고쳐야 하며 나에게 주어진 몫을 최대한 해내고 있는가 하는 질문을 자신에게 매일 던져야 할 것이다. 이렇게 혼신의 노력을 경주하다 보면 언젠가는 우리에게도 좋은 결과가 주어질 것이다. 바로 이런 것이 희망이 아니고 무엇이겠는가.

　희망을 버려서는 절대 안 된다. 우리의 희망이 현실에서 이루어질 그날을 위하여 우리 모두 적극적으로 위기 극복에 동참해야 한다. 우리 스스로 변하자! 그렇지 않으면 살아 남을 방법이 없다. (1998. 2)

우리의 소망
새로운 경영진의 취임을 축하하며

 1998년 3월 17일자로 포항종합제철 경영진이 바뀌었다. 새 정권이 탄생되면서 포철 경영진의 새로운 구성은 이미 예견되었던 바였지만 막상 바뀌고 보니 새삼 만감이 교차한다. 아마도 짧았던 기간 동안 많은 변화와 그로 인해 겪어야 했던 고통들이 빛바랜 추억처럼 하나둘 떠오르기 때문이리라.
 어느 누구든 만인의 주목을 받는 중차대한 직책을 맡게 되면 최선의 노력을 다해 가시적으로 드러나 보이는 훌륭한 결과를 얻고자 하는 마음이 생길 것이다. 그것은 누구나 갖고 있는 인간적 욕심이자 소망이다. 그러나 아무리 풍부한 학식과 경험이 있다고 하더라도 그 모든 것을 하나로 모아낼 수 있는 총체적인 능력을 갖추지 않으면 자신이 바라는 만큼의 평가를 받기가 매우 어렵다.
 사실 전임 포철 경영진에 의한 그간의 가시적인 변화는 매우 컸다. 경쟁력 제고를 위하여 실시한 구조 조정으로 포항제철 자체뿐만 아니라 주변 업체들까지 모두 변화시켰다. 책임 경영 체제를 도입하여 경영에 새로운 활력을 불어넣는 데 주력했고, 불필요한 경비의 지출을 과감히 억제하여 최대의 이익 창출을 이루도록 노력하였다. 지난 3월 초 모 일간지에 포스코가 창사 이래 최대의 이익 창출을 기록하였다는 극찬의 기사가 실렸다. 마침 IMF라는 악재가 겹쳐 있는 어려운 시기에 이룩한 성과이니만큼 더욱 그 빛을 발하는 기사 거리였다. 약 7300억 원의 순이익이 났다고 하니 정말 놀라울 따름이다.

그런데 이런 훌륭한 결과를 지켜보는 우리의 마음이 오히려 허탈함으로 채워지는 것은 무슨 이유에서일까? 떠나는 경영진이 우리에게 남긴 여운이 결코 아름답거나 혹은 간직하고 싶다는 생각이 들지 않는 것은 왜일까? 그간 정신 없이 몰아닥친 고난에 지쳐 버려서일까. 아니면 맹목적인 복종만을 강요하는 그들의 요구 때문에 스스로의 이성과 판단 능력을 상실했기 때문일까……. 한 가지 분명한 사실은 어느 사이엔가 바보가 되어 버린 자신의 초라한 모습을 그들이 내세우는 훌륭한 결과 안에서 어렴풋이 보게 되었다는 것이다.

지금 우리가 겪고 있는 고통이 IMF 한파에서 오는 고통 분담의 차원은 분명 아니다. IMF라는 현실적 어려움보다 그간 진실을 토로할 언로(言路)마저 차단된 채 공허한 메아리만 울리게 해 우리가 마치 부도덕한 존재로 치부되었던 말 못할 괴로움이 더 크게 다가온다. 과연 전임 경영진이 자랑했던 7300억 원의 빛나는 성과는 무엇을 말하는 것인가. 이것이 힘없는 이들의 고통을 바탕으로 이루어졌다면 그래도 자랑스럽고 축하받을 만한 것일까. 진정한 축하는 모든 이의 공감 속에서 빛을 발하는 것이지 수치의 다과(多寡)에 좌우되는 것이 아니다.

그러나 우리에겐 아직도 옛부터 간직한 한 가족의 애정의 불씨가 남아 있다. 그 옛날 정말 어려웠던 시절, 오직 성취를 위한 불 같은 정열만이 있었던 그 시절! 스파르타식 경영의 험한 채찍을 맞으면서도 웃음지으며 즐겁게 견디어낼 수 있었던 것은 한 가족이라는 공감

대가 형성되어 있었기 때문이다. 인간이 지극히 위험스런 상황에서도 기꺼이 자신을 희생할 수 있는 힘은 바로 자신의 존재 가치를 스스로 인식하는 그 마음에서 비롯된다고 한다. 군인이 전장에서 국가를 위하여 목숨을 기꺼이 바치는 행위, 사랑하는 연인을 위한 맹목적 희생, 자식을 향한 무한대의 헌신, 이러한 행동들이 바로 자신의 존재 가치를 스스로 인식하였을 때 가능한 것이다. 작은 존재로서의 소기업 집단이 큰 가족을 이루는 구성원이라는 인식을 가졌을 때만이 이익 개념을 초월한 헌신적 참여가 이루어지게 되고, 그 속에서 존재의 기쁨을 느낄 수 있다. 그러기에 우리에게 소망이 있다면 고통도 기쁨도 함께 했던 그리운 그 시절로 돌아가는 것이다.

  내일이라는 시간은 또 어김없이 우리에게 다가온다. 이미 우리에게 던져진 고난을 외면할 수도 없고 또 외면하지도 않을 것이다. 새로운 경영진의 탄생을 진심으로 축하하며, 아무쪼록 새로운 경영진이 우리 마음속 깊이 묻어 둔 한 가족이라는 애정의 불씨를 활활 타오르는 불꽃으로 승화시켜 주기를 바라는 마음 간절하다. (1998. 4)

종속 관계

종속(從屬) 관계란 다시 말해 주종(主從)의 관계를 말한다. 쉽게 풀이하여 주인과 그가 다스리는 예속된 노예와의 관계를 뜻하는 것이다.

과거 봉건왕조 시대, 그리고 산업 혁명 이후 급속히 팽창하는 제국주의 시대의 개인적인 관계뿐만 아니라 국가나 민족간의 관계도 강대국 대 약소국 혹은 식민지 관계에 있었던 것이 역사적 사실이다. 이러한 국제간의 정치 경제적 상태를 이론화시킨 학문 분야로 종속 이론이라는 것이 있다. 이 이론의 주된 내용은 1950~60년대 중남미 여러 국가들의 정치 경제적 상황을 강대 국가와의 관계를 중심으로 설명한 것이다. 당시 중남미 여러 국가들은 정치적으로는 독립 국가라 할지라도 경제적으로는 자립할 힘이 없는 저개발국으로 대부분 1차 산업에 의존하고 있었다. 그런데 이른바 강대국들은 산업과 과학 기술 면에서 매우 발달하여 자기들이 생산한 공산품을 후진국에 수출하였고 후진국으로부터는 원료를 헐값으로 수입, 재가공하여 이를 다시 예속 상태에 있는 후진국들에게 되수출함으로써 막대한 이익을 보게 되었다. 이러한 현상으로 말미암아 국가간에 부익부 빈익빈 현상은 더욱 확대되었던 것이다. 이같은 국제간의 문제를 종속 이론이라는 학문적 체계로써 학자들이 설명하였던 것이다.

여기서 그러한 문제들을 학술적으로 길게 얘기하려는 것이 아니다. 다만 과거부터 국제 관계의 여러 문제들은 불평등하게 이루어지고 있었다는 것에 유의하고자 한다. 그후, 미소 양대 세력으로 재편되면서 이념과 군사 대립으로 20세기 말에 이르기까지 치열한 다툼과 변화가 있었다. 1980년대 말에 소련을 위시하여 공산주의 국가들이 대거 무너짐으로써 20세기 전반에 걸쳐 세계를 지배하던 냉전 시대는 우리 나라와 같은 특수한 경우만 남기고 자취를 감추고, 그 대신에 미국 단일 국가 지배 체제로 전환되고 있다. 적어도 21세기 초반 상당한 기간 동안 이러한 현상이 지속되리라고 보여진다.

요즘 우리가 구호처럼 외치고 있는 세계화, 국제화 시대란 각국의 울타리를 허물어 버리고 한 집 한 마당으로 만들자는 것이다. 그런데 이것은 달리 말해 초강대국의 단일한 영향력 밑에 존재해야 한다는 것과 다를 바가 없다. 현재 우리가 처해 있는 IMF의 경제 난국도 바로 이러한 현상이 우리에게 가져다 준 좋지 못한 선물이라고 해도 과언이 아닐 것이다.

그 동안 미국을 비롯한 자유 진영의 보호막 속에서 성장한 우리 나라는 20세기 말에 다가온 예기치 못한 세계 흐름 속에 울타리를 헐어 버리고 세계화라는 파도에 휩싸이게 되었다. 이는 면역성을 가지지 못한 나약한 어린이가 험난한 세상에서 생존 경쟁을 벌여야 하는 최악의 경우로 비유할 수 있을 것이다. 이와 같은 상황에서 우리 나라는 IMF 사태라고 하는 신종 종속 관계와 다를 바 없는 경제적 종속 관계로 전락하였다. 이러한 사태의 요인은 무엇보다 시대의 흐름에 대한 정치적이며 장기적인 안목의 부재에서 기인했다고 보아야 할 것이다. 지금 우리의 처지는 마치 중국 소설 『서유기』에 나오는 손오공이 아무리 재주를 부려도 부처님의 손바닥을 벗어나지 못하는 것과 같다. 우리는 지금 강대국의 막강한 힘 앞에 속수무책인 상태이다.

  21세기의 무한 경쟁 시대에 진입하는 길목에서 우리의 운신의 폭은 대단히 협소해졌으며 오로지 강대국의 상황 변화에 우리의 생존권이 좌우되는 형편에 놓이게 되었다. 그러나 국가의 존립과 민족의 계승이라는 절대 절명의 목표를 달성하기 위해서는 우리의 좁은 운신의 폭 속에서도 온 국민이 단합하여 슬기롭게 대처해 나가야 한다. 그러기 위해서는 정치 지도자의 탁월한 지휘력과 국민 각자가 자기를 희생하려는 노력이 필요하다. 서로가 양보하지 않고 자기 이익만을 챙기려는 이기심에 가득 찬 행위들만 있다면 생존의 길은 요원하다고 할 수밖에 없다. 최근의 작태에서 정치권이 그러하고 재벌과 노동계 역시 그러하다. 이와 같이 양보 없는 상황 속에서 이루어질 수 있는 것은 아무것도 없다.

  우리가 속해 있는 POSCO 역시 우리 나라의 한 부분이요, 또한 우리 회사 역시 POSCO의 한 부분에 지나지 않는다. 이와 같은 현상은 종속적인 관계로 볼 수 있다. 이러한 상황 속에서 능동적이 아니라 어쩔 수 없이 매여 있는 상태로 종속된다면 파멸의 길밖에는 보이지 않는다. 외형적인 종속의 관계는 어쩔 수 없다고 치더라도 적어도 정신적인 면에서는 종속의 테두리에서 벗어나 각자 생존하기 위한 노력을 기울여야 할 때이다. 우리의 적극적이고 공격적인 사고만이 세계화 속의 무한 경쟁 시대에 생존할 수 있는 길이라는 사실을 자각하여야 한다. 지금까지 우리 스스로는 POSCO의 보호막 속에 안주하고 있었다고 해도 과언이 아니다. 그러나 이제부터는 과거의 안이한 생각을 과감히 벗어 버리고 우리가 수행하는 분야에서 세계적인 시각으로 우리를 바라보아야 한다. 또한 그런 시각에서 경쟁력 있는 기업으로의 발전을 도모하는 것만이 우리 스스로 생존할 수 있는 길이다.

회사는 건전한 재정 그리고 장설비를 갖추어야 하며, 각자는 최고의 기술 수준을 유지하여야 한다. 이 모든 것을 이루기 위해서 하나로 단합된 각오와 열의가 절대적으로 요구된다. 이렇게 할 때 비로소 세계화된 21세기의 무한 경쟁 시대에서 우리 스스로 생존할 수 있지 않겠는가. (1998. 10)

대화의 광장으로
사보 발간 1주년을 맞으며

　사내 대화를 활성화하기 위한 묘안을 짜내느라 중역 간부 몇 사람이 모여 머리를 맞대고 의논하다가 사보를 발간하자는 데 의견을 모은 것이 1987년 여름의 일이다. 그러나 말이 쉽지 경험도 없고 또한 사원 수도 적은데 사보를 매월 어떻게 발간할 것인가 하는 문제에 부딪쳤을 때는 솔직히 자신도 없었고 뾰족한 해결책도 없었다. 그러나 시작해 보지도 않고 주저앉는다는 것은 무성의한 일이었다. 더욱이 내 자존심이 허락치 않아 옹고집으로 밀어붙이기로 하였다.

　그렇게 어렵사리 발간하기 시작했던 『영일 사보』가 벌써 1주년을 맞았다니 감회가 크다. 이런저런 어려운 상황 속에서도 단 한 번도 거르지 않고 발간할 수 있었던 것은 매우 대견스런 일이다. 우선 사보를 발간하느라 수고한 담당 사원에게 고마운 마음을 전하며, 힘들인 원고를 보내 주는 등 성원을 아끼지 않은 영일 가족 여러분께도 감사한다.

　대부분 글쓰기에 별 경험이 없는 문외한들이라 사보의 원고를 청탁받고 나서는 글이 마음먹은 대로 되지 않아 무던히도 애를 쓰던 기억이 새롭다. 생각하는 바가 있어도 그것을 조리 있고 논리 정연하게 전개해 나간다는 것은 그리 쉬운 일이 아님을 깨닫게 되었다. 아무래도 글솜씨란 타고나는 재주 중의 하나인 것 같다. 아무리 많은 지식을 지녔다 해도 막상 자기의 생각을 글로 표현하는 일은 매우 어렵다. 나도 몇 번 원고 청탁을 받고 처음에는 상당히 고심해 가며 잘 써 보려고 노력도 하였다. 그러나 그러면 그럴수록 쓸데없는 꾸밈만 많아지고 내용은 양복에 갓 쓴 꼴이 되고 마는 것이 아닌가. 게다가 글의 앞뒤 문맥이 바뀐다든가 하여 글이 엉뚱한 방향으로 가 버리곤 했다. 이제 몇 번 되풀이하고 나니 터득되는 것이 있다. 모르는 것을 아는 척 꾸미지 말고, 되도록 쉬운 표현으로 보통 때 말하듯이 글을 쓰면 된다는 것이다. 그러면 남들도 나의 생각을 쉽게 이해한다는 사실을 알았다.

그런데 사보 담당자의 고충을 들어 보면, 아직도 원고 청탁을 할 때 아예 이야기도 못 하게 막는 사원이 태반이라는 것이다. 사원들의 원고가 폭넓게 실리지 않으면 우리의 사보는 '대화의 광장'이란 의의를 잃고 몇몇 특정인의 발표지에 불과한 것이 되어 버리고 만다. 사보란 원래 문장이 뛰어나거나 문학성이 있는 글들을 뽑아 만드는 문학 잡지가 아니다. 표현은 비록 서툴더라도 자신의 생각을 솔직하게 나타내어 전체 가족들에게 알리고 또 도움이 되도록 한다면 이야말로 사보를 명실공히 영일 가족의 대화의 광장으로 만드는 일이 될 것이다. 이런 뜻에서 매달 사보를 만드느라 수고하는 편집 요원에게 다시 한 번 격려의 박수를 보내는 것은 어떨까. (1988. 8)

무역 적자

1991년도 무역 적자가 100억 불이란다. 무역 적자란 수출량에 비하여 수입량이 많아 국가 재정에 마이너스 숫자를 기록한 것을 말한다. 우리 돈으로 약 7조 원이나 되니 우리 서민들의 개념으로는 가히 천문학적인 수치라 하겠다.

만일 우리가 집안 살림을 잘못하여 적자를 보았다면 그만큼의 돈을 빌려야 한다. 이로 인해 온 집안 식구들이 걱정하게 마련이다. 그래서 부부가 머리를 맞대고 왜 적자 가계가 되었을까 분석하고 대책을 세우게 된다. 적자를 만회하고 조금이라도 흑자를 내리라 결심하고 실천 방안을 구체적으로 마련한다. 외식비를 줄이고 옷가지 구입도 유보하고 교통비 절약을 위해 웬만하면 걸어서 다니리라 결심을 단단히 한다.

나라 살림의 적자도 마찬가지이다. 정부가 적자를 흑자로 전환시킬 수 있는 가장 확실한 방법은 수출을 늘리고 수입을 최대한 억제하는 것이다. 그러나 말이 쉽지 정부가 이를 시행하기란 대단히 어려운 점이 많다. 한 가지 예를 들어 보자. 정부에서 요즘 자꾸 늘어나는 양

담배의 소비를 줄이기 위해 직간접적으로 홍보를 하게 되면 즉각 해당 국가의 항의와 각종 보복 조치가 뒤따른다. 이렇게 되면 예기치 못한 불이익이 돌아올 것은 명약관화(明若觀火)하다. 때문에 정부에서 어떤 조치를 취한다는 것이 여간 어렵지 않다.

꼭 필요한 것은 당연히 수입해야 하지만, 사치성 소모품이나 국내의 대체 상품이 있는 제품 등은 우리에게 여유가 생길 때까지 그 수입을 유보해야 할 것이다.

이웃 일본의 경우를 보자. 일본이 많은 무역 흑자를 내는 나라라는 것을 우리 모두 잘 알고 있다. 따라서 여러 국가로부터 각종 압력과 협의가 쇄도한다고 한다. 때문에 정부는 이들의 요구를 들어 주고 불평을 무마하기 위해 대대적으로 외국 제품을 수입하여 국민이 사용하도록 홍보하고 있는 실정이다.

그럼에도 국민 스스로가 자국 제품을 애용하고 더욱 외국 제품을 외면한다고 한다. 따라서 상대 국가에서는 일본에 항의할 구실을 상실해 분쟁의 소지가 없어진다. 일본은 국익을 위하여 국가와 국민 전체가 합심하고 있다고 하겠다. 물론 일본 생산 제품이 외국 제품보다 우수하기 때문이기도 하지만 실제로는 일본인 특유의 애국심의 발로로 보아야 옳을 것이다.

일본의 예를 보면 우리 스스로 살아 나갈 수 있는 방법은 너무나 명백하다. 우선 모든 기업은 생산 제품이 외국산보다 우수하도록 품질 향상을 위해 부단한 노력을 경주하여야 한다. 더욱 중요한 점은 국민 각자가 진정한 애국심이 무엇인가를 느끼고 실천하는 것이다. 애국하는 길은 국민 스스로가 국산품을 애용하는 방법 외에는 없다고 본다. 그럴 때 비로소 무역 적자는 사라지고 생존의 길이 열리리라 생각한다.

우리도 이젠 정부에서는 외국 제품을 사용하라고 홍보하고 국민들은 국산품을 애용하는 고집을 부렸으면 얼마나 좋을까 하고, 새해 소망 하나를 빌어 보는 것이다. (1992. 2)

제2부
생활의 지혜

담배, 목숨을 피운다

 '호랑이가 담배 먹던 시절에', '담배 먹고 맴맴, 고추 먹고 맴맴'. 이처럼 담배는 우리들에게 어릴 적부터 아주 귀에 익은 것이었다. 그러나 담배가 무엇이라는 것을 알 수 있는 나이가 되면 담배와 접을 붙기가 어렵게 되는 것이 우리네 사정이다. 우리 나라의 윤리관에서는 흡연이 특별한 의미를 지니기 때문이다. 곧, 우리 나라에서는 담배가 권위를 상징하여 맞담배질이 매우 부도덕한 행위로 여겨졌다. 김홍도의 그림에서처럼 양반이 담뱃대를 길게 물면 종놈이 앞에 앉아 불을 당겨 주던 풍습이 있어서였는지는 몰라도, 아랫사람이 윗사람 앞에서 마주 담배를 피웠다가는 벼락이 떨어졌다. 게다가 어린 사람이 담배를 피우면 몹쓸놈 취급을 받았다.
 담배는 왜 피우는 것일까? 아마도 그것은 호기심에서 시작될 것이다. 호기심에서 시작하여 버릇이 되고, 그것이 버릇임을 얼버무리려고 모두들 담배가 별난 맛이나 가진 듯 야단을 한다. 그러나 담배의 진짜 문제는 그 호기심에 의한 끽연으로 목숨이 천천히 줄어든다는 사실에 있다.

담배 속에는 여러 가지 독소가 들어 있지만, 그 가운데서도 우리에게 가장 위험한 것 중의 하나가 담배 연기 속의 일산화탄소이다. 담배 연기를 맡았을 때 사람들이 골치가 아파지는 것이 바로 이 일산화탄소 때문인데, 연탄 가스는 무서워해도 담배 연기를 무서워하는 사람은 없다. 담배가 호흡기에 나쁘다는 것은 이미 상식이 되었지만, 소화기에도 나쁘다는 것을 알아야 한다. 담배가 위액 분비를 불규칙하게 하여 궁극적으로 소화 불량을 초래한다는 이야기이다. 담배를 소화제 삼아 피웠던 사람에게는 섭섭한 소식이 아닐 수 없다. 담배는 또한 가래를 끓게 하고 위궤양, 장염, 심근 경색증과 혈관 계통의 질환도 유발할 수 있다.

담배에는 일산화탄소 이외에도 니코틴과 타르가 있다. 위궤양, 장염 등 위장과 혈관을 좀먹는 것이 니코틴이고, 폐암이나 폐단종 등 폐에 화를 끼치는 것이 타르이다. 담배 1개비에서 나오는 연기는 평균 0.5그램인데 그 속에는 자그마치 1200가지의 화학 물질이 섞여 있다. 그 주성분은 물론 앞에서 말한 니코틴, 타르, 일산화탄소이다. 담배 연기 속의 일산화탄소의 함유 비율이 보통 굴뚝에서 나오는 연기의 640배라고 하니 인간의 폐는 무척이나 튼튼한 연기통인지도 모른다.

그 연기 속에 들어 있는 타르에는 암을 일으키는 30가지쯤의 물질이 포함되어 있다. 그러한 독소와 싸우려니 세포 조직은 무척이나 고달프고, 세포 조직이 그들과의 싸움에서 지게 되면 인간은 암으로 쓰러지게 된다. 폐암, 위암, 식도암, 췌장암은 세포가 타르와의 싸움에서 지는 때에 발생한다. 동맥경화증이나 심장병을 일으키는 데는 일산화탄소가 큰 원인이 된다고 한다. 일산화탄소는 몸 안의 산소를 소모시키기 때문에 산소 소비량이 가장 많은 큰골에 타격을 주어 기억력을 감퇴시키기도 한다. 또 니코틴은 골 조직 속의 단백질을 파괴시켜 명상이나 사색에 도움을 주기는커녕 몽롱한 백치 상태로 이끄는 일만 열심히 한다는 것을 알아두어야 한다.

국내의 남성 흡연율은 세계에서 가장 높은 수준을 보이고 있다. 대한결핵협회가 지난 1985년에 전국 180개 표본 지역의 15세 이상 3만 명(남자 1만 4천 명, 여자 1만 6천 명)을 대상으로 한 흡연 실태 조사 결과에 따르면, 남녀별 흡연율은 남자 61.5퍼센트, 여자 6.8퍼센트로 각각 나타났다. 특히 30대 남자는 4명 중에 3명꼴로 흡연자일 만큼 매우 높은 비율을 보였다. 이 같은 흡연율은 지난 1980년(남자 70퍼센트, 여자 11퍼센트)보다 낮아지는 추세를 보이고는 있으나, 남자의 경우 미국과 유럽 일부 국가들에 비해서는 그 비율이 두 배 가까이 높은 것이다.

담배 1개비가 흡연자의 수명을 약 5분 30초 단축시키며, 평균적으로 보면 흡연자의 수명은 5~8년이 단축된다고 한다. 예컨대 25세 남자가 하루 20개비의 담배를 피우면 평균 수명이 4~6년 감소하며, 하루 40개비의 흡연량이면 8.3년이 줄어든다. 미국에서의 통계 자료에 따르면 흡연과 관계해서 사망하는 사람은 연간 35만 명을 헤아리고 있다. 이는 제1차 세계대전, 한국 전쟁, 월남 전쟁에서 사망한 사람을 모두 합한 숫자를 넘어선다는 것이다. 이렇게 볼 때 담배야말로 치명적인 자살의 도구라고 하겠다.

담배를 끊었을 때 나타나는 효과는 1~5년 뒤부터 폐암 발생률이 떨어져 15~20년 뒤에야 비흡연자와 같은 수준이 된다. 이와는 달리 성인병형 심장병의 발생률은 금연 뒤 대략 1년이면 정상인과 같은 수준이 되는 것으로 알려져 있다.

흡연자의 70퍼센트는 담배를 끊고자 하지만 정작 60세 이전에 금연에 성공하는 사람은 3명 중 1명에 불과하다. 흡연량 세계 1위인 미국은 물론 세계 곳곳의 문명권에서 이제는 담배 추방 운동이 한창이다. 우리에게도 금연 운동은 이제 낯설지 않다. 대한의학협회, 병원 협회 등이 모든 공공 시설에 금연 지역을 지정하고자 건의하고 있는가 하면 기업체에서도 금연 사무실이 크게 늘고 있다. 3월부터 국내선 여객기가 전면 금연석으로 운항되고 있고, 음식점에도 이제는 금연석을 지정해 운영할 것으로 알려졌다. 보사부는 오는 4월 7일 보건의 날을 금연의 날로 정해 대대적인 금연 캠페인을 벌이기로 했다. 그 때문인지 1986년부터 전매청의 담배 판매 증가율이 사상 처음 '제로'를 기록했다. 이런 마당에 개방의 공세를 강화하고 있는 미국 담배가 과연 얼마나 더 팔릴까 의심스럽다.

지금 이 순간부터 금연에의 문을 두드리자. 금연의 성공을 가름하는 열쇠는 담배를 끊고자 하는 자신의 열망과 의지이다. (1988. 4)

주님의 매

    병상에 누운 지 벌써 한 달이 지났다. 그 동안 고통과 싸우다 보니 시간이 가는 줄도 몰랐던가 보다. 오늘 담당 의사가 엑스레이 재촬영 결과를 검토하고는 침상을 60도 각도로 세워도 좋다고 허락한다.
    우선 병세가 호전되었구나 하는 느낌과 함께 눈만 뜨면 보이던 흰 천장이 지겹기만 하였는데 시야를 좀더 넓힐 수 있게 되었구나 하는 기쁨이 앞선다. 담당 의사가 병실을 나가기 바쁘게 "여보, 나 좀 일으켜 줘. 일어나도 된데." 물론 집사람이 의사의 말을 못 들었을 리 없다. 집사람은 씩 웃으며 뭘 그리 급하게 구느냐고 핀잔이다. 아마 속으로는 '아기가 다 되었군' 하고 웃는 것 같다.
    가리웠던 커튼을 열고 창 밖 경치가 보고 싶었다. 아! 정말 아름답다. 벌써 진달래가 활짝 피어 한껏 아름다움을 뽐내고 있고, 겨우내 칙칙한 색깔로 잠자던 나뭇가지에 연초록의 움이 텄다. 정말 오묘한 자연의 섭리이다. 금년도 어김없이 봄이 찾아와서 병실 밖을 가꾸고 있구나. 오! 하느님. 다시 이 아름다움을 보게 해주신 은총에 감사드립니다.

사람들은 자기 주변에 일어나는 일들 중에 자기의 노력과 의지로써 해결되지 않는 사건들을 '운수 소관'이라고 결론짓고 넘어간다. 어쩌면 바쁘고 복잡한 세상살이에서 쉽게 잊어버리는 것은 편리한 방법 같다. 나도 이번 사고를 당하고 입원해 있는 동안 많은 문병객들에게 '정말 운이 좋았습니다', '액땜을 했으니 이젠 운수 대통할 겁니다'라는 위로의 말을 수없이 들었다. 또 나 역시 '운수 소관'이라는 편의한 방법으로 잊으면 매우 좋겠다. 그러나 누워 있노라니 갖가지 생각들이 주마등처럼 지나가고, 그러는 가운데 몇 가지 놀라운 사실을 발견했다.

내 스스로 잘했다고 내세울 만한 일은 별로 없고, 온통 잘못투성이고 위선투성이다. 생각이 깊어질수록 얼굴이 붉어져, 생각하던 머리를 돌려 생각의 방향을 다른 쪽으로 돌리려 한다. 그러면 그럴수록 더욱 뚜렷하게 나타나는 잘못된 점들이 나를 말할 수 없이 괴롭히곤 하였다. 세상살이를 하노라면, 특히 요즘과 같이 각박한 인심에 아귀 다툼의 생존 경쟁을 치르는 세상에서 어떻게 좋은 일만 하고 살 수가 있을까. 그래도 남보다 조금 나으면 되었지 하고 스스로 고민을 달래어 본다.

그러나 이번 사고는 절대 운이 좋았다고 쉽게 해석하고 넘어가고 싶지 않은 것이 나의 솔직한 심정이다. 주님의 도우심이 있었으리라 믿으며, 더욱이 이렇게 상처를 주신 것도 뜻 깊은 주님의 '매의 은총'일 것이라 생각한다. 잘못을 반성할 수 있는 기회, 우리가 어렸을 때 지각 없이 잘못을 범했을 때의 어버이의 사랑의 매가 바로 이런 것이라고 확신한다.

존 포엘이 쓴 『크리스천의 비전』에 이러한 구절이 있다. "주님께서 우리에게 주신 은총 중에 한 가지가 '고통의 신비'이다." 인간의 고통이 어떻게 주님의 은총일까? 나는 책을 읽는 동안 회의에 찬 눈으로 읽었던 기억이 난다. 작가는 이렇게 표현한다. 우리가 작업을 하다가 칼에 손을 베었을 때 큰 쓰라림과 아픔을 느낀다. 바로 이렇게 아픔을 느끼는 것이 우리가 건강한 사람이라는 증거요, 바로 그것이 주님께서 우리에게 주신 은총이라는 것이다. 만약 나병 환자라면 아무런 감각을 느끼지 못할 것이다. 뜨거운 것을 잡았다가 심한 화상을 입고도 아픔을 느끼지 못한다. 급기야는 손마디가 떨어져 나가도 아픔을 느끼지 못하는 비참하고 슬픈 사람이 되어 버린다. 우리가 고통을 느끼는 것이 얼마나 주님의 큰 은총이겠는가라고 느끼며 바로 이것이 '고통의 신비'라고 결론짓는다.

그 책을 읽을 당시에는 별로 실감나지 않게 읽고 지나쳐 버렸던 것이 사실이다. 그런데 이번 사고로 병상에 누워서 꼼짝 못 하고 누워 있노라니 불현듯 존 포엘의 그 대목이 생각나고, 건강하게 병상 주변을 지나다니는 사람들을 볼 때마다 주님의 은총임을 느끼게 되었다. 더욱이 건강히 지낼 때 아무런 느낌 없이 당연한 것이라 생각하고 감사할 줄 모르는 어리석은 우리가 가엾고 불쌍하다는 생각까지 들었다. 나도 그랬고 우리 모두가 그러하다.

우리의 모든 것 중에서 가장 으뜸인 것은 우리가 현세에 살고 있다는 사실, 그것도 건강히 살고 있다는 사실이다. 오늘 저녁 갑자기 죽어야 하는 사람에게 쌓아 놓은 재산과 권력과 주변의 행복한 여건이 과연 무슨 소용이 있을까? 우리는 이 세상을 살면서 너무나 주제넘는 허욕과 망상에 빠져 살고 있는 것 같다. 이제 늦게나마 주님의 '매의 은총'으로 잘못을 깨우칠 수 있었음에 감사하는 마음이다.

성경 말씀에 '이 세상에서 보잘것 없는 사람에게 베푸는 것이 주님께 베푸는 것이요, 하늘 나라에 재물을 쌓는 것이다'라는 구절이 있다. 이제 현명한 사람은 하늘 나라에 재물을 쌓아 두는 것이 얼마나 유용한 것인가를 깨달아야 하며, 나 역시 이 말씀이 가슴에 와닿는다. 이런 생각을 하노라니 불현듯 눈시울이 뜨거워지며 고생하는 우리 직원의 모습이 눈앞에 스친다.

오! 주님 감사합니다. 이 어리석고 미련한 저를 조금이라도 깨우칠 수 있게 도와주신 은총을……. 나의 건강을 걱정하여 주신 분들, 특히 멀리서 바쁜 중에도 시간을 내어 서울까지 병문안을 와 주신 여러 직원들의 뜨거운 정성에 감사한다. 정비과 부인 여러분의 위로 편지에도 깊이 감사드린다.

빨리 건강을 되찾아, 보고 싶은 여러분과 활짝 웃고 싶은 마음 간절하다. (1988. 4)

여유 있는 마음으로

　생을 즐기는 방법이 날로 무잡(蕪雜)해져 가는 것 같다. 은근하고 운치 있고 정신적이었던 생활의 즐거움이 요즈음엔 직선적이고 건조하고 상업주의적인 면으로만 흐르는 것 같다. 재미가 없다.
　피서법만 해도 그렇다. 옛날엔 돈을 들이지 않고도 여름의 멋을 즐길 줄 알았다. 아치 있는 태극선 한 자루, 소박한 밀짚방석, 혹은 모깃불 하나로도 능히 피서뿐 아니라 여름철의 운치를 맛보았던 것이다.
　남자들은 뜨거운 뙤약볕에 소금이 돋는 땀을 흘리며 집으로 돌아온다. 그러면 여인네들은 이가 시리도록 차가운 우물물을 철철 넘쳐 나도록 대야 가득히 길어다가 등물을 해준다. 시간이 나면 시골 원두막이나 정자 나무 밑에 누워서 낮잠을 잔다. 하얀 뭉게구름이 여름의 태양빛으로 눈부시게 빛난다. 소나기처럼 쏟아지는 매미들의 울음소리가 풀냄새 속에서 떠도는 여름 공기를 휘젓는다. 귀가 멍멍하도록 고요한 대낮의 적막……. 대체 그 시골 벌판의 녹음과 일광만큼 환상적인 공간이 어디에 있으며, 푸른 산과 맑은 개울을 끼고 있는 시골 여름의 그 정적을 또 어디에서 구할 수 있을 것인가?

　이런 소박한 아름다움은, 대청마루에 누워 유난히도 별이 총총히 박힌 여름밤 하늘을 올려다보며 끊길 듯 이어지는 어머니의 부채 바람 속에 소록소록 잠이 들던 어릴 적 기억들과 더불어 사라져 간다. 사방을 온통 뒤섞어 버릴 듯 왕왕거리며 돌아가는 선풍기나 뒷꼭지가 쭈뼛하도록 순식간에 서늘케 만드는 에어컨에 하나둘 사라져 가고 있는 것이다. 느긋한 마음으로 차분히 앉아 서서히 열기를 식혀 가는 여유 같은 것은 이제 찾아보기 힘들다.

　'이 바쁜 세상'에서는 '급속 냉각'이 아니면 성에 차지 않는 것이다. 이제 뜨거운 행락철이 또다시 다가왔다. 교문 앞을 지날 때마다 재잘거리는 소리가 흘러 넘치던 이웃 초등학교가 조용해지고, 찾아갈 때마다 붐비던 술집들의 선풍기 소리가 오히려 한가히 들리는 계절이 된 것이다. 지금쯤이면 많은 사람들이 물가에 가 있거나 아니면 마음만이라도 시원한 바다를 만끽하고 있을 것이다. 물기와 소금기를 알맞게 머금은 바람이, 사람들의 후각뿐 아니라 온몸의 감각을 나른하게 도취시킬 것이다.

　그러나 이제 한적한 해변은 사실 흔치 않다. 날이 저물면 곳곳에서 삼삼오오 짝을 지어 술과 노래로 쾌락을 만끽하고, 여름밤 내내 생명의 찬란함을 소리 높여 외칠 것이다. 주위에서 불평을 해도 별로 효과가 없다. 얼큰히 취한 그들은 우리의 좀스러운 불평의 차원을 이미 초월해 있기 때문이다. 성서에는 '남이 나에게 하지 않기를 바라는 것을 남에게 하지 말라'는 상호 불가침을 언명한 대목이 있다. 내가 하는 일이 남에게 폐를 끼치지 않게 하려면, 간단히 나를 상대방의 입장에 놓고 생각하면 될 것이다. 17세기의 철학자 홉스도 "사람은 자기 자신에게 허용하는 만큼의 권리를 남에게 허용해야 한다. 어느 사람이든 그가 상대하는 사람의 입장에 자기 자신을 두고 생각하고 또 상대방을 이쪽의 입장에 놓고 생각해야 한다"고 했다. 우리 사회처럼 학교의 선후배, 직위의 고하, 서열의 상하를 따지는 곳에서는 나 자신을 항상 남의 입장에 놓고 보려는 노력을 게을리 하지 않을 때 비로소 행위의 정당성을 얻을 수가 있다.

모든 사람들이 자기들의 주장만 옳고 자기들만이 모든 일을 할 수 있다고 생각하고 그와 같이 행동한다면, 이 사회는 한치의 양보 없는 대결로 나아가게 되고 승자와 패자만이 존재하는 통합이 없는 사회가 되고 말 것이다. 또한 앞장서서 옳고 그름을 말하는 사람들이 그런 말은 단지 생활의 한 방편이고 실제로는 자기 멋대로 행동한다면, 가치와 신념은 현실과 유리된 채 이중, 삼중의 자기 모순에 빠지는 무규범의 사회가 되고 말 것이다.

사람들이 자기와 이웃을 함께 생각하고 열심히 일하면서 항상 무엇인가를 새롭게 만들어내는 것에 더 큰 보람을 느끼며 살아갈 때, 그 사회는 자연히 도약, 발전하게 될 것이다. (1988. 7)

마음의 텃밭, 추석

추석이 되면 고향을 생각하게 된다. 도시에서 태어나 도시에서 자라난 사람이라도 지금의 도시와는 다른 그 어떤 마음의 고향을 가슴 속에 갖게 되고, 바로 그 고향으로 마음은 달려가게 된다.

시골의 한적한 마을에서 자란 사람들에게 고향은 마음속에 있으면서도 한편 현존하는 것이기 때문에 추석은 곧 고향으로의 회귀일 수 있다. 그러한 고향에서 추석의 보름달을 맞이하고 웃어른들을 찾아뵙고 소원했던 동기간의 정을 이어 가게 된다.

추석은 무엇보다도 우리들에게 돌아갈 수 있는 마음의 텃밭이 되어 준다. 도시의 메마른 일상 속에서 찌들릴 대로 찌들고 지친 마음 한구석에 돌아갈 곳이 있다는 한 줄기 위안 같은 것이 추석이다.

추석은 또한 우리들에게 스스로의 선 자리를 확인시켜 주는 시간을 제공한다. 하루 한 시간조차도 자기의 의지나 생각대로 누릴 수 없는 생활이기에 내가 누구이며, 우리가 누구인지조차 잊어버리고 살다가 어느 날 갑자기 추석이 되면 마음은 훌쩍 고향으로 달려가게 되고, 바로 그곳에서 우리가 주름진 어머니의 아들이며, 지친 모습의 형님과 열망에 가득한 조카들의 한 부분임을 발견하게 된다.

추석이 비단 이처럼 회고적인 기분만 갖게 하는 것은 아니다. 때로는 우리들에게 가능성 있는 미래를 다짐하게 하는 계기가 될 수도 있다. 우리들의 오늘의 삶이 한계지어진 상황 속에서 더 이상 뻗어날 수도, 일어설 수도 없을 것만 같은 좌절 속에서 추석은 하나의 다짐 같은 것, 어떤 가능성 같은 것을 떠올리게 해준다.

추석과 고향은 이처럼 우리들에게 원초 의식이라 해도 좋고, 공감대를 형성하게 해주는 전통이라 해도 좋다. 아니, 그보다도 오늘의 우리 모습을 비추어 주는 보름달이라 해도 무방할 것 같다. 근대화의 돌개바람이 소용돌이치고, 공업화의 거센 물결이 사람을 물건의 자리에까지 떨어뜨리고 말았으며, 돈벌이가 된다면 조상의 묘역에서 상석까지도 팔아먹는 바로 그러한 세상의 모습을 비춰 주는 보름달이라 해도 좋다. 이웃의 친한 친구도 한낱 이익을 위한 경쟁의 대상일 뿐이며, 도덕이라든가 가치와 같은 문제는 현실을 잘 모르는 시대착오적인 인사들의 객적은 이야기가 되어 버린 그러한 세상을 알게 해주는 계기가 된다 해도 좋다.

거대한 도시의 빌딩숲에 가려진 추석의 달을 보면서 이러한 추석은 웬일인지 추석 같지 않다는 생각이 든다. 현대인은 언필칭 시지프스의 신화만을 되새김질하고 있어야만 하는가. 현대인의 가장 큰 비극은 '고향 상실'이라고 말한 사람은 하이데거였지만, 이른바 '제3의 물결'이 발밑에 철썩이는 오늘날에 와서 현대인에게 가장 시급한 과제는 '고향 회복'이라고 한다면 지나친 말일까. (1988. 9)

정(情)의 표시

　정이라는 것은 마치도 봄날의 화사한 공기 같아서 사람의 몸과 마음을 훈훈하게 해준다. 만일 우리 인간 사회에 서로 오가는 정이 없다면 얼마나 삭막해질까. 정이 있기에 인간 사회에는 온기가 돌고 마음은 흐뭇해진다. 정이 오갈 때 얼어붙었던 사람 사이가 녹아 내리고 그 사이를 가로막고 있던 장벽이 무너진다.
　그런데 정에는 밖에 나타나지 않고 그냥 느낌만으로 안에 숨어 있는 정이 있는가 하며, 밖에 나타나 남에게 전달되는 정이 있다. 우리의 전통적 생활 규범이었던 유교는 정을 외부에 나타내지 않는 것을 이상으로 한다. 희로애락의 감정을 가볍게 밖에 표시하지 않는 것을 군자가 지켜야 할 도리로 삼았다. 다소 불만이 있다고 해서 발칵 성을 내는 것은 분명히 소인의 짓으로서 교양 있는 사람이 취할 태도가 아니라는 것이다.
　동양의 도덕에서는 사람이 사람 되기에 앞서 군자가 되기를 강요한다. 자연스레 흘러나오는 정을 될수록 억제하는 것을 이상으로 삼는다. 이에 반하여 서양의 행위 규범은 정을 자연스럽게 드러내는 것을 정당시하기 때문에 반가운 사람을 만났을 때의 포옹을 예사로 한다.

예로부터 우리 나라는 정의 나라로 알려져 왔다. 우리 나라 사람의 특징을 꼽는다면 아마도 인정일 것이다. 우리는 오랫동안 유교 문화 속에서 살아왔기 때문에 정을 밖으로 표시하는 데는 서툴지만 그 나름대로의 정을 흥건히 맛볼 수 있다. 지금도 농촌에 가 보면 이 흐뭇한 정이 흐르는 광경을 볼 수 있다. 큰일이 있으면 자기 일처럼 남의 집 일을 돌보아 주는가 하면, 바쁜 농사 때에는 기꺼이 손을 빌려 준다. 별식을 만들면 이웃과 더불어 즐기며, 우물터는 동네 아낙들의 즐거운 뉴스 센터가 된다. 이웃사촌이란 말이 정말로 적절한 표현이다.

그러나 이러한 흐뭇한 모습도 우리 사회의 근대화와 더불어 점점 그 자취를 감추고 있다. 정이 식어 가고 있는 것이다. 정을 표시하는 일을 더욱 보기 어려워지는 세월이 되어 가고 있다. 몇 해를 한 골목 안에 살고 있어도 서로 인사조차 없이 지나친다. 친구를 찾아 버스에 시달리면서 먼길을 가면서도 담을 사이에 두고 있는 이웃집 문은 두드리지 않는다. 이러한 현상은 아마도 우리 사회에 국한된 일은 아닐 것이다. 메말라 가는 산업 사회의 공통된 현상인지도 모른다.

어쨌든 우리는 정 표시에 지극히 인색한 듯하다. 우리 나라 사람이라고 정이 남보다 적을 까닭은 없을 것이다. 다만 그 표시를 아끼거나 표시할 줄을 모르는 것이 아닌가 한다. 우리는 가끔 외국인들로부터 박수에 인색하다는 평을 듣는다. 텔레비전을 보아도 사회자가 청중에게 박수를 부탁해야 비로소 박수를 한다. 자진해서 하는 박수는 거의 없다. 음악회 같은 데서 보더라도 선진국에서는 청중이 보내는 박수는 실로 후하며, 10분을 넘나드는 것을 종종 볼 수 있고, 10여 차례의 커튼콜이 드물지 않다. 그리고 이른바 스탠딩 오베이션이란 청중 기립 박수도 연설회나 연회장에서 흔히 본다. 때로는 이러한 박수가 반드시 연주나 연설이 훌륭해서라기보다도 그 노고에 대한 답례를 의미하는 것 같다. 인색한 박수, 후한 박수, 이것이 동서양의 정 표시의 차이를 단적으로 나타내는 것이 아닐까.

나는 가끔 우리 나라 사람은 남을 대체로 동지 아니면 적으로 구분하여 대하는 경향이 있지 않은가 생각해 본다. 친척이나 지기를 대할 때의 정 표시는 실로 흥건하다. 이에 반하여 잘 모르는 사람을 대할 때의 태도는 냉랭하기 비길 데 없다. 우리의 정 표시는 소수의 특정인에 국한된 것이요, 보편성을 띠지는 않는 것 같다.

우리의 인간 관계도 좀더 인정이 밖으로 나타난다면 얼마나 좋을까. 정이 마음속에 제아무리 풍부하더라고 그것이 내부에 사장되어 있다면 우리의 사회 생활을 윤택하게 하는 데 무슨 도움이 되겠는가. 설사 모르는 사람을 만나더라고 미소로 대하고, 길을 알려 주는 어린이에게 고맙다고 말하며, 전화를 잘못 걸었을 때는 '미안합니다'라고 예를 갖춘다면 삭막한 우리 사회가 얼마나 부드러워질까.

붐비는 버스 안에서 자리를 양보해 주는 젊은이에게 당연하다는 듯이 무표정하게 앉는 나이 든 사람들의 행동이 얼마나 비정의 사회를 만드는 것일까. 때는 바야흐로 인정이 상실되어 가고 있는 시대이다. 근대화된 도시 사회, 기계화된 산업 사회, 거대화 일로를 걷고 있는 조직 사회……. 그 속에서 고독을 느끼고 무력화되어 가고 있는 현대인이 갈망하는 것이야말로 인정이 아닐까.

인정의 표시가 날이 갈수록 아쉬워지기만 한다. (1988. 10)

생명 가치

 끔찍하고 두렵고 엄청난 범죄 사건이 발생해 사람이 목숨을 잃거나 몸을 상하거나 하는 따위의 일은 물론 예로부터 인간 사회에서 끊임없이 이어져 온 비극이었다. 현대에 와서 이 비극은 한층 극렬해지고 확대되고 있음을 인정하지 않을 수 없다.
 신문을 펴 들면 거의 날마다 인명 피해 사고와 살인 사건의 슬픈 활자들을 대해야 한다. 참으로 슬픈 활자들이지만 피하려 해도 피할 수 없는 것이 현대 생활이다.
 인류의 한 개체로 태어나 같이 살아가던 한 개체가 그 생명을 잃고 지상에서 영원히 소멸된다는 사실을 깊이 생각해 본다면 참으로 슬프고 안타깝고 허망스런 일이라 아니할 수 없다. 그렇지만 불행히도 급박한 생활에 허덕여야 하는 나는 잠시 눈감고 명복을 빌어 주는 것으로써 그들과 영원한 결별을 하고 말뿐이다.
 우리와 동류의 목숨들이 소멸되어 가는 사실에 있어서 특기할 만한 것은 현대에 있어 그 죽음의 원인이 너무도 우연스럽거나 집단적이라는 사실이다. 예컨대, 남의 집에 세든 일가족이 연탄 가스로 중

독사하는 것 같은 일은 그 얼마나 우연스럽고 집단적인 죽음이겠으며, 버스·배·열차 등이 야기하는 교통 사고 또한 그렇지 않은가. 어쩌면 개인의 힘으로는 불가항력적인 이러한 우연사와 집단사는 인류의 현대 생활의 비극을 한층 실감케 하는 것이다.

여기서 부인할 수 없는 하나의 현상을 발견하게 되는데, 그것은 사회에서는 남의 죽음에 대해서는 거의 무관심하다는 사실이다. 어떤 개인이 어떤 비참한 죽음을 당했다거나 수십 명이 떼죽음을 당했다거나 해도, 남의 불행이 나의 불행일 수 없고 남의 슬픔이 나와는 무슨 아랑곳이냐는 냉담하고 무감각한 태도의 현대인들이 되고 말았다는 것이다. 남의 죽음에 대한 관심이 희박하다는 것은 곧 남의 생명에 대한 존엄성이 감소되었다는 사실을 반영하는 것이다. 시대의 진전과 함께 사상도 변조를 가져와 그 사상의 바탕 위에서 인간 생활 내용이 여러 모로 변혁되어 버린 현대이기는 하지만 인간이 생명의 가치를 경시하게 된 현대는 확실히 비극의 시대이며 불행한 시대이다.

왜 인간은 현대에 와서 이렇게 생명의 존귀성을 몰각하기에 이르렀을까? 이러한 사태의 근본 원인의 하나는 인구의 과잉 팽창 현상에 있을 것이다. 사람의 수효가 너무나도 많아 그 많은 인명이 조금도 귀히 여겨지지 않는 데서 인간은 남의 생명을 등한시하고 자기 위주로만 살게 된다. 그 또 하나의 원인은 기계 문명의 과도한 발달에 있을 것이다. 인간을 기계처럼 사역하는 데서 인간이 기계의 위치로 전락하게 된 것이다.

인간 생명에 대한 인식과 태도가 이렇게 되니 타동물의 생명에 대한 인식과 태도는 말할 것도 없는 일이 아니겠는가. 만약에 법령이 아니었던들 이 지구상의 생물은 머지않아 멸종되고 말 것이다.

인간은 남의 생명을 경시할 뿐 아니라 제 자신의 생명에까지 가학을 예사로이 하고 있다. 스스로 목숨을 끊는 자살의 방법도 이제는 엽기적이 되었다.

생명을 경시하는 이 죄악적인 현상이 심화될수록 인류가 구원받을 수 없는 파멸의 길로 달음질치게 되는 것은 불을 보기보다 분명한 사실이다. 무엇과도 바꿀 수 없고 무엇으로도 살 수 없는 생명을 받아 삶을 누리고 있는 우리는 이제 크게 한번 각성할 때가 온 것 같다. 생명은 일회뿐임을, 남의 생명이 위협을 받는 속에서는 나의 생명도 안전을 보장받기 어려운 일임을 깨달아야 한다.

우리는 예수 그리스도처럼 부활할 수도 없거니와 석가모니처럼 입적할 수도 없는 평범한 양이요, 예사로운 중생으로 살아가면서 죽음을 두려워하고 삶을 사랑하는 '인간'인 것이다. 그러기에 생명을 가장 존엄시하고 절대시하면서 '저절로 죽어지는 날'까지 삶을 가꾸고 아낄 줄 알아야겠다. (1988. 11)

마지막 한 달을 의미 있게

　벽에 걸린 달력에 마지막 한 장만이 남았다.
　12월……. 그 마지막 남은 한 장을 바라본다. 아름다운 겨울 풍경이 담겨 있다. 그러나 그 아름다움에 공연히 마음이 적막해진다. 먼 여행이라도 떠나야 할 것 같고, 혹은 그 여행에서 돌아온 것도 같은 심경이다.
　시간은 어떤 신비로운 힘을 숨기고 있으면서 때때로 우리의 생각과 마음에 이렇게 파문을 던진다. 모든 인간은 시간의 흐름 속에 살고 있다. 계절의 변화도 시간 속에서 이뤄지는 변화이며, 하루의 삶도 주어진 시간 안에서 살아가는 것이다. 우리 주변에는 주어진 시간을 잘 활용하여 소기의 목적을 이룬 사람이 있는가 하면, 시간을 낭비하여 인생의 낙오자가 된 사람도 적지 않다. 같은 시간 속에서 근면과 노력으로 앞날을 개척할 수가 있고 방랑과 안일로 일할 시간을 다 허비하여 허무함에 빠질 수도 있다. 지금 이 시간에도 우리의 주위에는 할 일 없이 다방이나 거리에서 몇 시간을 죽이고 있는 사람이 있고, 밤을 새워 춤을 추어대는 젊은이, 눈에 불을 켜고 남의 돈을 먹어 보려는 노름꾼들이 부지기수이다. 언젠가는 그들도 세월이 무정하다고 후회할 텐데 말이다.

사람들은 흔히 시간이 있다 혹은 시간이 없다는 말을 곧잘 한다. 그러나 주어진 시간에는 변함이 없다. 하루는 다 같은 24시간이고, 1년은 다 같은 365일이다. 다만 그것을 어떻게 쓰느냐에 따라서 결과가 달라지고 가치가 평가될 뿐이다. 그렇다면 만인에게 공정하게 주어지고 한정된 시간을 어떻게 관리해야 할 것인가를 우리 모두 깊이 생각해 볼 필요가 있다.

다시 젊어진다면 보람 있는 일을 해보겠다고 뒤늦게 회한에 젖는다거나, 노쇠 현상이 나타나면 그제야 세월이 왜 이리도 빠르냐고 넋두리를 한들 무슨 소용이 있겠는가. 결론은 한정된 인생의 시간을 최대한으로 선용하는 길밖에 없다. 어떻게 선용하느냐는 각자에게 주어진 삶의 여건에 따라 다르겠지만, 누구에게나 필요한 것은 끊임없이 자기를 연마하는 데 게으르지 말아야 한다는 사실이다. 개인의 인격과 가치관의 확립은 물론 살아가는 지혜를 얻기 위해서는 부단히 공부하는 도리밖에 없다고 본다.

우리가 바라는 미래 지향적 사회를 건설하는 관건은 국민적 자질의 탁월성 여부가 될 것이다. 그 탁월성의 원천은 배움의 길을 닦고 있는 학생은 물론이거니와 모든 국민들이 주어진 시간을 최대한 활용하여 끊임없이 지식을 축적하는 데 있다고 생각한다. 촌음이라도 아껴 가며 너도나도 배움의 즐거움을 갖는 것이야말로 후회 없는 삶을 살아가는 길이고, 장차 자기 자신은 물론 국가 발전의 원동력이 되는 것이다.

사람은 일생을 통하여 혹은 일생의 주요한 시기 동안 자기의 삶의 보람과 생계 유지의 방편으로 일정한 시간의 일을 해야만 한다. 인간 사회도 우리의 본성도 한결같이 일을 요구하고 있다. 사람이 일을 한다는 것은 삶의 위치를 알고 있다는 것이며 의미 있는 삶을 살고 있다는 징표도 된다. 참으로 사람의 신성한 모습은 땀을 흘리며 일하는 속에서 발견할 수 있다. 그런데 가끔 사람들과 대화를 나누다 보면 우리 사회에는 억척스럽게 일하는 사람에게 경의를 표하기는커녕 오히려 요령이 없는 사람으로, 바보스런 사람으로 취급하고 천하게 여기는 좋지 않은 경향이 있는 것 같다. 그렇게 생각하는 사람의 대개가 일하지 않고도 때만 잘 만나면 잘 살 수 있다는 허황된 생각을 가진 사람이고 어떻게 하면 세상을 쉽게 살아갈까 하는 찰나주의에 빠져 있는 사람들이다.

인생이란 그저 즐기기 위하여 있고, 일하기보다는 노는 것이 생활의 철학이라면 그것은 분명히 내일을 좀먹는 잘못된 생각이 아닐 수 없다. 사람이라면 누구나 주어진 시간에 주어진 일을 성실히 해야 한다. 그리하여 땀흘린 노력이 무엇을 이루어 놓았는지를 알 때 비로소 밝은 미래의 모습이 우리 앞에 전개될 것이다. 지난 하루를 놓고 보아도 쉽게 알 수 있는 것이 시간의 활용이다. 거짓과 향락, 부정과 이기 속에 헛되이 보낸 하루와 가치 있는 일에 봉사하며 보람 있게 산 하루는 같은 시간이지만 시간의 질이 다르고 그 결과가 달리 나타나게 마련이다.

봄에 씨를 뿌리지 않으면 가을에 수확할 수 없다는 것이 철칙임을 모르는 사람은 없다. 지금 이 시간을 소중히 여기지 않고서 어찌 이보다 더 나은 삶을 기대할 수 있겠는가. 역사 속에서 인생을 승리로 이끌었던 사람들은 한결같이 시간을 잘 활용한 사람들이었음을 알 수 있다. 시간을 활용할 줄 아는 사람은 인생을 지배할 줄 아는 사람이기 때문이다. 결국 시간이란 우리 스스로가 알차고 보람 있게 사용할 때 그만큼의 값진 보화를 창출해 줄 것이고 따라서 우리에게는 아름다운 과거와 복된 내일을 가져다 줄 것이다.

어느 성인의 다음과 같은 말을 옮기면서 이 글을 맺는다. "너는 인생이 무엇인가를 알고 있느냐. 알고 있다면 시간을 낭비하지 말아라. 왜냐하면 시간은 인생의 가치를 창조해 주는 재료이기 때문이다."

(1988. 12)

한 걸음만 물러서자

　안방에 가면 시어머니 말이 옳고 건넌방에 가면 며느리 말이 옳다고 했다. 서로 맞서는 두 가지 이론의 어느 편이 옳은지 종잡을 수 없을 때에 흔히 쓰는 말이다. 그만큼 우리 사회에서는 예부터 고부간의 갈등이 그치지 않았다. 이와 비슷한 일들은 사회 곳곳에서 일어나고 있다.
　한 예로, 어려운 환경 때문에 높은 수준의 교육을 받지 못한 젊은이가 있었다. 군복무를 하는 동안 운전 교육을 받고 경험을 쌓았다. 군복무 후 젊은이는 직장을 구하려고 이리저리 뛰어 다녔으나 마땅한 직장을 구하지 못하게 되자 군복무 중 익힌 기술인 운전 업무에 종사할 수밖에 없게 되었다. 택시를 운전하는 일은 짜증스럽고 고단한 직업이었다. 이른 아침부터 밤늦게까지 시내를 달리다 보면 교양 있는 손님 혹은 시비 거는 손님 등 손님도 가지각색이었다. 하루하루 겪고 보는 손님들의 모습은 그야말로 천태만상이며 택시 운전사라는 직업 자체에 환멸을 느끼게 하는 일이 수두룩하다.
　다른 젊은이를 보자. 어찌어찌하여 대학 과정의 교육을 받고 이 나라의 젊은이라면 한결같이 거쳐야 하는 군복무를 무사히 마쳤다. 결혼도 하고 직장도 그런 대로 괜찮은 데를 구했다. 아침 일찍 집을 나서서 직장에 도착하면 눈코 뜰 새 없이 바쁘다. 경쟁하는 다른 기업과 치열하게 싸움(?)을 벌여 가면서 등에 흐르는 진땀을 식힐 틈도 없이 이리 뛰고 저리 뛰다 보면 어느덧 하루해는 저물게 마련이다. 직장에서의 걱정도 만만치 않다. 동료간의 경쟁도 치열하다. 긴장, 긴장의 연속이다. 자칫 우물쭈물하다가는 그들보다 크게 뒤떨어져 결국 낙오자가 되는 것은 아닐까 걱정이 앞선다. 얼마 안 되는 월급 봉투를 들고 집에 들어가면 나름대로 골치 아픈 일은 끊이지 않는다. 제대로 아들 노릇을 하고 떳떳하게 아버지 구실을 하려니 마음만 조급할 뿐 경제적 능력이 뒤따르지 못한다. 어느덧 자기 능력에 대한 회의와 사회에 대한 환멸도 가끔 가지게 된다.

어느 날 이 두 젊은이가 길거리에서 마주쳤다. 회사의 급한 볼일을 위하여 길거리에 나선 젊은이는 손님을 내려 주고 빈 차로 떠나려는 택시를 불러 세웠다. 마침 집에 중요하고 긴급한 일이 있어 영업을 그만두고 돌아가려 했던 택시 운전사는 잠시 어쩔 줄을 모르다가 손님을 모실 수가 없다고 사정을 이야기했다. 무슨 소리냐 손님을 가려서 태우느냐 이유 없이 승차를 거부하면 범법이 되는 줄을 모르느냐. 급한 사정이 있으니 그리 알아 달라. 손님을 가려 태우는 것은 아니다. 서로 주거니 받거니 목소리가 높아지고 내용도 험악해졌다. 서로가 딱한 속사정이 있건만 그러한 속사정을 이야기할 겨를도 없고 필요도 없다.

가자, 못 간다 원색적인 목소리가 되풀이되다가 급기야 손님을 밀어낸 채 택시는 제 갈 길을 가려 한다. 손님은 무슨 일이 있어도 그 차를 타고 가야 한다는 이상스런 고집이 발동할 수밖에 없어 서서히 떠나려 하는 택시의 앞길을 몸으로 막아 서고, 오기(?)가 치밀어 오른 택시 운전사는 가로막는 손님을 아랑곳하지 않고 앞으로 밀면서 나가고야 만다. 그 결과 손님은 차에 받혀 부상을 당하고, 운전 기사는 무서운 죄명을 쓰고 구속까지 되는 불상사가 난다. 위와 같은 일은 쉽게 상상할 수 있으며 또한 실제로 일어나고 있다.

모두가 선량한 아들이며 믿음직한 아버지며 충실한 직장인인데 왜 이렇게 성급하게 되었는가. 왜 이렇게 남의 입장을 생각하지 않고 내 입장만 내세우려고 하는가. 남의 말을 차근히 들어 주고 그 사정을 이해하고 내 입장을 양보하면서 살아간다면 위와 같은 불상사는 있을 턱이 없지 않은가.

한 걸음만 물러서자. 입장을 바꾸어 상대방의 처지를 상세히 들어 보자. 그러노라면 각박한 이 세상에도 적으나마 윤기가 흐르게 될 것이다. (1989. 3)

초파일의 등

불경에 나오는 설법 중에 '자등명 법등명'이라는 구절이 있다. 또한 『열반경』은 우리에게 자기 자신과 진리를 등불로 삼으라는 교훈을 준다. 사월 초파일의 불탄일에 연등 행렬로 사바 세계의 어둠을 밝히려는 것은 바로 여기에 그 연원을 둔다. 불교에서 등불은 부처님의 지혜가 밝은 것을 뜻한다. 그래서 법당이나 그 주변에 등촉이 있게 마련이며 그것은 불타의 마음을 상징한다.

그러나 부처님은 등불을 높이 쳐들어야 보이는 존재는 아니다. 불타가 우리에게 주신 교훈은, 누구나 갖고 있는 청정한 불성을 스스로 찾으라는 것이다. 그 말은 등불을 밖에 켤 것이 아니라 자기의 마음속에 켜라는 뜻도 된다. 우리가 마음속을 환히 밝혀 주는 등불을 저마다 켤 수만 있다면 열반의 경지를 멀리 찾을 필요도 없다.

마음에 불을 켠다는 말은 '각성'이라고 표현할 수 있다. 사람들은 자기도 충분히 갖고 있는 착하고 슬기로운 마음을 어둠게 덮어 두고 허황된 대상을 찾아 방황한다. 속되고 허무한 탐욕 앞에 눈을 부비며 이기심으로 손이 떨린다. 그런 세상은 인간이 살 만한 곳이 못 된다.

최근 화두로 등장한 인간 회복은, 불교의 표현을 빌리면 불성의 회복이라 할 수 있다. 부처님은 그 불성의 회복을 위해 인간에게 벅찬 것을 요구하지 않았다. '즉신성불(卽身成佛)', 곧 자기 자신 속에 가려져 있는 그 '부처의 마음'을 오로지 자각으로 찾으라고 설파하고 있는 것이다.

그러나 자각은 앉은자리에서 혼자 하는 것은 아니다. 결단과 행동이 있어야 한다. 불교에서는 이것을 보시라고 가르친다. 나 아닌 남에게 겸손히 봉사하는 정신과 행동, 뭇사람에게 봉사한다는 마음가짐으로 그것을 실천한다면 세상은 한결 밝고 깨끗해질 것이다. 정치인은 국민에게 봉사하고 기업인은 근로자에게 봉사하며, 교사는 학생에게 봉사한다. 이런 봉사의 분위기는 인간의 불성에 빛과 생명력을 불어넣어 저마다의 마음속에 있는 등을 밝혀 줄 것이다.

그러기 위해서는 우리의 눈을 멀게 하는 탐욕과 노여움과 어리석음으로 타고 있는 '검은 등불'들이 먼저 꺼져야 할 것이다. 그것도 역시 우리의 마음에 밝은 등을 켤 때에 이루어질 수 있을 것이다.

(1989. 5)

타타타

 "네가 나를 모르는데 난들 너를 알겠느냐." 요즘 유행하는 노래 가사의 일부이다. 가사의 표현이 너무 재미있어 한가할 때면 흥얼거린다. 내용이 단순하면서 현대 사회의 단면을 정확하게 나타내고 있어 더욱 그러하다.
 대개 종교적인 측면에서 본다면 너는 나를 몰라도 나는 너를 위하여 무엇을 할 수 있고 또 해야 한다. 그것이 자기 희생이다. 자기의 자발적인 희생이 타인에게 전파되어 '사랑의 세계'와 '자비의 세계', 즉 서로 신뢰하고 사는 사회, 궁극적으로는 유토피아의 세계를 지향한다고 생각한다.
 요즘 기독교에서는 부활절을 앞두고 여러 가지 성주간 행사가 한창이다. 이것 역시 우리가 사는 사회가 너무 이기적이고 부도덕적인 사회로 전락하고 있기에 예수의 죽음이 더욱 우리에게 절실한 절규로 떠오르게 되는 것이다. "네가 나를 모르는데 난들 너를 알겠느냐"의 가사를 뒤집어 보면 '네가 나를 그토록 아껴 주는데 어찌 내가 너를 모른다 하겠느냐'라는 이야기가 된다. 듣기만 하여도 흐뭇하고 훈훈한 감정이 절로 우러나온다.

　요즘 단체 협상, 임금 교섭 등 노사간의 문제를 놓고 여러 회사들이 고심하고 있다. 정부도 국가 경제의 재건을 위해 고육지책으로 총액임금제 그리고 5퍼센트 이내의 인상 등을 적극 강조하고 있다. 그러나 국민 개개인의 사정이 모두 다른데 정부에서 권장 혹은 강요한다고 쉽게 해결될 일이겠는가?

　며칠 전 신문에서 미국 재벌 기업의 총수가 기업 정상화를 위하여 자기의 연봉 30퍼센트를 스스로 깎았다는 기사를 보았다. 그 기사 내용은 우리에게 시사하는 바가 크다. 요즘 재벌 기업에서 우리 같은 서민들로서는 상상도 안 되는 막대한 비자금을 조성하여 그것을 유용했다는 보도가 있었다. 어찌 그것뿐이겠는가. 아마 빙산의 일각일 것이다.

　이러한 현상이 우리 주변에 상존하는 한 정부에서 아무리 좋은 안을 제시하고 시행하도록 유도해도 자발적인 참여는 기대할 수 없을 것이다. 가진 자들이 스스로 절제하고 모두를 위하여 베풀어야겠다는 마음가짐으로 실천할 때 비로소 많은 문제들이 해결되고 우리의 경제도 재건될 수 있을 것이다.

　성주간을 맞아 우리 모두 자기의 십자가를 지고 희생한다는 각오가 있다면 저절로 해결될 텐데 하는 안타까운 마음이 앞선다. '네가 나를 모르는데 난들 너를 알겠느냐'가 아니라 '네가 나를 그렇게 사랑하는데 나 역시 너를 사랑하련다'로 된다면 피차가 활짝 웃는 얼굴로 우리의 문제를 해결할 수 있지 않을까 생각하며, 다시 한 번 그 노래를 흥얼거려 본다. (1992. 5)

꽁보리밥

꽁보리밥이란 보리쌀만 가지고 밥을 지은 순보리밥을 말한다. 꽁보리밥 하면 우선 가난을 연상하게 되고 6·25를 경험한 세대는 처참한 전쟁과 공산주의의 잔학성을 연상할 것이다. 어렸을 때 경험한 보릿고개의 애환도 잊을 수 없다. 요즘 젊은이들에게 보릿고개가 무슨 뜻이냐고 물으면 '보리밭이 많은 고개'라고 대답하기 일쑤다.

보릿고개의 참뜻은 이렇다. 옛날 매우 어려웠던 시절, 농사를 지어 가을에 추수하여도 양식으로는 태부족하였기 때문에 가까스로 겨울을 나고 봄이 될 무렵이면 양식이 떨어져 보리 수확만을 기다리며 풀뿌리와 나무껍질로 연명하는 어려운 시기를, 무거운 짐을 지고 험난한 고개를 넘는 어려움에 비교한 말이다. 이렇게 보리는 가난을 연상시키는 곡식이었다. 이런 이야기는 추억 속의 지난날과 더불어 사라지고 있다.

요즘 보리밥에 된장찌개를 넣고 비벼 열무김치를 곁들여 먹는 것이 여름철의 별미로 각광받고 있다. 젊은층에게는 평소에 먹지 않던 특별한 음식이며, 노년층에게는 애환이 담긴 추억의 음식이기 때문이다.

꽁보리밥. 어쩌다 먹게 되니 별미이지 정말 먹기 힘든 음식이다. 그러나 노년층에게 정겨운 감정마저 느껴지는 이유는 별스러운 맛에 있는 것이 아니라 그 시대의 빈곤 속에 있었던 인간다운 분위기를 대변하는 음식이기 때문이다. 어렵고 가난했던 그 시절, 식은 보리밥 한술이라도 이웃끼리 나누고 의지하며 살던 그때, '보리밥이라도 배불리 먹었으면 소원이 없겠네'라고 느끼던 옛날 그 시절! 가난하지만 서로 사랑하고 도우며 살던 아름다운 삶이 있었는데…….

분명 지금은 모든 것이 풍부해지고 잘 사는 세상이 되었다. 젊은이들은 '보릿고개'라는 말을 전혀 모른다. 도회지마다 즐비한 고층 아파트, 집집마다 텔레비전, 냉장고 심지어 에어컨 등 갖가지 문화 시설을 갖추고, 출퇴근은 자가용으로 하고, 휴일이면 가족끼리 야외 가고, 입맛 없으면 맛있는 음식 찾아 외식하고……. 정말 잘 살게 되었다. 그런데 갈수록 불평은 많아지고 언어는 투박해지고, 이웃끼리는 남남이 되어 가는 사회, 메마르고 단절된 사회, 나만을 위하는 이기적인 사회가 되어 간다. 그뿐인가. 도회지는 온갖 쓰레기로 썩은 냄새가 물씬 나고, 개울과 강에는 물고기마저 사라지고, 공기는 각종 매연으로 숨을 쉴 수 없게 되었다. 이것이 좋은 세상, 잘 살게 된 세상이라 할 수 있을까?

그 옛날 물장구치고 피라미 잡고 뛰어 놀던 맑은 시내, 버들가지 꺾어 피리 불던 그 시절, 비록 찌들게 가난한 생활이었지만 풍부한 인정이 있었다. 그 시절을 그리워하는 것이 당치않은 배부름에서 오는 투정일까?

6·25를 맞이하여 어려웠던 시절을 돌이켜보고, '꽁보리밥'의 아름다운 추억을 더듬으며 온고지신(溫故知新)의 슬기로움으로 오늘을 더욱 풍성하게 만들 수 있도록 서로 노력하는 것이 어떨까. (1992. 7)

여행 유감 1
중국을 다녀와서(I)

1992년 5월 26일 평화통일자문위원으로 구성된 일행 17명(1992년도 제2진)이 중국 방문길에 올랐다. 나로서는 모처럼의 나들이였고, 복잡한 일상에서 벗어난 일행들도 대부분 들뜬 것처럼 보였다. 전형적인 5월의 상쾌한 날씨, 일행의 분위기도 좋았다. 그간 여러 사람에게 최근 중국의 이모저모를 들은 적이 있었지만 피상적이고 평면적이어서 아무래도 장님 코끼리 만지는 격의 이야기로만 느껴졌다. 수천 년의 역사를 가진 노대국(老大國)의 참모습과 몰락해 가는 공산주의의 현장을 직접 목격하고 또한 간접적이지만 만주에 거주하는 한인들을 통하여 최근의 북한 소식을 들을 수 있는 절호의 기회라 생각되었다.

얼마 전까지도 홍콩을 경유하여 중국에 입국하던 것이 직접 우리의 KAL기 편으로 상해 공항을 향한다는 것이 다행스럽고 신기하기까지 했다. 아직 정식 국교가 체결되지 않은 상황에서 입출국 수속이 가능하다는 사실에 약간의 흥분도 느꼈다. 우리 대한민국의 국제적 위상이 한층 높아졌다는 증거일 것이다.

우리 일행의 여정은 상해, 소주, 북경, 연길, 백두산, 두만강, 계림, 홍콩 등이고 12박 13일간이었다. 지도를 펴놓고 여행 경로를 확인해 보니 엄청난 거리였고 너무나 숨가쁜 일정인 것 같았다. 대국을 며칠 사이에 보고 파악한다는 것은 욕심이지 실제로는 불가능하다는 것을 쉽게 알 수 있었다. 결국 나 자신도 '옛다 모르겠다, 욕심내지 말고 몇 가지만……' 하는 가벼운 마음으로 바뀌고 말았다. 마치 시험을 치는 학생이 분량이 많은 시험 범위에 기권하고 요약지에 의존하는 심정이었다고나 할까.

이런저런 생각을 하고 있는데 "야, 중국 대륙이다!"라는 감탄사와 함께 일행의 시선이 창 밖으로 쏠렸다. 우리가 탑승한 비행기는 상해 공항 상공을 선회하며 착륙 준비를 하고 있었다. 창 밖에 전개되는 풍경은 한국과는 사뭇 달랐다. 전혀 산이 보이지 않는 망망한 대륙 평야이다. 끝이 보이지 않는……. 순간 '정말 대륙이구나' 하는 생각과 함께 막연한 기대감과 욕심이 한꺼번에 사라짐을 느꼈다.

상해의 5월 말은 한국의 6월 말경의 더운 느낌을 주는 날씨였다. 오래된 상업 도시답게 약간 복잡하고 낡은 듯한 인상이었다. 도로의 건물이 불규칙적으로 되어 있는데 그 이유가 청나라 말기 아편전쟁 이후 서방 국가들이 점유하여 자기 사용에 편리하도록 도시 계획을 멋대로 한 결과라고 한다. 마치 세계 각국의 건축 전시장 같았다.

시내 구경을 하면서 윤봉길 의사가 일본 백천 대장을 폭사시킨 홍구공원, 대한민국 임시정부 건물, 김구 선생이 거처하시던 집 등을 볼 수 있었다. 건물들이 너무 초라하여 그때 사정이 얼마나 어려웠던 가를 짐작케 하였다. 그나마 다행스러운 것은 현지 교민들이 관리와 보전을 위하여 온갖 노력을 하고 있다는 사실이었다. 우리들은 감사한 마음으로 교민들에게 일행의 정성을 표하였다. 반나절의 시내 구경을 마치고 첫날의 일정을 마쳤다.

다음날 아침 일찍 기차를 타고 별로 멀지 않은 소주(蘇州) 관광에 나섰다. 지나는 길의 농촌 풍경은 우리 나라와 별다른 점이 없는 것 같았으나 농가들이 모두 낡아 전체적으로 어두운 느낌을 주었다. 가도 가도 산이라고는 보이지 않는 넓은 벌판이다. 쉽게 소주에 도착할 수 있었고 여행사에서 나온 차량이 우리 일행을 기다리고 있었다.

소주는 인구 80만의 아름다운 도시였다. 중국 사람들이 '하늘에는 천당이 있고, 땅에는 소주와 항주가 있다'고 할 만큼 아름다웠던 고도(古都)이다. 이 도시에는 많은 개인 별장이 있으며, 소주와 항주를 연결하는 운하가 유명하고, 비단이 잘 알려져 있다고 하였다.

특히 인상적인 것은, 시내에 있는 비단 생산 공장을 방문하였을 때 공장내에 관광객을 위하여 제품 매장이 설치되어 있고 별도의 방에 제품을 소개하는 즉석 패션쇼가 진행되었던 일이다. 쇼 자체는 초라하였지만 공산 국가에서 제품 판매를 위하여 이런 행사를 한다는 것이 신기해 보였다. 시간이 허락치 않아 항주를 보지 못한 것을 아쉬워하며 상해로 돌아와 그날을 마치고, 3일째 되는 날 항공 편으로 북경에 도착하였다.

북경은 인구 1100만, 도시 직경 100km, 면적은 한국의 1/9 정도 되는 거대한 도시이다. 우선 상해와 소주에서 보던 좁고 번잡한 거리의 모습이 아니다. 잘 정비된 도로망, 높은 빌딩 등 근대화된 도시로 중국의 수도로서 손색이 없는 듯하였다. 안내원의 설명에 의하면 1990년 아시안게임 때 많이 정비되었다고 한다. 북경은 외곽 원형 도로가 3개로 간격을 맞추어 건설되었기 때문에 전혀 교통 체증 현상이 없다고 한다. 역시 공산 국가의 장점을 살려 도시 계획의 진행 속도가 매우 빠르고 소요 경비도 적게 든다고 한다. 정말 부러운 일이다. 우리와 같이 보상, 철거, 공사 등등 막대한 예산과 시간을 허비하는 것과 비교하면 공산주의의 장점도 있다고 생각되었다.

상해와 북경에서의 숙박 시설은 우리의 일급 호텔에 손색이 없었고 다만 외화의 환전 방법이 복잡하여 불편을 느꼈다. 호텔에서만 사용하는 외폐와 시중에서 사용하는 인민폐가 구별되어 있고, 여행객은 외폐로 환전하고 인민폐는 별도 방법으로 바꾸는 번잡함이 있었다. 이런 불편은 여행사의 배려로 해소할 수 있었지만 달러의 가치에 기준이 없어 호텔에서 환전하는 것과 시중과는 많은 차이가 있었다.
　다른 도시에서도 느꼈지만 특히 북경에는 자동차도 많지만 자전거가 많았다. 시민들의 평소 교통 수단이 자전거라 한다. 아침 출근 시간의 거대한 자전거 행렬은 놀랄 만하였다. 중국의 도로는 차도와 자전거 도로, 그리고 인도가 병행되고 있었다. 중국의 각 도시들은 대부분 평지에 위치하고 있어 자전거 통행이 용이하게 되어 있는 것 역시 자전거가 많아진 이유인 것 같았다. 우리 나라도 자동차 대신 자전거가 시내의 주요 교통 수단이 된다면 얼마나 좋을까. 석유 한 방울 나지 않는 우리로서는 당연히 배워야 하지 않을까 하고 부질없는 생각도 해보았다.
　북경에는 많은 유적지가 있으나 시간이 허락치 않아 선별해서 보아야 했다. 그 중 유명한 것은 명·청 왕조 시대의 궁전인 자금성이다. 우선 그 규모에 경탄하면서 역시 대국이구나 하고 또 한 번 느낄 수 있었다. 천안문광장 역시 대단히 넓은 면적(44만㎡)인데 자금성 밖에 인접하여 있으며 중국의 정치적인 행사가 거기서 이루어져 더욱 유명하다. 그리고 서태후가 여름 한철을 보내기 위해 건설했다는 원림(園林, Imperial Gardens)에 있는 인공 호수의 규모 역시 웅대하였다. 또한 왕릉 중 시외곽 지역에 위치한 명나라 제13대 왕인 주익조(朱翊鈞)와 그 부인의 묘는 마치 지하에 만들어 놓은 궁전 같았다. 그 외에도 제단, 사찰 등 많은 유적지가 있었으나 시간이 허락치 않아 다 보지 못한 것이 못내 아쉬웠다.

북경 관광 3일째는 유명한 만리장성에 시간이 할애되었다. 만리장성은 북경 서북방의 산악 요충 지대인 산해관으로부터 고비사막에 이르기까지 무려 6000km의 끝도 보이지 않는 성곽이다. 진나라 시황이 전국을 통일하고 북방 흉노(만주·몽고족)의 침략을 막기 위하여 축조한 인류 역사상 가장 큰 대공사로 이루어졌다고 한다. 지금의 만리장성은 그후 명나라, 청나라 때 개축, 보수하여 이루어진 것이지만 정말 상상할 수도 없는 규모에 감탄할 따름이었다. 당시 진시황이 오늘날과 같이 비행기가 날고 로켓이 날아다니는 세상이 올 것을 상상했더라면 그렇게 오랜 세월, 많은 사람을 희생시켜 가며 그런 일을 하지는 않았을 것이라는 생각에서 인간의 한계성에 고소를 금할 길 없었다. 그러나 분명한 것은 만리장성이 지금에 와서 많은 외화 획득의 보배로운 존재로 둔갑하였다는 사실이다. 결국은 진시황이 후세를 위하여 선견지명(?)이 있었다고나 할까? 우리 일행이 그곳에 갔을 때도 제대로 지나갈 수 없을 정도로 관광객이 붐비고 있었으니 말이다.

　우리 일행은 아쉬움을 남기고 비행기 편으로 심양(봉천)을 거쳐 만주땅 한인의 거주지인 연길에 도착하였다. 연길은 연변 한인자치구의 가장 큰 도시로 거주 인구의 57퍼센트가 한인이라고 한다. 대부분의 상권을 한인이 갖고 있고 건물의 모양, 생활 방식이 한국식으로 보존되어 있었다. 한 가지 유감스러운 것은 기대하였던 음식이 중국식으로 바뀌어 있었다는 점이다. 우리 일행은 기름진 중국 음식에 매우 곤욕을 치르고 있던 터라 기대한 만큼 실망이 컸었다.

　연길은 특별한 관광지가 없어 한인들의 생활상을 알아보기 위해 도보로 시내 관광과 시장 구경을 하기로 하였다. 시장의 형태는 우리나라 지방 도시의 시장을 방불케 하였으며 진열된 상품은 생활용품, 의류, 식품 등 다양하였다. 상품의 대부분이 북한산이라고 하였다.

여기서 우리 일행은 북한의 현주소를 발견할 수 있었다. 모든 분야를 속단할 수는 없으나 최소한 생필품은 우리 나라의 1960년대 초반 수준이었다.

여행 출발 전에 사전 교육을 받은 대로 이곳 한인들과 접촉하면서 많은 신경을 써야 했다. 우선 한인들의 고향이 대부분 북한이고 생활권이 북한에 속해 있음을 확인하였기 때문이다. 그러나 다행히 88올림픽 후 대한민국에 대해 많은 것을 알고 있었고 그간 상당수의 한국인 방문객을 통하여 대략은 알고 있는 듯하였다. 대부분은 좋은 인상으로 대할 수 있었으나 특히 관광 업소에서는 거리감을 두고 경계하는 모습이 있었다. 물어 보지는 않았으나 그 분위기로 어느 정도는 짐작할 수 있었다. 한국인 방문객들이 술김에 객적은 행동을 했거나 졸부의 근성을 드러낸 것이 분명하였다. 먼 이국땅에 사는 동포들에게 겸손하고 따뜻한 사랑으로 대할 수는 없었을까 하는 안타까운 심정이었다.

정겨웠던 연길을 뒤로하고 백두산 등반을 위하여 육로로 출발하였다. 가는 도중 한인의 숱한 애환이 담긴 용정(龍井)에 잠깐 들러 대성학원 등 몇 곳을 보고 안내원의 소개로 일정에 없던 윤동주 시인의 묘소를 참배키로 하였다. 시외곽 골짜기의 작은 공동 묘지 구석에서 쓸쓸히 누워 있는 그분을 접할 수 있었다.

    죽는 날까지 하늘을 우러러
    한점 부끄럼이 없기를
    잎새에 이는 바람에도
    나는 괴로와했다
    별을 노래하는 마음으로
    모든 죽어가는 것들을 사랑해야지

그리고 나한테 주어진 길을
걸어가야겠다.

오늘밤에도 별이 바람에 스치운다.

그분의 외침이 있는데 그분은 이곳에 외로이 누웠고 아직 우리는 잠에서 깨어나지 못하고 있다. 이런저런 숨겨진 이야기를 뒤에 두고 김좌진 장군의 혁혁한 전승지인 청산리를 지나 백두산 밑의 작은 여관에 도착하여 하룻밤을 보냈다.

백두산 등반이 정식으로 허락되는 것은 매년 6월 1일부터라 한다. 그 이전에는 눈이 녹지 않아 위험하기 때문에 안전을 고려하여 허락치 않는 것 같았다. 며칠 전 자문위원 제1진이 눈이 많아 등반길에 대단히 고생하였다는 소식을 간접적으로 듣고 있던 터라 여간 걱정스러운 것이 아니었다.

6월 1일 아침 우리 일행이 백두산 등산로에 들어섰을 때는 다행히 날씨가 좋았다. 관리소에서도 그날 등반을 허락하였고 차량 편으로 정상 가까운 데까지 오를 수 있었다. 오르는 길가에 아직 많은 눈이 쌓여 있었고 중장비로 제설 작업을 하고 있었다. 정상에는 많은 눈이 쌓여 있었고, 얼마 되지 않는 거리인데도 상당한 시간이 걸린 후에야 정상에 오를 수 있었다.

오매불망 그리던 우리 민족의 영산 백두에 올라 천지를 바라보는 순간, 감격과 서러움에 우선 목이 메고 눈물이 한없이 쏟아져 내렸다. 어찌하여 일찍 찾아오지 못하고 반백이 된 나이에 찾을 수밖에 없었으며, 지금 내가 선 이 땅이 우리 것이 아니라 중국에게 내어 준 땅인가! 저기 바라보이는 지척 거리의 내 조국땅은 어찌 밟아 보지 못하는 것인가! 천지의 물은 아직도 녹을 줄 모르고 얼어 있었다.

우리 일행은 하산을 독촉하는 소리에 정신을 차리고 몇 장의 기념사진을 찍고 내려오기 시작했다. 사실 너무 감격한 탓에 상당한 시간이 지났음을 느끼지 못하고 있었다. 안내원의 설명에 따르면 등반객의 70퍼센트 이상이 불순한 날씨 때문에 제대로 구경도 못 하고 고생만 하였다고 한다. 그러나 우리 일행은 구름 한 점 없는 청명한 날씨에 기온까지 따뜻하였으니 얼마나 축복을 받았는지 모른다. 모두 감사한 마음으로 하산하였다. 장백폭포, 그리고 노천 온천 역시 오랜 추억 거리로 남을 것이다.

돌아오는 길에, 두만강을 보기 위하여 국경 도시인 도문을 방문하였다. 도문에서 바라보는 북한땅은 폐허가 된 마을처럼 인적이 없었다. 우리 일행이 국경 다리에서 기념 촬영을 하고 있는데 마침 북한을 방문하고 막 돌아온 현지 한인을 만날 수 있었다. 그의 설명에 의하면 자치구에서 발행하는 통행증만 있으면 50일간 북한에 체재할 수 있으나 목적지 외에는 자유 왕래가 불가능하다고 한다. 그 곳의 생활 정도를 물었더니 만주 지역 한인의 생활 정도가 오히려 낫다는 대답이다. 만주에 거주하는 한인들의 월 평균 수입이 대략 100달러 내외라고 하니 가히 짐작이 갔다.

우리의 여정은 두만강을 끝으로 귀로에 들어섰다. 연길, 심양, 북경을 거쳐 남쪽의 아름다운 경치를 자랑하는 계림을 구경하고 홍콩에 도착하여 12일간의 중국 방문 일정을 마쳤다.

중국 방문 중 두 차례의 현지 한인 교수들과의 좌담은 매우 유익하였다. 한 번은 북경중앙소수민족학원 교수들과의 모임이었고, 또 한 번은 연변대학교 조선문제연구소 교수들과의 좌담이었다. 그들은 한결같이 빠른 시일내에 통일이 되어야 한다고 주장하였다. 연변대학의 이○○ 교수는, 대한민국이 독일의 통일 과정을 보고 막대한 경비가 들 것을 두려워하여 주저하고 있으나 실제로 북한의 잘 훈련된 저렴한 노동력과 자원은 무엇보다도 대한민국에 필요할 것이며 이로 인한 이익과 국방비 절감의 효과 등을 고려한다면 별 문제가 없을 것이라는 취지의 말을 하였다.

물론 토론 내용 중에는 오랜 세월 동안의 단절로 인한 이질성 극복 문제, 김일성 체제에서 통일 실현의 가능성 등 여러 가지 의견이 있었으나, 결론은 대한민국의 적극적인 통일 노력과 중국 거주 한인들의 중계 역할을 통하여 폐쇄된 북한 사회에 진실과 진정한 자유가 무엇인가를 알려줄 때 서서히 통일의 기운이 싹틀 것이라는 이야기였다.

우리가 본 중국은 이미 사회주의의 변형이 무르익어 자유 시장경제의 기틀을 잡고 있음을 확인할 수 있었다. 압록강, 두만강의 얼음도 반드시 녹을 것이라는 믿음을 확인하며 유익한 여행을 마치고 지난 6월 6일 김포 공항에 도착하였다. 서로가 찍은 사진을 가지고 며칠 후 다시 모일 것을 약속하면서 즐거운 마음으로 일행과 헤어졌다.

정말 우리의 통일은 언제 이루어질 것인가! (1992. 8)

소욕(少慾)과 지족(知足)

　소욕이라 함은 욕심을 적게 갖는 것이며, 지족이라 함은 만족하는 것이라고 해석할 수 있다. 불교의 가르침 중에 유교경(遺教經)을 보면 다음과 같은 내용이 나온다. 욕심이 많은 사람은 이익을 구함이 많기 때문에 고뇌도 많다. 그러나 욕심이 적은 사람은 구하는 것이 없기 때문에 근심 걱정도 적다. 욕심을 없애려고 노력하는 사람은 마음이 편안해서 아무런 걱정이나 두려움이 없고 하는 일에 여유가 있어 각박하지 않다. 그래서 마침내는 고뇌가 말끔히 사라진 해탈의 경지에 들게 되니 이것을 가리켜 소욕이라 한다. 모든 고뇌에서 벗어나고자 한다면 먼저 만족할 줄 알아야 한다. 넉넉함을 아는 것은 스스로를 부유하고 즐거우며 안온하게 만든다. 그런 사람은 비록 맨땅 위에 누워 있을지라도 편안하고 즐겁다. 그러나 만족할 줄 모르는 사람은 부유한 것 같지만 사실은 가난하고, 만족할 줄 아는 사람은 가난한 것 같지만 사실은 부유하다. 이것을 가리켜 지족이라 한다.
　이상의 설명은, 인간이 내면의 세계에서 어떻게 행복감을 느낄 수 있는가를 구체적으로 설명하고 있다. 우리 인간은 이따금 자기 만족을 통한 행복 추구의 척도를 물질 즉 재화의 과다에 두는 착각을 범한다. 물론 재화의 정도가 행복의 조건은 될 수 있을지라도 절대 조건일 수는 없는 것이다. 왜냐하면 인간의 물질 소유욕은 거의 무한하기 때문에 결국 행복 추구의 수단이 될 수 없다는 것이다. 따라서 위에서 지적한 소욕과 지족은 우리에게 삶의 즐거움을 주게 되고 행복을 갖게 하는 방법이라 여겨진다. 다만 재화는 행복감에 윤기를 더한다고나 할까? 각자 해석하기 나름일 것이다.

 결국 삶의 희열은 정신적인 측면에서 오며 결코 물질적일 수만은 없다고 말해도 무방하다. 그러나 현대에 사는 우리는 물질 문명의 노예가 되어 진정한 삶의 희열을 모르며 또한 그것을 찾으려 노력하지도 않는 불행한 생활을 하고 있다. 요즘 매스컴을 통하여 보도되는 치고받고 아귀다툼하는 현상이 바로 그 같은 사회 풍조에서 기인된 것이라고 생각된다.

 소욕과 지족으로써 우리의 삶을 기쁘게 하는 것이 어떠한가?

(1993. 11)

산적과 떼강도

　산적이란 말 그대로 산도둑을 말한다. 요즘 세상에는 생소한 단어이고 옛날 옛적 이야기에나 등장하는 말이다. 옛날 우리 조상들은 대부분 농업에 종사하였으며 겨우 생계를 꾸려 가는 가난하고 순박한 생활을 하였다. 그러다가 혹시 대단한 흉년이라도 들라치면 그야말로 호구지책(糊口之策)조차 어렵게 되고 설상가상으로 부패한 벼슬아치의 가렴주구(苛斂誅求)로 인해 풀뿌리와 나무껍질로 연명해야 했다. 견디다 못한 민초들이 생계 수단으로 떼지어 산채를 짓고 도둑질을 했는데, 그들을 가리켜 산적이라고 하였다. 어쨌든 예나 지금이나 도둑이란 좋지 못한 행위를 하는 나쁜 사람을 일컫는다는 점에서는 변화가 없다.

　요즘 3인조 떼강도 사건이 전국 방방곡곡에서 매일 수 건씩 발생하고 있다. 한심한 일이고 개탄할 일이다. 병 중에 돌림병이 있고 각종 유행 중에 유행병이 있다고 하더니 떼강도 유행병이라는 신종 모방 강도 사건이 일어나고 있으니 이야말로 첨단 유행병이라고 하여도 과언이 아닐 성싶다.

그런데 용의자를 잡고 보면 대개가 10대 또는 20대의 청소년들이라고 한다. 대개 그 나라 장래는 청소년으로 가늠한다고 하며 그것이 또한 실제와도 부합된다. 그런데 요즘 청소년들이 왜 이렇게 되었을까? 정말 깊이 생각하고 반성할 일이다. 모든 청소년이 그럴까마는 그 중 많은 숫자가 이렇게 감염되었음을 볼 때 매우 걱정스럽다.

지난번 외국 가수가 내한 공연했을 때 광란스런 분위기를 연출하며 불상사를 내었고, 각종 마약과 환각제 흡입 등으로 자주 신문에 오르내리고, 또 얼마 전에는 국내 오렌지족에다 수입 오렌지족 등의 출현과 떼강도……. 앞으로 무차별 살인이라는 단계가 오지 않는다는 보장이 어디 있는가. 한심한 일이고 말할 수 없이 비통한 심정이다.

옛날에는 스스로 동방예의지국, 백의민족 등의 순박함을 자랑하던 우리가 문명의 혜택을 받고 잘 사는 선진국으로 발돋움하는 이때 왜 이렇게 되었을까? 무엇보다 급변하는 사회 환경에 미처 적응하지 못하고 세대간의 갈등 등이 왜곡 분출되는 결과일 것이다.

생각해 보자. 문민 정부의 출현과 함께 추진된 각종 개혁의 바람 속에서 우리 국민들도 진정한 민주주의 정착이란 슬로건을 내걸고 불철주야 뛰고 있다. 그러나 내재해 있는 부패와 부정적인 요소가 단시간 내에 없어진다는 것은 불가능한 일이다. 장영자 사건, 정치권의 돈봉투 사건 등 기성 세대의 파렴치한 행위가 노출되는 마당에 새로운 세대의 떼강도 사건이 가세하는 것은 충분히 예상할 수 있는 일이다. 하여간 요즘 경찰이 도둑 잡는 데 수고가 이만저만 아니다. 그렇지만 이와 같은 방법은 미봉책에 불과하다. 국민 개개인이 새로워지는 것이 치유의 근본이라 여겨진다. 우리 모두 자신의 주변을 돌아보고 정리해야 할 시점이다. 자기 스스로의 각성으로부터 시작되어야 한다는 것이다.

옛날 옛적의 산적은 목숨을 이어 살아가기 위한 부득이한 수단인 경우가 많았고 또한 더러는 악덕 관리나 지주의 횡포에 대한 저항이었다. 그러나 요즘 떼강도는 대부분이 쾌락을 위한 유흥비 마련의 수단이라고 하니 한심스럽고 치졸하기 짝이 없다.

현대 사회는 예전에 비해 더욱 윤택하고 살기 나아졌다고들 한다. 그러나 옛날은 빈곤한 생활이었지만 서로를 아끼는 인간애가 있었고 훈훈한 정으로 서로가 이어져 있었다고 회상된다. 자꾸 옛날이 그리워지는 것은 현실에 대한 허탈감 때문일까? (1994. 2)

엿장수의 가위질

 '엿장수의 가위질은 한 번에 몇 번이나 될까?' 이것은 아이들의 난센스 퀴즈의 하나이다. 답은 '엿장수 마음대로'이다. 그러니까 엿장수의 가위질은 엿장수 마음대로라는 등식이 성립되고, 현대의 엿장수는 권력 가진 이의 대명사로 통한다.
 난센스 퀴즈 속의 '엿장수의 가위질'은 객관성과 보편성이 결여된 주관적이며 아집에 꽉 싸여 있는 행동을 지칭한다고 볼 수 있다. 항간의 여론 중에 이와 유사한 내용에 속하는 것들이 정말 많다. 예컨대 높은 분이 테니스를 좋아한다 하면 스포츠용품점에 테니스용품이 불티가 나고, 또 뜀박질을 좋아한다고 하니 온 시내에 운동복, 운동화 차림의 뜀박질 운동꾼이 이른 아침 골목을 메운다. 이러한 현상을 보면서 예나 지금이나 향일성 인사들의 처세술이 이런 것이구나 하고 고소를 금할 길 없다.
 어젠가 그젠가 신문에 보니 봄기운과 함께 긴 겨울잠에서 깨어난 골프 애호가들의 나들이 채비가 한창이라는 기사와 이러한 분위기를 감지한 높으신 분의 일갈에 모두 움츠러들었다는 내용, 그리고 금년도 골프업계는 찬밥 신세라는 내용의 기사가 실려 있었다. 왜 높은 분이 곱게 보지 않는지 그 진의는 알 길 없지만 하여간 덜덜 떨며 몸조심하기 바쁜 것 같다.

언젠가 저명 교수의 세미나에서 들은 이야기가 생각난다. 선진 사회의 절대 요건은 자율이라고 하였다. 모든 분야에서 국가의 통제 없이 국민 스스로 자율적인 움직임으로 이루어지는 사회가 선진 사회라는 설명이었다. 그렇다면 우리 사회가 선진화된다는 것은 매우 요원한 것 같다. 해바라기 성향의 지도층 인사가 상존하고 엿장수의 가위 소리가 있는 한 사회의 흐름이 순조롭지 못할 것이고 자율성은 찾아 볼 수 없을 것이다.

이러한 분위기의 원인은 여러 가지가 있으나 무엇보다 지도층 인사들의 떳떳치 못한 생활을 대표적인 경우로 지적할 수 있다. 이는 다시 말해 준법 정신과 도덕성의 결여라 말할 수 있다. 그러기에 눈치만 보게 되고 큰소리치면 움츠러드는 추한 모습들을 연출하지 않는가.

'대도무문(大道無門)'이란 말처럼 정당하다면 간섭과 제재가 필요 없는 것이다. 지도층의 각성이 있을 때 비로소 자율이 실현되고 우리 사회가 선진화된다고 믿어 의심치 않는다. 그때면 엿장수 가위 소리도 멈추게 될 것이다. (1994. 3)

공수래 공수거(空手來空手去)

나는 평소 생활하면서 성서를 통하여 많은 삶의 지혜를 얻고 있다. 그중 자주 음미해 보는 구절 하나를 소개하고자 한다. 누가복음 18장 25절의 가진 자에 대한 예수님의 비유 말씀은 평소 흐트러지기 쉬운 내 마음을 잡아 주는 버팀목이 되어 주었다. 가진 것이 유달리 많은 것은 아니어도 풍족함을 느끼며 살아온 터라 '부자'에 대한 말씀은 내게 더더욱 깊이 다가오는지 모른다. "부자가 하느님 나라에 들어가는 것은 낙타가 바늘귀에 들어가는 것보다 어렵다." (누가 18:25)

가진 것이 있다는 사실 하나 때문에 애초부터 하나님 나라에 들어갈 수 있는 자격이 상실되었다는 의미인가? 이 말을 글자 그대로 이해한다면 바로 '그렇다'는 결론을 내릴 수밖에 없다. 그러나 여기에서 예수님께서 말씀하시는 부자란, 인간보다 재물을 사랑하여 재물의 노예가 된 사람을 일컫는다는 생각이다.

사실 우리 주변에는 재물에 대한 욕심 때문에 인간을 재산 증식의 수단으로 생각하고 결국에는 자기 스스로 재물의 노예가 되는 사례가 비일비재하다. 재물에 마음을 빼앗긴 나머지 인간과 재물에 대한 가치 평가의 순서가 뒤바뀐 경우인 것이다.

한 개인을 위한 재물이 아니라 사람들을 사랑하기 위하여 재물을 이용하라는 '부자의 비유'에 대한 가르침은 재물에만 애착하기 쉬운 나 자신을 일깨우곤 한다. 물론 복음을 자의적으로 이해한다는 것이 퍽 위험한 일이지만 나의 이런 이해가 주님의 뜻에 어긋남이 없다면 용서받을 수 있을 것이라 믿는다.

해마다 이맘때면 노사 문제로 시끄럽다. 매년 치르는 조정 작업이지만 조용한 타협보다는 노사간의 불미스러운 마찰이 더 많은 것 같다. 사실 그 내면을 들여다보면 서로가 사랑과 신뢰가 부족한 데서 오는 마찰임을 알 수 있다. 우리 회사도 임금 협상이 시작된다. 회사를 책임지고 있는 나는 사람보다 재물을 먼저 생각하고 있는 것은 아닌지 다시 한 번 자세를 가다듬어 본다.

금년 역시 노사가 서로 웃음지으며 협상이 끝나리라 확신한다. 인생은 흙에서 왔다가 흙으로 돌아가는 것이지 않는가. 그래서 '공수래 공수거(空手來空手去)'라고 하였거늘……. (1994. 6)

함수 관계

"○과 ○ 사이에는 미묘한 함수 관계가 있지!"라는 표현을 대화 중에 종종 들을 수 있다. 원래의 표현은 수학적인 전문 용어로 두 변수 X, Y 간에 어떤 관계가 있어 X의 변화에 따라 Y가 일정한 법칙에 의하여 변화할 때 Y를 X의 함수라고 한다. 즉 상호 밀접한 관계가 있을 때 함수 관계라 칭한다. 요즘 회사 통폐합 조정 과정을 거치면서 회사와 개인간에 묘한 함수 관계가 있음을 발견하고 서글픈 마음을 느끼지 않을 수 없다. 원래 직장이란 제2의 나, 그리고 가정이며 생활의 터전인 것이다. 우리 사회가 과거에는 별로 풍요롭지 않았지만 이와 같은 사상이 바탕에 있었기에 상부상조하는 분위기가 존속되었고, 상경하애의 미덕이 우리 사회의 근본 정신으로 자리잡았던 것이 아닌가 싶다.

그런데 근대화 물결과 과학화로 인해 우리의 처지가 비교적 풍요로워지면서 몫 다툼이 치열해지고 전래의 미덕은 사라져 가고 있다. 개개인의 사고 속에 미묘한 함수 개념이 생기면서 지극히 자기 중심적이고 이기적인 풍조가 우리 주변에 전염병처럼 만연되고 있다.

그 함수란 과연 무엇일까. 바로 '돈(Money)'이다. 즉 내가 이 직장을 버릴 것인가? 이 사람을 좋아할 것인가? 미워할 것인가? 심지어 남녀 관계에서 사랑할 것인가 말 것인가를 결정하는 함수가 바로 '돈'이라는 것이다.

요즘 부쩍 자진 퇴직 인원이 늘고 있다. 밝힌 이유야 다양하다. 그러나 좀더 속사정을 주시해 보면 이와 같은 함수 관계가 있음을 발견할 수 있다. 그것을 증명하는 것이, 통합 전 몇 개의 대회사의 구내 운송 요원과 순수 구내 운송 회사 요원의 통합 과정 중에 드러나는 일들이다. 물론 그간의 대우는 회사에 따라 사정이 매우 다르다. 따라서 통합 후 잠정 관찰 기간을 두겠지만 한 울타리 속에서 누구는 쌀밥, 누구는 보리밥 신세라는 것이 역력하다. 따라서 조만간 한 식구로 동화되려면 적절한 조정 작업이 불가피하고 이와 같은 과정에서 평가의 기준이 나올 것이라는 것쯤은 삼척동자라도 알 것이다. 그때를 미리 짐작하여 별 볼일 없다고 여겨지는 사람들이 일찌감치 물러나는 현상이라고 해석해 본다. 과거 실제에 미치지 못하는 대우를 받은 것도 부당한 처우였으며, 현실보다 많은 것을 챙기는 경우도 역시 부당한 처우일 것이다.

회사내에서 가장 원만한 합의점을 도출해내야 하며 그 방법은 개인의 능력, 회사에 대한 기여도 등등 제반 조건을 망라하여 필요한 함수를 만들어낼 것이다. 다소 불만족스러운 점이 있으리라고 예견된다. 그러나 어떻게 할 묘안이 없는 것이다. 회사가 생존해야 하고 그리고 여러분 또한 생존해야 할 처지인 것이다. 부탁드리고 싶은 것은, 각자의 욕망은 무한대이지만 현실은 매우 제한적이라는 사실을 잊지 말아 달라는 것이다.

이와 같은 사실을 통찰하여 공생할 수 있는 방법, 즉 공생 함수를

찾아 주기를 바라는 마음이다. 그 함수가 '돈'이 아니라 '사랑'이라면 얼마나 좋을까! (1994. 8)

새롭게 태어나자

"사람과 천사의 차이는 별것 아냐. 천사는 대부분 속에 있고, 사람은 거의가 바깥에 있거든." 어느 책 속의 주인공인 일곱 살바기 안나의 말이다. 실제로 내재한 잠재 의식을 어떻게 표현하는가 하는 점이 개개인의 객관적인 평가 기준이 되기도 한다. 그런데 어린 안나의 눈에 비친 사람들은 내재한 천사와는 상당한 거리감이 있는 오염된 상태였다.

요즘 우리 주변에는 여러 가지 불미스러운 사건이 연속적으로 발생하고 있다. 그 중 하청 업체에서 일어난 사건을 들여다보면서 어찌하여 현실이 이렇게 오염되어 병이 되고 급기야는 양심 상실증의 재기 불능한 중환자로 전락했는가 하는 생각에 이르곤 한다. 그간의 내용과 사정은 차치하고, 과연 이 지경에 이르게 할 수밖에 없었는가. 답답한 마음은 끝이 없다.

그러나 현실에서는 이러한 아픔과 고통을 묻어 두고 바삐 뛰어야 한다. 뛰면서 생각하고 반성하여야 한다. 인간은 누구나 살아가는 과정에서 나름대로 목표를 설정해 놓고 노력하게 된다. 그러한 과정을 행복 추구를 위한 행위라고 표현하며 행복의 궁극적인 의미인 자기만족을 위하여 수고를 아끼지 않는 것이다. 그런데 일반적으로 자기만족의 수단을 부와 연결시키는 것이 통상적인 인간의 사고이다. 이러한 우리의 생각들이 필요 이상의 욕심을 부리게 만들고 올바른 이성의 판단을 흐리게 하는 것이다. 바로 이것이 사고의 원인이고 반성해야 할 점인 것이다. 그러나 우리 주변에는 의외로 이러한 세속적인 면을 초월하여 가시적인 형태의 만족보다 자신에게 내재한 정신적인 만족을 추구하면서 살아가는 이가 많다. 그러기에 이것이 상호 중화작용을 하여 세상을 이루고 있는 것이다. 이러한 사회에서 사는 우리 보통 사람들의 행동과 사고 지침은 가시적인 형태의 만족 추구와 내면적인 만족 추구가 적절한 조화를 이루어야 한다고 본다.

그렇다면 우리가 앞으로 어떠한 마음가짐으로 행동하여야 하는지는 명확해지는 것이다. 먼저 우리 잘못을 진심으로 반성하여야 한다. 공자가 말하기를 '과이불개(過而不改), 시위과의(是謂過矣)'라고 하였다. 즉 '잘못하고서 고치지 않는 것, 바로 그것이 잘못인 것이다'로 해석할 수 있다. 성인의 경지에 도달한 사람은 별개로 하고, 사람은 누구나 말과 행동에서 잘못을 저지르기 쉽다. 잘못을 저지르지 않는 사람은 거의 없을 것이다. 문제는 잘못을 저지르느냐 여부가 아니다. 저지른 잘못에 대하여 어떻게 대처하느냐 하는 점이 더욱 중요하다. 그러므로 잘못을 저질렀을 경우 그 잘못을 고친다면 그 잘못은 없어져 버리는 것이다. 이러한 점에서 군자와 소인을 가름하였다. 자공(子貢)은 "잘못을 저지르면 만인이 보고 흠을 보며, 이를 고치면 모두가 우러러본다"고 하였다. 또 자하(子夏)는 "소인은 잘못하고 나서 아닌 것처럼 꾸민다"라고 하였다. 요컨대 성인이 아닌 이상, 인간이 잘못을 저지르는 것은 피할 수 없다. 문제는, 그것이 잘못인 줄 알았으면 선뜻 고쳐야 하며, 같은 잘못을 두 번 다시 저질러서는 안 된다는 점이다.

잘못을 반성하고 시정하기 위해 우리 스스로 명심하고 지켜야 할 사항을 제시하고자 한다. 첫째, 거짓으로 속이지 말고 정직해야 하며, 둘째, 매사에 최선을 다한다는 마음으로 성실해야 하고, 셋째, 남을 더 위한다는 마음으로 모든 것을 희생해야 하며, 넷째, 지금보다 더 나아져야 한다는 일념으로 창의 정신을 가져야 한다. 이 네 가지를 수행함에 있어 우리 모두 공생공영(共生共榮)한다는 정신으로 서로 아끼고 사랑하는 인간 관계를 유지해야 할 것이다.

안나의 말처럼 겉에 나타나는 인간의 모습이 내면의 천사의 그것이냐 아니면 추악스러운 악마의 그것이냐의 여부는 오로지 자기의 수양과 노력에 달린 것이다. 우리 모두 새로운 각오로 다시 시작하여 새롭게 보일 때 모든 사람의 찬사가 우리에게 있을 것이다.

(1994. 1)

선물과 뇌물

 며칠 전 사무실에 이상한 소포가 날아들어 일대 소동이 일어났다. 그것도 그럴 것이 겉포장도 이상한 데다가 주소는 정확한데 수취인의 이름이 틀린 소포다. 내용이 무엇인지 지독한 악취를 뿜어대고 있었으니 배달원뿐만 아니라 수취 대리인인 직원들도 코를 움켜쥐어야 할 판이었다.
 무엇인가 속에서 푹 썩어서 내뿜는 냄새였다. 알고 보니 추석 전에 보낸 선물이 수취 거부로 되돌아온 것이었다. 그 내용물이 생선이었으니 되돌아오는 동안에 상할 만큼 상해서 풍겨 나는 악취였다. 수취인의 성명을 틀리게 기재한 것은 명함의 한자를 잘못 읽은 탓일 게다. 정확한 이유가 무엇인지 알 길은 없었으나 그때 그 자리에 있었던 사람들은 '이럴 수가 있을까?' 모두 같은 마음이었다.
 하기야 요즘 새 정부, 새 경영진으로 새 출발을 다짐하고 '깨끗한 사회 만들기' 등의 구호를 외치며 개혁을 위하여 혼신의 힘을 다하고 있음을 온 국민이 알고 있다. 그러기에 윗물 맑기 운동의 실천 방안으로 '추석 선물 안 받고 안 주기'를 내걸고 있음을 이해한다. 그러나 우리 사회에서 화합의 원천은 이웃간의 정이 으뜸 요소라 할 수 있다. 옛날 상부상조의 표본인 '품앗이'가 바로 이러한 '이웃간의 정'의 표시였다. 이사왔다고 떡을 해서 이웃에 돌리는 것은 정의 표시로서 앞으로 이웃간에 정답게 지내자는 소위 '신고' 턱인 것이다. 요즘 아파트 생활을 하는 사람들은 익히 경험하는 사실이지만, 콘크리트 벽으로 격리되어 있는 이웃에 누가 어떻게 살고 있는지 전혀 알 길이 없다. 때문에 이웃에 불행한 일이 일어나도 아무도 알고 협조하는 사람이 없다. 겨우 방송이나 신문 등을 통해서야 알게 되니 피차 이래서 될까 하고 개탄하고 있는 것이다.

이처럼 문명이 발달해서 개개인의 생활이 윤택해지는가 하면 역으로 인간의 관계는 개인주의, 이기주의로 치닫고 예전처럼 다정히 지내던 이웃간의 정이나 '품앗이'는 자취를 감추고 있다. 그러기에 최근 지상에 보도되는 흉악범에 의한 끔찍한 사건이 꼬리를 물고 일어나는 것이리라. 바로 이것이 고도의 문명이 만들어낸 역기능인 비인간화의 표출이 아니고 무엇인가.

원래 선물이란 남에게 선사로 주는 물품, 곧 정의 표시이다. 이에 반해 뇌물이란 사사로운 이익을 도모하기 위하여 권력자에게 주는 정당치 못한 돈이나 물건을 의미한다. 그러나 엄격하게 구분할 수 없는 것이 선물과 뇌물이다. 다만, 주고받는 사이에 부담을 느끼지 않고 정으로 받아들일 때 선물이라 할 수 있고, 피차가 부담스러울 때는 뇌물이라 해도 틀리지 않을 것이다. 또한 피차간 직접적인 이해관계가 있을 때 주고받는 행위는 그 정도가 적다 하더라도 뇌물에 속할 수 있고, 일반적인 관계 또는 명절 등의 특별한 날에 주고받는 것은 선물이라 해도 무방할 것이다. 그러기에 추석 선물이라고 하지 추석 뇌물이라고는 하지 않는다. 그러나 요즘 사회가 불신 사회가 되어 버렸으니 선물이 뇌물로 보이는 것도 무리는 아니다.

이러한 현상을 직접 대하고 보니 메마른 인정, 극도로 불신하는 사회 분위기를 보는 것 같아 슬퍼졌다. 경제적으로 윤택하고 잘 살기만 하면 무엇하나? 정이 통하는 소박한 삶이 더욱 값지고 보람 있는 것을. 옛날 어렸을 때 비록 가난하였지만 이웃간 서로 나누고 정답게 살던 때가 무척 그리워진다. (1994. 10)

'불구하고'의 사랑

며칠 전 잘 아는 분의 청첩장을 받고 결혼을 축하해 주기 위해 몇 번 가 본 적이 있는 서울 강남의 한 예식장에 간 일이 있다. 화창한 날씨에 계절도 좋고 마침 일요일이라 꽤 많은 하객이 몰려들어 풍성함을 느끼게 하였다.

신랑은 늠름해 보이고 신부는 아름다웠다. 등단한 주례도 한눈에 알아볼 수 있는 유명한 교수 출신으로 관계(官界)에 진출해 높은 직위에 계셨던 분이었다. 원래 결혼식장 볼거리 중의 하나가 주례사의 내용이다. 저명한 교수답게 낮게 깔리는 굵직한 음성에 내용 또한 장내를 사로잡았다. 꽤나 긴 내용 중에 인상 깊었던 대목 한 가지만 소개하도록 한다.

"신랑, 신부께 당부합니다. 여러분의 결혼이 '때문에'의 만남이었다고 하면 이제 살아가는 여정 속에서 두 분 합심하여 '불구하고'의 만남으로 승화하시오." 그리고는 해석 붙이기를 잊지 않았다. "'돈이 많기 때문에, 명문 집안이기 때문에, 외모가 잘생겼기 때문에, 직업이 좋기 때문에, 학벌이 좋기 때문에 결혼하게 되었습니다'가 아니고 '가난함에도, 보잘것 없는 집안임에도, 잘생기지 못했음에도, 비천한 직업임에도, 학벌이 없음에도 불구하고 오직 진실한 사랑이 있기 때문에 결혼하게 되었습니다'는 마음을 갖도록 노력하여야 합니다. 그렇게 된다면 진정으로 사랑이 깃든 행복이 찾아올 것입니다"라는 내용이었다.

내용은 평범하지만 뭔가 마음에 와닿는 것이 있어서 소개하였다. 요즘 우리 회사에서는 몇 개 조로 나누어 극기 훈련 겸 친교의 시간을 갖고 있다. 목적 중 가장 비중을 두는 것이 한 가족화이기 때문에 친교의 장이 되었으면 하는 회사의 바람이다. 지난 5월 이후 불시에 통폐합한 후유증이기도 하지만 불신과 반목이 팽배한 속에서 그야말로 냉랭한 기류가 흐르는 분위기를 읽을 수 있었다. 서로 만나 인사라고 할라치면 눈 마주침을 두려워하여 외면하는 장면도 셀 수 없을 만큼 많았다. 이러한 분위기 속에서 회사의 발전을 기대할 수 없을 뿐 아니라, 개개인 역시 회사에 출근하는 것이 마치 도살장에 끌려오는 심정이 아니었을까. 그러나 이번 극기 훈련을 계기로 분위기를 전환했으면 한다.

어차피 한 울타리 속에 한 가족이 된 이상 비록 만족치는 않지만 피차 이해하려고 노력할 때 일치를 이룰 수 있지 않을까 한다. 결국 앞서 언급한 주례사처럼 각종 '때문에'가 아니라 여러 가지 면에서 부족함에도 '불구하고' 서로가 아끼고 희생하는 마음을 갖는다면 머지않아 좋은 분위기가 조성되지 않을까 기대한다. 무릇 회사의 발전은 단합된 분위기, 한 가족 의식을 바탕으로 비로소 가능하다는 것을 피차 인식하여야 한다. 누가 해주기를 바라기 전에 스스로 결심, 실행에 옮길 때 성공할 수 있을 것이다. 자, 이제 마음잡고 한번 뛰어 보도록 하자. (1994. 11)

중매

독일의 유명한 시인이자 소설가인 한스 카로사(Hans Karossa)는 "인생은 만남이다"라고 하였다. 인생에서 '만남'처럼 중요한 것은 없을 것이다. 태어나면서 좋은 부모를 만나야 하고, 학교에서는 좋은 선생님과 친구를, 그리고 직장에서는 좋은 상사를 만나야 한다. 만남의 현장이 곧 우리들 삶의 현장이기 때문이다. 그 중에서 가장 중요한 만남은 부부의 만남일 것이다. 남녀가 나이가 차서 짝을 짓는 것처럼 어렵고 중대한 일이 또 어디 있겠는가.

세계 각국에는 여러 가지의 전통 풍습에 따라 짝짓기를 하는데, 아무리 좋은 방법이 있다고 해도 만족스럽지는 못한 것 같다. 그래서 요즘은 때가 되면 행여 마음에 드는 짝이 있나 하고 남녀가 자주 만나게 된다. 이것을 요즘 말로 데이트라고 한다.

아무래도 젊은 당사자간의 만남이란 다분히 외적인 분위기에 치우치기 일쑤여서 불행한 결과를 만드는 경우가 적지 않다. 따라서 '중매'라는 방법을 통하여 결정짓는 경우가 많은 것이다. 중매는 대개 어른들 또는 주변 친지를 통하여 상호 객관적인 관점에서 판단하고 접근할 수 있기 때문이다. 이렇게 하여 이루어지는 것이 부부요, 또한 가정인 것이다.

그런데 사람이란 욕망이 무한대라서 천정배필(天定配匹)을 만난다는 것은 거의 불가능한 것이다. 서양 사람들은 천정배필의 정의를 'Love, Like, Need, Enjoy'로 표현한다. 남녀간에 애정이 있어야 하고, 인간적으로 좋아해야 하며, 부부 생활에서 여러모로 즐거움을 느낄 수 있어야 한다고 해석할 수 있다. 그러나 이렇게 구색을 맞추기란 정말 어려운 일이다.

서양 속담에 "바다로 갈 때는 한 번 기도하고, 전쟁터로 갈 때는 두 번 기도하라. 그러나 결혼식장으로 갈 때는 세 번 기도하라"는 말이 있다. 그리고 중국 원나라 증선지(曾先之)가 편찬한 십팔사략(十八史略)에 "집안이 어려울 때 어질고 착한 아내가 생각나고, 나라가 어려울 때 유능한 재상을 생각한다"고 하였다. 동서양의 두 속담에서 보듯이 짝을 고르는 문제가 얼마나 어려운 인생사인가를 잘 알 수 있다. 그러나 남녀의 만남이 이렇게 어렵다고 독신으로 지낸다는 것은 더더욱 힘든 일일 것이다. 결혼은 반드시 치러야 할 인생 과정의 하나인 것이다.

일본의 유명한 종교가인 우찌무라간조(內村鑑三)는 이렇게 말하였다. "가정은 행복의 장소가 아니고 인내의 장소이다." 결국 남남으로서 만나 하나가 되는 과정은, 천생연분이 아닌 한 양보와 극기로서 이루는 의지의 결과이지 저절로 얻어지는 것이 아니라는 것이다.

금년에 우리 회사도 주변의 중매로 새로운 공동체로서 재탄생하였다. 가정 혹은 공동체의 화목은 각 개인의 극기와 양보로써 이뤄진다는 진리를 다시 한 번 되새겨 본다. 이런 때일수록 사고의 전환을 통해 불만을 즐거움으로 만들려는 노력이 더욱 필요할 것이다.

(1995. 1)

여행 유감 2
발트해 3국을 다녀와서

 '북쪽 추운 나라의 여행은 겨울이라야 제맛이 난다'는 것이 여행 전문가들의 통설이다. 아마 극한 상황 속에서 인간의 삶과 자연 생태를 관찰할 수 있기 때문일 것이다. 그러나 이번 북유럽의 발트해 주변 국가 여행은 그런 낭만적인 목적이 아니고 순수한 사무적 차원의 여행이었다.
 모처럼의 기회에 구경이라도 할까 하였는데 하필이면 유럽 쪽의 기상 이변이 여행을 망쳐 놓았다. 유럽 대륙은 홍수, 북유럽은 눈사태로 최악의 상태라 겨우 왕래만이 가능한 정도였다. 여행 기간 내내 궂은 날씨로 비 아니면 눈이 내렸다. 그래서 제대로 구경할 수 없었고, 지나가는 길목인 각국의 공항 말고는 제대로 본 것이 없었다 해도 과언이 아니다.
 유럽 각국의 공항은 크기도 하려니와 내부의 구조와 시설이 여행객의 불편과 지루함을 없애 주기에 충분하였다. 덕분에 넉넉한 시간적 여유를 가지고 잘 구경할 수 있었다. 이번 여행의 방문지는 발트해 주변국인 스웨덴, 노르웨이, 핀란드였다. 이른바 발트 4국 중 덴

마크는 시간이 없어 제외시켰다. 불행히도 아직 한국과는 직통 항로가 개설되지 않아 독일 또는 영국 경유의 지역 항공으로 바꾸어 타야 하는 불편이 있었다.

　유럽의 대다수 국가들이 모두 경제적, 문화적, 사회적으로 선진국에 속하지만 발트 주변국들은 그 중에서도 '양반 국가' 같았다. 국민들의 성품이 온화하고 차림이 수수하며 표정이 밝고 행동과 말소리가 조용하여 그 많은 사람이 내왕하는데도 복잡하다는 느낌이 조금도 들지 않았다. 더욱이 은빛 머리에 푸른 눈, 훤칠한 키에 날씬한 몸매, 그리고 조용히 웃음짓는 젊은 여인들의 모습은 천사 같다고 하여도 과언이 아니었다. 각 나라의 안내자 말을 빌리면, 나그네가 혼자 어디를 가든 위험하지 않다고 하니 우리의 사정에 비하면 가히 천국이었다.

　노르웨이에서 여정을 마치고 핀란드 헬싱키로 가기 위하여 오슬로 공항에 도착, 일찌감치 수속을 마치고 탑승 게이트 휴게실로 향하였다. 그곳에 다다랐을 때 요란스럽게 재잘거리는 소리가 동양 사람들 같아 가까이 가 보니 옷들을 말쑥하게 차려 입은 20세 전후의 일본 여성들이 7~8명 서서 무슨 이야기인지 저희들끼리 히히대고 시끄러웠다. 더구나 모두 담배를 꼬나 물었다. 주변 사람들이 무어라 간섭하지는 않았으나 힐끗힐끗 쳐다보는 분위기가 그리 곱게 느껴지는 않는 모양이었다. 그곳이 금연 구역이었으니 더욱 그러하였으리라 여겨진다.

　더욱 나를 곤란하게 한 것은 내가 거기에 나타났을 때 모든 사람의 시선이 나와 그 처녀들을 번갈아 보고 있다는 느낌을 받았기 때문이다. 그 어색한 장면을 모면하려고 나는 못 본 체 딴전을 피우고 멀리 떨어진 모퉁이에 숨듯이 자리잡고 앉았다. 그들은 나를 같은 일본 사람으로 생각하였을 것이고, 나는 처녀들과 같은 동양의 이웃 사람이었기에 가졌던 느낌이었을 것이다. 일본은 지금 경제 대국으로 스스로를 일등 국민이라 자처하고 있는데 저런 구석도 있구나 하는 느낌을 지울 수가 없었다. 목적지에 도착할 때까지 마음이 개운치 못했다.

　여정을 마치고 귀국하는 길에는 독일의 프랑크푸르트 공항에서 KAL 906 편으로 바꾸어 타야 했다. 공항이 너무 커서 초행길의 여행자는 당황하기 마련이었다. 나는 넉넉히 시간을 잡아 환승하기로 하였으므로 서두를 이유는 없었다. 공항 순환버스를 타고 청사로 자리를 옮겨 일찌감치 수속을 마쳤다. 그곳은 제법 내왕객이 많은 탓에 KAL 전문 수속 창구가 있었다. KAL에서 안내원이 나와 일일이 우리말로 안내해 주니 반갑기도 하고 편리하여 이제 우리의 국력도 이처럼 신장되었구나 하고 자부심도 느끼게 했다.

　그러나 KAL기 전용 탑승 게이트에 도착하면서 조금 전 내가 가졌던 자부심은 산산조각 나기 시작했다. 마치 시골 장터에 온 듯한 분위기가 먼저 나를 맞았다. 한국 사람 특유의 큰 목소리로 무어라 떠들어댄다. 그곳이 KAL 전용 서울행 여객이니 90퍼센트가 한국 사람이다. 물론 먼 타향에서 아는 사람 만났으니 반갑기도 하여 좀 시끄럽다는 것은 이해하고 덮어 둘 수 있다. 그러나 도착하는 여행객마다 보따리 보따리들이 한두 개가 아니다. 그것도 모처럼의 여행에 고향 친지들에게 선물하려는 마음에서 많이들 샀다고 하자. 조금 있으니 좌석이 꽉 찼는데 앉을 자리는 없고 탁한 공기 때문에 더 머무를 수가 없었다. 대기실인지 흡연실인지 구분이 가지 않았다. 간간이 끼어 있던 외국인들은 이런 분위기에 기가 죽어 찍소리 못 하고 구석에 쥐 죽은 듯 앉아 있었다.

　어색한 분위기를 겨우 모면하고 기내에 탑승하여 제일 먼저 접한 것이 10여 일 동안 보지 못했던 우리 신문이었다. 스튜어디스가 건네주는 신문을 반가운 마음으로 받아 펼치니 신문 전체가 세계화, 선진화 등의 내용이다. 세계화, 선진화를 외치는 것은 좋으나 그것을 실제 이루는 길은 너무 멀기만 하다고 새삼 느끼는 것은, 이번 여행을 통한 대조적 자기 발견이라고나 할까.

우리는 종종 경제적 성장만이 선진화라는 착각과 오류를 범한다. 세계의 선진 각국과 우리의 경제적 차이는 이제 별로 많지 않다. 국민소득 1만 불 또는 그 이상을 목전에 두고 있기 때문이다. 서구의 선진국들이 경제 대국인 동양의 일본을 왜 선진국 대열에 선뜻 끼워 주지 않는지를 생각해 본다면 이해하기 어려울 것이 별로 없다. 오슬로 공항에서의 조그마한 사실이 웅변으로 말해 주고 있지 않은가. 더구나 프랑크푸르트 공항의 상황을 보고 그 요원한 거리를 느끼는 것이 잘못이라고 할 수 있을까? 결국 선진국으로 가는 마지막 길은 부(富)가 아니라 국민의 의식 수준의 향상이라는 엄연한 사실을 새삼 깨닫는 것이다. (1995. 3)

건망증

건망이란 지나치게 잘 잊어버리는 것을 말하고, 건망증은 의학 용어로 건망의 정도가 정상이 아닌 병적인 상태를 말한다.

국어사전에는 "기억 장애의 하나. 보고 들은 일을 전혀 기억하지 못하거나 드문드문 기억하거나 또는 어떤 시기 이전의 일을 기억하지 못하는 등의 증상"이라고 정의하고 있다.

심리학에서는 '망각'이란 용어를 사용한다. 인간은 누구나 태어나면서 망각할 수 있는 신의 은총을 받았다는 것이다. 만약 우리 주변에서 일어나는 일들 중에 기억하고 싶지 않은 일들을 잊지 않고 낱낱이 기억하고 있다고 가정해 보자. 상상만 하여도 무서운 일이다. 이로 인하여 쌓이게 되는 혐오와 공포, 불안 등이 곧 우리의 감정 세계에 스트레스로 꽉 차게 될 것이고 급기야는 공동체 생활에 대혼란이 야기될 것이다. 그래서 전지전능하신 신께서 '망각'이라는 기능을 우리에게 선사하시어 생활에 조화를 이루도록 배려하신 것이다.

그런데 더욱 고마운 것은 즐거웠던 기억은 가급적 잘 잊지 않도록 배려하여 우리 정신 세계를 풍요롭게 하셨다는 점이다. 우리의 대화 속에서 이를 증명하는 예는 수없이 많다. 가령 자기의 과거 생활이 아무리 험난하였더라도 먼 훗날에는 '그래도 그때가 좋았지!'라고 기억한다든가, '왕년에 금송아지 없던 집이 어디 있겠어!'라는 표현을 사용하듯이, 사람들은 은연중에 즐거웠던 기억을 오래 간직하려 한다.

 심리학을 전공한 학자들이 연구한 결과를 보면, 인간은 어떤 일이 있고 난 후 대략 20분 후에는 42퍼센트, 한 시간 후에는 50퍼센트, 1개월 후에는 79퍼센트 정도 망각하고, 장기적으로 20퍼센트 정도 기억에 간직한다고 한다. 이렇게 보면 어떤 일이 일어나고 나서 그 일에 대한 감정의 상태나 구체적 사실에 대한 기억은 1시간 후면 거의 절반 정도가 상실된다는 것이다. 물론 모든 사람들이 꼭 같은 정도라고 할 수는 없다. 하지만 위의 연구 결과는 평균적인 수치로서 보편 타당성이 있다고 생각한다.

 며칠 전 우리 모두에게 큰 충격을 안겨 준 대구 지하철 공사장 가스 폭발 사고를 보면서 작년 서울 아현동 사건 때보다는 경악과 슬픔의 정도가 덜한 것은, 우리의 망각 증세가 위에서 말한 평균치 보다 더 심한 것을 나타내는 것은 아닌가 하고 생각해 본다. 요즘 사회가 너무 복잡하고 다양화되어 우리 주변의 일 중에 망각해야 할 것과 기억해야 할 일들이 너무나 많아 학자들이 예전에 내놓았던 수치에 오차가 생긴 것이 아닐까 하는 의문과 불안이 생기는 것이다.

 이렇게 되면 제2의 성수대교 사건이 일어나지 않는다고 보장할 수 없다. 큰 일은 그만두고라도 먼저 우리 주변의 점검부터 필요하다. 이번 대구 지하철 가스 폭발 사건을 보면서 이 모든 것을 타산지석(他山之石)의 교훈으로 삼아야 할 것이다. 장기 저장성 기억에서 과

거의 아픈 기억들까지 재생해낼 수 있는 자각과 교육이 절실히 요구되는 시점이다. (1995. 5)

권력욕

　인생은 어찌 보면 투쟁이다. 투쟁 속에 강(强)과 약(弱)이 있고, 승(勝)과 패(敗)가 있다. 이러한 삶에서 살아 남기 위하여 각 개인들은 '강(强)'으로 존재하려는 것이다. 이러한 노력의 결과로 사회 발전이 이루어진다 해도 과언이 아니다. 강(强)의 존재에게 부여되는 사회적인 힘이 바로 권력이고, 이때의 권력은 남을 복종시키고 지배하려는 강제적인 힘이라 할 수 있다.
　인간은 왜 권력을 추구하는가? 권력에는 명예, 부(富), 영광이 따르고 동시에 우월감과 쾌감이 수반되기 때문이다. 입신양명(立身揚名)하여 고위현관(高位顯官)의 자리에 앉아 천하를 호령하는 것이 부러운 일임을 부정할 수는 없다. 또한 사회적으로 대업을 이루고자 하는 사람은 어느 분야에서든 남이 넘볼 수 없는 힘 혹은 권력을 가져야 한다.
　영국의 역사학자 액턴(Acton, 1834~1902)은 그의 저서 『자유와 역사』에서 "권력은 부패하는 경향이 있으며, 절대권력은 절대적으로 부패한다"고 말하였다. 특히 정치 권력은 세 가지 병에 걸리기 쉽다고 하였다. 첫째 독재하기 쉽고, 둘째 부패하기 쉽고, 셋째 오만하기 쉽다는 것이다. 그러나 권력은 그 자체뿐만 아니라 부와 명예와 영광이 수반되기 때문에 많은 사람들이 물불을 가리지 않는가 보다.

우리 주변에 이런 예는 흔하게 볼 수 있다. 국회의원을 한번 해본 사람은 그 매력을 잊지 못하여 패가망신을 하여도 개의치 않고 '또 한번' 하면서 덤벼드는 예를 곳곳에서 볼 수 있다. 보통 사람들인 우리로는 이해할 수 없으나, 하여간 이런 것을 속칭 '정치병'이라 하며 심각한 정신병으로 간주된다. 국회의원이 이러하니 대통령쯤 되면 속말로 눈에 보이는 것도 없는 상태로 정신 이상 증세까지 나올 법하리라 추측된다.

창당하여 당권을 쥐게 되면, 국회의원 하겠다고 나서는 수많은 이들에게 공천권을 휘둘러 제법 '수확'을 거둘 것이다. 그 다음은 하늘에 맡기지만 혹시 당선되면 다행이고, 안 되도 하나 밑질 것 없다. 이렇게 좋은 자리를 두고 체면 차리고 눈치볼 이유가 어디 있겠는가. 원래 대중(大衆)은 우중(愚衆)이라 하였으니 나중에 '사탕' 하나씩 안기면 그만일 것이고, 또 인간은 망각의 동물이라 하였으니 모든 것은 세월이 지나면 될 것이다.

이것이 현실이고 보면 우리는 너무나 불행한 시대에 살고 있다. 소위 우리들의 지도자라고 자처하는 이들이 이 지경이면 우리는 누구를 의지하고 살 것인가! (1995. 8)

덕(德)

덕(德)은 크게 두 가지 유형으로 해석된다. 첫째는 기능적 개념이요, 둘째는 도덕적 개념이다. 전자는 서양적 개념이고, 후자는 동양적 개념이라 할 수 있다.

서양인들은 덕을 희랍어로 아레테(Arete), 영어로는 엑셀런시(Excellency), 즉 우수하다는 뜻으로 표현한다. 가령 기능인의 기술이 우수한 것을 덕이 있는 기능인, 학생을 잘 가르치는 교사를 덕이 있는 선생님이라 표현한다. 즉 덕은 기능의 우수성이요, 행동의 우월성인 것이다.

이에 비해 동양에서는 유교의 개념에 입각하여 윤리적이고 도덕적인 개념으로 설명한다. 덕이란 선(善)을 행할 수 있는 능력이다. 도덕적으로 뛰어난 성품으로서 마음이 어질고 행동이 바르며 훌륭한 인격으로 남을 감동시킬 수 있는 힘이다. 덕은 또한 수련으로 갈고 닦은 높은 인품이며 사람으로서의 길을 올바로 갈 수 있는 도덕적 자질인 동시에 남에게 도움과 은혜를 베풀 수 있는 능력을 가리킨다. 간추려 말하면, 덕은 큰 덕이요, 은혜요, 좋은 가르침이다.

공자 말씀에 "덕이 있는 사람은 외롭지 아니하고 반드시 이웃(뜻을 따라 협력하는 사람)이 있다"(『논어』)는 구절이 있다. 이는 향기로운 꽃에 많은 벌들이 모이듯이 덕이 있는 사람 주변에는 많은 인재가 모여든다는 뜻이다. 또『채근담(菜根譚)』에는 "덕은 재능을 지배하는 주인이요, 재능은 덕에 복종하는 하인이다"라는 대목도 나온다. 이 세상에 재능이 뛰어난 사람은 많다. 그러나 덕을 가진 사람은 매우 드문 것이 사실이다. 그래서 속담에 재주 있는 사람은 제 꾀에 제가 넘어간다는 말이 있다. 재주는 덕을 만나야 빛을 발할 수 있는 것이다. 재(才)와 덕(德)을 겸비한 인재를 우리가 우러러 존경하는 이유가 바로 여기에 있다. 그래서 우리는 그런 사람을 지도자로 추앙하는 것이다.

'인사(人事)가 만사(萬事)'라는 말이 있다. 좋은 사람을 기용하면 매사가 잘된다는 뜻이다. 이것 역시 그 뜻을 압축하여 보면 덕이라 할 수 있다. 그러나 말로 쉬운 것이 덕이요, 행하기 지극히 어려운 것 역시 덕이다. 아무리 간절한 소망과 외침이 있다 하여도 덕이 저절로 오는 것은 아니다. 그것은 온갖 고행과 노력으로 쌓아 올려야 이룰 수 있다.

덕이란 이렇게 어렵고 멀기만 한 것일까? 그렇지만은 않은 것 같다. 의외로 우리 누구나 노력하면 얻을 수 있는 쉬운 방법도 있을 법하다. '머릿속에는 지혜를, 마음속에는 사랑을, 얼굴에는 미소를, 그리고 손에는 부단한 노력을'. 이렇게 한다면 우리 주변에는 크고 작은 덕이 저절로 쌓이게 될 것이다. 괜히 남들 앞에서 하는 척만 하기 때문에, 입으로만 덕을 외치기 때문에 덕은 영원히 자취를 감추고 마는 것이다. 우리 모두 마음을 비우고 노력해야 할 것이다.

(1995. 10)

노픽션(Nofiction)

 픽션(Fiction)은 소설 또는 꾸민 이야기를 뜻하고, 그 상대어는 논픽션(Nonfiction)으로 비소설, 즉 기록물을 가리킨다.
 최근에는 영상 문화의 발달로 여러 가지 형태의 소설 혹은 기록물들이 영상 작품화되어 우리에게 소개되고 있다. 이러한 작품들은 복잡하고 골치 아픈 우리들의 일상 생활에서 더러는 정신적인 휴식을 제공하는 역할을 하지만, 그것에 너무 심취하다 보면 정상적인 생활에 지장을 주기도 한다. 그러나 어쨌든 이런 것들을 통하여 쉽게 접할 수 없는 삶의 숨은 단면들을 보는 것 같아 유익하기도 하고 흥미롭기도 하다.
 그런데 방송국마다 기왕이면 흥미 있게 꾸며 인기를 독차지하려는 욕심을 부리는 것 같다. 멋지게 각색되어 전파를 타는 프로그램을 보고 대부분의 시청자들이 화면 속의 내용에 몰입되어 마치 최면술에 걸린 것처럼 웃고 울기 일쑤이다. 이런 서비스 경쟁을 통하여 해당 분야가 발전하는 것도 사실이다. 그러나 문제는 픽션과 논픽션이 엄연히 구별되어야 함에도 불구하고 그렇지 못하다는 데 있다. 픽션을 표방한 경우는 문제가 없지만, 논픽션임을 내세우고도 사실을 잘못 다루게 되면 어떤 개인의 인권을 침해할 소지가 있으며 심지어는 역사를 왜곡하기도 한다. 따라서 논픽션의 경우 철저한 검증이 필요하다는 것은 상식에 속한다.

요즘 일부 방송사에서 최근 정치사의 내용을 파헤쳐 극화하여 방송하고 있다. 일반 시청자들에게는 잘 알려지지 않은 일들을 파헤쳐 보여 주는 것이기에 매우 흥미롭고 인기도 대단하다. 그 내용의 진위 여부를 시청자들이 일일이 판단하기는 힘들다. 다만 등장 인물의 역할과 묘사가 매우 편파적이라는 느낌이 드는 것은 사실이다. 현재 지탄의 대상이 되고 있는 인물, 다시 말해 미움을 사고 있는 인물들은 하나같이 못난 짓만 하게 설정하여 더욱더 미움을 사도록 만들었다는 생각이 나만의 선입견은 아닐 것이다.

동네 골목에서 개들이 싸우는 것을 흔히 볼 수 있다. 그런데 개들은 묘하게 약자의 편을 드는 것이 아니라 항상 강자의 편에서 공격을 가하기 일쑤다. 그래서 '개새끼'라고 욕하나 보다. 사람이라면 대개 약자의 편을 드는 것이 보통인데도 말이다.

아이들이 웅덩이의 개구리를 놀래 주려고 장난으로 돌을 던진다. 깜짝 놀라 잠수하는 개구리를 보고 재미있어 웃어댄다. 그러나 개구리는 생사의 갈림길에서 필사의 도피를 하는 것이다. 같은 상황에서 한쪽은 장난이요, 한쪽은 생사를 가름하는 위기 상황을 맞는다. 요즘 드라마를 보면서 웅덩이의 개구리를 연상한다면 지나친 비약일까? 어쨌든 논픽션이라면, 게다가 그 장본인이 살아 있다면 최소한 개구리의 신세는 면하도록 배려하는 것이 마땅할 것이다.

요즘 방송되는 것을 보면 픽션(Fiction)도 아니고 그렇다고 논픽션(Nonfiction)도 아닌 것 같고, 그야말로 노픽션(Nonfiction)이 아니겠는가? (1995. 12)

새옹지마(塞翁之馬)

　새옹지마란 중국의 고사 중 새옹(塞翁)이란 사람의 말(馬)에 관한 이야기로 세상사를 비유하는 말(言)이다. 새옹의 말이 우리를 뛰쳐나가는 바람에 고심하였는데 준마를 거느리고 다시 돌아와 새옹을 기쁘게 하였다. 그런데 어느 날 그의 아들이 준마를 타다가 떨어져서 다리를 부러뜨리는 불행을 맞게 되었으나 마침 그로 인하여 싸움터에 나가지 않아도 되어 다행히 생명을 부지할 수 있었다는 이야기이다.
　결국 불행(不幸)이 행(幸)이 될 수 있고, 복(福)이 화(禍)가 될 수도 있는 예측 불허의 세상사를 비유한 말이다. 그러기에 우리 인생을 '인간만사 새옹지마(人間萬事 塞翁之馬)'라고 한다.
　최근 지면을 장식하고 있는 5·18, 12·12 사건들로 만인지상(萬人之上)의 전·노 전직 대통령들이 법의 심판을 받는 모습을 보면서 '세상 예측하기 어렵구나' 하고 새삼 느낀다.
　어디 그것뿐이겠는가. 우리가 직면하고 있는 경우도 마찬가지인 것 같다. 예기치 않았던 회사의 통합에 마음속으로 행운이 찾아온 것 같은 느낌을 가졌는데 오히려 그것이 화(禍)가 되어 온 식구가 곤경에 빠져 있다. 이것이 현재 우리의 실정이다. 그러나 '인간만사 새옹지마'라, 지금의 곤경이 우리에게 좋은 교훈이 되고 재도약의 발판으로 행운이 될지도 모르는 노릇이다.

새옹지마와 같은 비유의 말은 인간의 예측과 노력의 범위 밖의 불가항력적인 상황을 말하는 것이지, 엄격히 구분하여 예측할 수 있고 노력하여 전환시킬 수 있다면 이런 비유에는 적합하지 않다고도 볼 수 있다. 현재 우리의 상황을 비유 밖의 문제로 본다면 전환을 위한 자구의 노력이 절대 필요한 것이요, 이러한 자구의 노력이 행운을 수반하여 오히려 비유에 접근할 수 있는 길이 열릴 수도 있다고 기대해 보는 것이다.

아무튼 요즘 세상사가 모두 복잡하게 진행되니 어찌 보통 사람들의 앞날을 모두 예측하여 대비할 수 있겠는가. 다만 분명한 것은 매사에 될 대로 되라 하며 포기하는 것이 아니라 성실히 노력하여 개척하겠다는 의지가 있을 때 비로소 전화위복(轉禍爲福)이 된다는 점이다.

현재 우리의 어려운 상황을 고민하면서 새옹지마(塞翁之馬)의 비유처럼 불행(不幸)에서 행(幸)으로 전환하는 국면이 되었으면 하는 바람이다. 다만, 감이 떨어지도록 입만 벌리고 있을 일이 아니다. 우리 모두 힘을 모아 감이 떨어지도록 힘차게 나무를 흔드는 노력이 절실히 필요하다. (1996. 3)

코페르니쿠스의 지동설

금년은 웬일인지 뒤뜰의 개나리도 제대로 피지를 못하고 푸른 잎만 솟았다. 작년에 나무가 무성하여 가지를 잘 다듬으라고 당부한 것이 작업하면서 밑동만 남기고 싹둑 잘라 버린 탓일까? 아무튼 그 곱던 노랑꽃이 듬성듬성하여 볼품 없어진 것이 못내 아쉽다.

원래 요즘 날씨는 봄이 왔는가 하고 좋아할 겨를도 없이 여름이 찾아온다. 그 이유가 공해로 인한 기상 변화 탓이라고들 하니, 이러다간 아예 봄은 없어지고 겨울에서 여름으로 바로 바뀌는 게 아닌가 싶다. 금년은 늦봄에 섭씨 30도를 오르내리는 한여름 날씨가 성큼 다가왔다. 약 3년째 가뭄이 계속되더니 가뭄 탓에 빨리 여름이 찾아온 것일까?

작년 지방 선거의 열기가 남아 있고 금년 총선의 열기가 이른 봄부터 달아오른 데다가 내년 대선 열기를 위한 불씨까지 지펴 놨으니, 이게 바로 섭씨 30도를 오르내리는 진정한 이유인 것 같기도 하다.

원래 더위와 추위는 기상 여건에도 좌우되지만 마음속의 기상 상태가 더욱 좌지우지하는 것이 인간사의 참모습이다. 우리는 속이 답답할 때 '속에서 불이 나는 것 같다'라고 표현한다. 불이 날 정도면 섭씨 30도가 문제겠는가. '어이구! 열불 나서 못 살겠다.' 억울하고 기막힌 일이 주변에 일어났을 때 해결할 힘이 없는 서민이 뱉어내는 넋두리이다. 이렇게 열불 나는 일들만 계속 일어나니 봄을 느낄 수가 없나 보다.

요 며칠 전 신문을 보니 서부 경남 지역에서 무소속으로 당선된 김 모 씨가 당선되기가 무섭게 모 당으로 입당하였다는 소식이 실려 있다. 입당의 변이 그럴듯하다. 그 당에 소속되어 있는 핵심 멤버가 과거 민주화 운동 때의 동지이고, 자기를 지지해 준 시민들과 지역 발전을 위해 선택한 최선의 길이라는 요지이다. 하여간 이유야 어떻든 간에 당선되자마자 진로를 바꾼다는 것은 좀 점잖지 못하다고 여겨진다.

정당 정치의 기틀이 잡혀 가는 우리 정치 풍토에 무소속으로 정치하겠다는 것은 무리일 것이다. 하기야 연예인이나 기타 전문 분야가 있는 사람은 고도의 기술과 수준에 도달하면 일정한 소속의 보호 밑에 있지 않아도 그를 필요로 하는 사람이나 분야가 많기 때문에 소위 프리랜서(Freelancer)로 있기도 한다. 그러나 김 모 씨의 경우는 초년병이니 그럴 수도 없고 하여 취한 행동일 것이라고 긍정적으로 이해하고 싶다. 그러나 선거 운동을 하는 과정에서 대중의 환심을 사기 위해 그 정당을 갖가지 표현으로 욕하고 험담하였던 처지였기에 그의 참모습은 무엇이었을까 하는 의심이 든다. 하기야 어떤 특정인에 국한된 문제는 아니지만 소위 국민을 대표하여 국정을 운영해야 할 국회의원의 자질이 이쯤이다 보니 한심한 일이다. 본인의 참다운 정치 주견과 소신은 온데간데없고 떠도는 장사꾼처럼 이익을 이리저리 저울질하는 처사만이 존재한다면 앞으로 정치의 장은 보나마나가 아닐까. 이렇듯 답답한 심정이었는데, 풍문에 의하면 젊은 학생들이 그의 행위에 분노를 느껴 사무실을 박살내었다고 한다. 그 소리에 조금은 후련한 기분이다.

 유권자들이 후보를 선택하는 데는 여러 가지 이유가 있을 수 있다. 정당을 보고 선택하거나 개인의 인품, 본인과의 관계, 심지어는 풍기는 인상 등 가지각색이다. 그러나 최근 국민의 정치 수준이 높아져 대부분이 정당이나 정치적 소신을 보고 선택한다. 그런데 온갖 사탕발림의 이야기를 늘어놓아 당선이 되고 나서 언제 그랬냐는 식으로 행동한다면, 이는 유권자를 무지한 사람으로 치부하고 우롱하는 처사로밖에 해석할 길이 없다.

 16세기 폴란드의 유명한 천문학자였던 코페르니쿠스는 지동설(地動說)을 주장하였다. 당시 이러한 주장은 기상천외하고 기존 질서를 혼란시키는 일이었기에 교황이 그를 불러 주장을 철회하지 않으면 처형하겠다고 엄명을 내렸다. 삼엄한 분위기를 감지한 코페르니쿠스는 왕 앞에 나아가 "지구가 도는 것은 아니고 태양이 돕니다"라고 그의 소신을 굽혀 죽음을 면하였다고 한다.

 그러나 그는 그 자리를 물러나면서 "그래도 지구가 도는 것은 사실이다"라고 하였다. 소위 정치하는 사람들의 소신이 사육신(死六臣) 정도는 못 되더라도 최소한 코페르니쿠스 정도는 되어야 할 것이 아닌가 생각한다. (1996. 6)

완장

몇 해 전 텔레비전에서 드라마로 방영된 단편 소설의 제목으로 기억된다. 당시 제목이 특이하기에 무슨 내용일까 궁금해서 처음부터 끝까지 보게 되었다. 내용은 제목에서 짐작할 수 있듯이 팔에 두르는 완장에 관한 것이었다. 얼른 보기에는 단순한 내용이었지만 시사하는 바가 큰 드라마였다. 당시 사회에 만연한 권력과 부패 그리고 국민 위에 군림한 군부의 독재에 대해 사회 저변에 깔려 있던 저항 의식을 우회적으로 표현한 재미있는 작품이었다.

시대적 배경은 5·16 쿠데타가 있었던 1960년대 초반이다. 주인공은 가난한 소작인의 아들로 태어나 교육도 제대로 받지 못하고 재산도 없이 오직 가난만을 물려받은 소외된 시골 청년이다. 그 주인공은 일제 식민지 시절에 유년기를 보내고 6·25 전쟁을 체험한다. 그는 5·16을 겪으면서 군부 독재의 긴장된 분위기 속에서 자신을 억압받는 존재로 인식한다. 그는 자신의 처지를 시대적인 숙명으로 인식하면서도 억압 상황의 탈출구로 '완장'이란 상징적 대상을 떠올린다.

일제 때 일본 헌병의 표시인 '憲兵'이라는 완장, 6·25 때 공산군의 '붉은 완장'을 권력의 상징으로 인식하고, 그 막강한 힘의 상징인 '완장' 때문에 지금 자신이 억압받는 존재가 되었다는 피해 의식에 사로잡힌다. 그리하여 순박한 시골 청년인 주인공에게 내려진 결론은, 권력은 곧 완장이며 완장은 무한한 권력의 근원이라는 확신이다. 그의 소원은 신분의 전환이었고 이를 위해서 주인공 스스로 완장을 두르기를 희망하게 된다. 이때 마침 그 주인공에게 마을 저수지 관리인을 맡아 보라는 제안이 들어오고, 그는 그 제의를 수락한다. 주인공은 그토록 바라던 '완장'을 지니게 된 것이다.

'저수지 관리인'이란 완장을 두른 그의 임무는 무단 낚시 행위 단속, 저수지 오염 방지, 문란 행위 단속 등이었다. 그러나 그의 무지한 자부심은 과잉 단속의 결과를 낳게 되어 동네의 여론 때문에 그 직책에서 쫓겨나게 된다는 것이 작품의 내용이다.

이 단편극은 우리에게 본인의 노력 없이 일순간에 쟁취한 부와 권력 그리고 영광은 마치 물거품과 같은 존재라는 사실을 알려준다. '완장'으로 표현된 권력은, 깊이 있는 사상과 전체를 위한 양심적 배려가 결여된 외형적 권력만을 행사하는 우리 사회의 한 단면을 보여준다.

이러한 예는 우리의 현실에서도 많이 찾아볼 수 있다. '한보 사태' 역시 주어진 권력의 남용에서 발생한 부작용의 사건으로 단정지을 수 있다. 가까운 우리 주변에도 이와 유사한 현상은 너무 많이 일어나고 있다.

이번에 회사의 근로자 대표를 뽑는 데 많은 사람이 출마하여 경선을 벌였다. 서로 훌륭한 대표가 되겠다고, 또는 투사가 되겠다고 공약하였다고 한다. 경선의 결과는 그만두고, 혹시 '완장'과 같은 배경이라면 정말 불행한 일이라 생각한다. 오직 깊은 자기의 성찰과 전체를 위하여 일하겠다는 자기 희생이 없이는 전체의 호응과 성원을 받을 수 없다는 사실을 명심해야 하겠다. 누가 당선되든 정말 훌륭한 대표가 되었으면 하는 바람이다. 이에 즈음하여 옛날에 보았던 단편 드라마 〈완장〉이 뇌리를 스치고 지나가는 것은 혹시나 하는 노파심 때문일 것이다. (1997. 3)

두꺼비

두꺼비는 개구리와 같은 양서류의 일종이지만 겉모양이 매끄럽지 못하고 징그럽다. 외관상 혐오감을 주기 때문에 사람들이 근접하기를 싫어한다.

그러나 알고 보면 매우 친근하고 정이 가는 동물이다. 우선 행동거지가 점잖아 가볍게 촐랑거리지 않고 움직임이 옛날 선비같이 의젓하고 급함이 없다. 그러면서도 먹이를 낚아채는 행위는 매우 민첩하고 용감하다. 더구나 해로운 곤충들만 먹기 때문에 사람에게는 매우 이로운 동물이다. 옛어른들은 두꺼비가 집에 나타나면 아이들에게 해치지 못하게 하였다. 농경 사회였기 때문인지 두꺼비의 출현은 비와 연결되어 상서롭게 여겼으며, '지킴'이라 하여 집안에 머물도록 보호하기조차 했다.

두꺼비가 더욱 사랑을 받았던 참이유는 자식에 대한 어미의 희생에서 비롯되었을 것이다. 두꺼비의 종족 번식의 수단은 일반 개구리류와 달리 독특하다. 산란기가 되면 열심히 구렁이를 찾는다. 두꺼비가 천적인 구렁이를 찾는 것은 무모하리만큼 어리석게 보이지만 사실은 종족 번식을 위한 것이다. 구렁이 앞에 나타난 두꺼비는 두려움도 없이 "잡수시오!" 하고 온갖 행위로 유혹한다. 구렁이 역시 두꺼비의 속셈을 아는지 좀처럼 응하지 않는다. 그러나 온갖 몸짓으로 유혹하면 할 수 없이 잡아먹고 만다. 드디어 두꺼비의 독성 때문에 구렁이는 죽게 되고, 구렁이의 속에서 부화된 두꺼비 새끼들은 구렁이 몸뚱이의 영양가를 섭취하며 자란다. 어미 두꺼비의 자식을 위한 살신의 모성애로 새끼들이 존재하게 되는 것이다. 이러한 살신위자(殺身爲子)의 행위를 우리들은 사랑하는 것이다.

요즘 신문에 '두꺼비'의 죽음이 매일 보도되고 있다. 두꺼비를 상표로 한 진로그룹의 몰락에 대한 이야기이다. 진로그룹의 몰락 자체에 대하여 관심이 있는 것은 아니고, 우리 같은 서민들에게 삶의 희로애락의 대명사가 되어 주는 '두꺼비 소주'에 대한 애착 때문에 마음이 가는 것이다.

'두꺼비 잡으러 가자' 하면 의례 포장마차, 선술집에서의 소주 한잔을 연상하게 된다. 옛날 어려웠던 시절, 두꺼비 한잔과 더불어 우리 인생의 고달픔을 잊으려 했던 추억은 아름답기만 하다. 물론 그 사정은 지금도 마찬가지이다. '두꺼비'는 이처럼 우리들에게 정신적 힘을 준다고 해도 과언이 아닐 성싶다.

얼마 전 외국에 모처럼 나들이할 기회가 있었다. 며칠 간 입에 맞지 않는 음식에 괴로움을 당하다가 마침 한국 식당을 발견한 일행은 마치 구세주를 만난 기분이었다. 여기에 '두꺼비'의 출현은 더더욱 상승 작용을 하기에 충분했다. 마치 고향에 온 것 같은 정겨움을 넘어서 먼 이국 땅에서 나라 사랑의 마음마저 느꼈다고 하면 좀 과장된 표현일까? 어쨌든 두꺼비가 애국심을 일깨우기에 충분한 역할을 하였다고 생각된다.

이러한 두꺼비가 어려움을 당하고 있다고 하니 마음이 아프다.

오늘 신문 기사를 보니 두꺼비의 매출이 20퍼센트 늘었다고 한다. 어려우니 도와주자는 마음이고 행여 두꺼비가 없어지지나 않나 하는 걱정 때문일 것이다. 두꺼비의 모체인 진로그룹이 왜 이렇게 어려워졌는지는 우리들 서민으로서는 알 수 없는 일이다. 들리는 이야기로는 사내의 분쟁부터 시작해서 무리한 사업 확장, 그리고 동종 업계와의 치열한 경쟁, 거기다가 정계와의 관계 등 제반 문제가 악순환되었다고 한다.

그러한 것들은 경영진의 잘못에서 비롯된 총체적인 문제이지만, 서민들의 상심은 무엇으로 위로할 것인지. 요즘 세태를 보고 느끼는 것은, 모든 국민들은 국가의 지도층을 잘 만나야 편히 살 수 있고, 작은 중소기업은 책임감 있고 진실한 기업 정신을 가진 대기업이 있어야 별 탈 없이 운영될 수 있다는 점이다.

"해가 뜨면 일하고, 해가 지면 쉰다. 우물을 파서 물 마시고 밭을 갈아 먹으니 임금의 덕이 내게 무슨 소용이 있으리!" 요(堯)임금이 나라를 다스린 지 50년, 암행하던 어느 날 한 농부가 불렀다는 격양가(擊壤歌)이다. 정말 부러운 태평세월을 노래한 구절이다. 부럽기만 하다. 임금의 덕이 필요없게 느껴지는 정말 자유로운 세상, 이것이야말로 유토피아일 것이다.

일반 서민의 경우 대부분이 나라 위정자들에 의하여 '은덕'이 베풀어지는 것은 원치도 않을 것이다. 갖가지 간섭이나 받지 않았으면 할 뿐이다. 능력만큼 노력하여 정당한 대가를 받을 수 있고 평범하게 살 수 있다면 더 이상 바랄 것이 없는 것이다. 요즘 세상이 시끄러워서인가, 잠자리조차 편치 않다. '윗물이 맑아야 아랫물이 맑다'는 만고불변의 진리를 위정자들은 아는지 모르는지.

정말 앞을 분별할 수 없는 혼탁한 세상이 되고 말았다. 이 속에서 무엇인들 온전하게 보전할 수 있을까. '두꺼비' 친구가 어렵다고 하니 오늘 저녁 '두꺼비' 나 건질까! (1997. 5)

불이화일(不二和一)

 최근 사람들 사이에 신토불이(身土不二)라는 말이 회자되고 있다. 이 말은 최근 외국에서 생산된 값싼 먹거리가 무역의 장벽이 제거되면서 무제한으로 몰려들어와 우리의 농산물이 설 자리를 빼앗기게 되고, 이로 인하여 농민들이 막대한 피해를 입고 있기 때문에 우리의 농산물을 보호하자는 뜻에서 부르기 시작한 구호의 대명사로 알려져 있다.
 글자 그대로 풀이한다면 우리의 몸은 우리가 태어난 땅에서 비롯되었기 때문에 둘이 아니고 하나라는 뜻이다. 동의보감을 보면, 병들었을 때 치유를 위하여 쓰이는 약제도 그 사람이 태어난 고장에서 생산되는 것이 최고의 효능이 있다고 하였다. 그러고 보면, 신토불이란 말은 요즘 나타난 신조어가 아니라 옛부터 전해 오는 조상의 지혜가 듬뿍 담긴 말로 보아야 옳다. 깊은 의학적 상식이 없는 사람들도 수긍할 수 있는 말이다.
 누구나 몇 번씩은 여행을 한 경험이 있을 것이다. 먼 외국은 말할 필요도 없고 국내 여행에서도 낯선 곳에서 물을 마시고 배탈이 나는 경우가 종종 있다. 자기의 체질에 맞지 않는 물을 마셨기 때문에 체내에서의 거부 반응으로 일어나는 현상이다. 하물며 부모님이 사셨고 내가 태어난 고향의 먹거리가 자기를 형성하였다는 말은 누구나 인정하는 부분일 수밖에 없다. 우리의 건강에 제일 좋은 것은 우리가 태어난 곳의 먹거리라는 것도 두말할 필요가 없는 것이다.

불이화일(不二和一)이란 둘이 화합하여 하나가 되는 것을 말한다. 신토불이가 형이하학적인 내용이라면, 불이화일은 형이상학적인 표현이다. 우리가 사는 사회는 다수의 인원이 모여서 사는 공동체이다. 공동체의 원활한 운영은 구성원인 각자가 남을 위하여 조금씩 억제하고 양보하는 정신이 없으면 이루어지지 않는다. 그러나 수많은 사람들이 모여 살다 보면 각 개인의 성품, 능력, 그리고 외모 등이 제각각이어서 100퍼센트의 조화를 기대하기가 어렵다. 때문에 질서 유지를 위하여 법을 제정하고 강제성을 부여하는 것이다.

국제 사회에서는 국제법에 준하는 각종 협약이 있고, 국가내에서는 헌법 그리고 각종 시행 하위법이 있으며, 회사 등 공동체에서는 사규 또는 협약이 있다. 그러나 가장 바람직한 것은 이러한 규제들이 필요없는 상태일 것이며, 그것이 모두가 바라는 사회인 것이다.

우리 나라에도 소공동체로서 '범죄 없는 마을'을 표방한 경우가 있고, 외국의 경우에는 경찰서 유치장에 구금되어 있는 죄수가 전혀 없어 백기를 게양하는 것을 볼 수 있다. 이러한 뉴스를 들을 때 부럽기 한이 없고 지금 내가 살고 있는 현실과는 너무나 차이가 있는 것을 실감한다.

우리는 불행히도 매일 험악한 사건 소식을 접하며, 특히 자라나는 청소년들의 범죄를 보면서 장차 이 사회가 어떻게 될 것인가 걱정하지 않을 수 없게 되었다. 이러한 현상은 우리 회사내에도 만연해 가고 있다. 얼마 전 매우 어려운 처지에 놓인 우리의 생활 터전인 회사를 모두의 힘을 모아 재건하자는 운동을 전개하였는데, 소수의 인원이 극렬하게 반대하여 시행하는 데 많은 애로를 겪어야 했다. 그때 반대하였던 사람들이 대부분 젊은 계층이었다는 특징을 찾을 수 있었다. 젊기 때문에 개성이 뚜렷하고 남의 간섭과 구속을 싫어하며 자유분방한 분위기를 좋아할 것이라는 긍정적인 생각을 하였다. 그러나 저조한 생산성을 높이기 위하여 독려차 시행한 야간 순찰에서 다수의 불성실한 사례가 발견되었다. 공교롭게도 이것 역시 대부분 젊은층의 사원이었다는 데 놀라움을 금할 수 없었다. 이것은 무엇을 말하는 것인가. 한번 생각해 볼 필요가 있다.

젊음의 특성은 매사에 '단순하고 화끈하다'라고 표현된다. 그런데 최근의 현상을 분석해 보면 '말 많고 기회주의적이다'라고 표현할 수도 있다. 물론 이러한 해석이 모든 젊은이에게 해당되는 것은 아니다. 다수의 젊은이들은 매우 능동적이고 정열적이다. 목소리 큰 사람에게 가려져 밖으로 나타나지 않을 따름이다. 다행스러운 것은 다수의 선량한 공동체 인원이 소리 없이 성실히 살아가기 때문에 우리의 공동체가 유지된다는 점이다. 진정한 의미에서 우리 공동체가 재건되기 위해서는 불이화일의 상태로 승화되어야 하고, 그러기 위해서는 목소리를 줄여서 공동체에 화합하는 길밖에는 없는 것이다. 노사가 한마음으로 합일을 이룰 때 우리의 목표를 성취할 수 있을 것이며, 그것이 바로 '불이화일'의 상태이다. (1997. 6)

구유밀복유검(口有蜜腹有劍)

구유밀복유검(口有蜜腹有劍). 이 말을 직역하면 '입에는 꿀이 있고 배에는 칼이 있다'라는 뜻이다. 좀더 넓게 의역하자면, 얼굴에는 미소를 머금고 말은 매우 부드럽게 듣기 좋은 표현을 사용하지만 속으로는 무섭고 악의(惡意)에 찬 마음을 갖고 있는 이중 인격의 소유자를 표현하는 말로 이해할 수 있다.

중국 당(唐)나라 현종(玄宗) 때의 일이다. 현종의 총애와 신임을 한 몸에 받던 이임보(李林甫)라는 신하가 있었다. 그는 임금 주변 인물들에게 뇌물을 주고 발탁된 뒤, 그의 천부적인 교활한 성품을 십분 발휘하여 현종의 눈에 들게 되었고, 현종의 측근 신하로 온갖 세도를 누렸던 인물이다. 그는 천성이 시기와 질투가 심해 자기보다 나은 인물이 있으면 교묘한 수법으로 그를 제거하여 임금의 측근이 되는 것을 막았다. 그의 간교한 수완이 얼마나 뛰어났던지, 당하는 사람은 마지막 순간까지도 그에 대해 추호의 의심조차 갖지 못하였다고 한다. 그는 자신이 그지없는 현자(賢者)인 것처럼 부드럽고 친근하게 행동했으며 모든 언행이 마치 남을 위하는 것처럼 하였으나 급기야는 상대방에게 위해(危害)를 입히곤 했던 것이다. 그러나 현종은 끝까지 이를 눈치채지 못하고 그를 사랑하였으니 임금이 무능하였던 것일까 아니면 그의 재주가 비상하였던 것일까. 사람들은 그때부터 이임보와 같은 언행을 '구유밀복유검'이라고 하였다.

비단 중국 당나라 시대만이 아니라 지금 우리가 살고 있는 이 시대 이 사회에도 그런 사람은 수없이 많다. 인자한 미소와 부드러운 말만을 믿고 속도 모른 채 "그 사람 참 훌륭한 사람이다"라고 칭찬을 아끼지 않았던 경험은 누구나 있을 것이다. 그러나 훗날 '그것이 아닌데' 하고 느꼈을 때는 이미 늦었으니 후회하면 무슨 소용이 있겠는가. 다만 어리석음만 한스러울 따름이다.

지난 1994년 9월호 사보에 실린 「토사구팽(兎死狗烹)」이란 글이 생각나서 다시 읽어 보았다. 그때는 구조 조정 이후라 어수선한 분위기에서 우리가 생존할 수 있는 길, 다시 말해서 토사구팽의 신세가 되지 않기 위해서는 우리의 존재가 절대 가치를 가져야만 하고 그러기 위해서는 일심단결하여 조속한 시일내에 '세계 제일'이 되어야 할 것이라는 내용을 글로 옮겼었다.

세월이 만 3년이 지난 지금 아직 우리는 '세계 제일'은커녕 자립조차 못 한 채 매일매일을 연명하기에 바쁜 신세가 되었다. 작업의 수준도 미달되고, 기술의 성숙도 역시 미미한 처지다. 재정 상태도 호전되지 못했다. 물론 그간의 사회 여건을 핑계삼기도 한다. 한보사태에서 기아사태까지 숱한 거대 재벌들이 쓰러지고 국내의 경제 여건이 지극히 악화되어 있는 것이 사실이니까 굳이 핑계거리로 삼자면 핑계가 될 수도 있다. 그러나 우리는 좀더 정직하게 판단해야 한다. 그러고 나서 우리들의 자세를 반성해 보아야 할 것이다. 세상만사가 노력 없이 잘되는 것은 없다.

결국 우리의 노력이 부족하여 초래된 자업자득의 결과라고 보아야 마땅하다. 꼬집어서 말하면, 편안하게 제몫만 챙기려는 경향 그리고 사생결단의 의지가 결핍된 데서 비롯된 당연한 결과이다. 후회한들 무슨 소용이 있겠는가. 다만 마지막 순간까지 그간 못 다한 노력을 경주해 다시 후회하지 않도록 재도전하는 길밖에 없다. 그래도 되지 않는다면 그것이야말로 운명이라 생각하고 받아들이는 수밖에 달리 도리가 있겠는가.

 추석이 얼마 남지 않았다. 결실의 좋은 계절을 맞아 즐거워야 할 마음이 그지없이 서글퍼지는 것이 우리의 처지이고 보면 할 말이 없다. 구유밀복유검(口有蜜腹有劍)의 장미빛 말들만을 믿고 그저 열심히만 하면 되겠지 했던 '설마'가 어처구니없게 우리를 사지에 빠뜨렸다. 오직 피나는 노력만이 우리가 살 수 있는 길임을 명심 또 명심하여야 할 것이다. (1997. 9)

여행 유감 3
통일 베트남을 다녀와서

 1997년 11월 초에 평화통일정책자문회의에서 베트남 방문단의 일원으로 통일 후 변화된 상황을 견학하도록 권유를 받아 6박 7일 일정으로 시찰을 다녀왔다. 일행은 11월 4일 서울을 출발, 하노이, 다낭, 호치민시를 방문하여 관계 기관과 사회상을 살펴보고 11월 10일 서울로 귀국하였다. 일정 중 주요 방문지는 한국대사관, 대우 현지 공장, 다낭 격전지, 사이공 근교의 구찌 지하 군사 기지, 베트남 사회과학연구원 등이었다.
 우리 일행이 최초의 방문팀인 관계로 일정의 순조로운 진행이 염려스러웠으나 별다른 차질은 없었다. 현지 날씨는 섭씨 27~32도로 견딜 만한 더위였으며, 그곳의 계절이 건기인 관계로 비교적 쾌청하였다. 베트남은 북으로 중국, 서쪽으로 라오스·캄보디아와 접경하고 있으며, 동·남으로는 바다에 접해 있다. 이 나라는 인도차이나 반도의 동쪽 해안선(약 3000Km)을 끼고 길고 좁게 이루어졌으며, 산악지대가 80퍼센트, 평야가 20퍼센트 정도이다. 그러나 해안선을 끼고 형성된 비옥한 토지와 무더운 기후로 평균 2모작 이상으로 쌀을 거뒤 자급자족하고 잉여 농산물은 세계 시장으로 수출(쌀 수출 세계 3위)하는 농업 국가이다. 그 외에 석유를 비롯 각종 지하 자원을 가진 명실공히 성장 잠재력이 풍부한 나라이다. 인구는 약 8000만 명인데 위에서 말한 것과 같은 비교적 좋은 여건을 가졌으면서도 국민소득 1000불 미만의 저개발국으로 머물고 있다. 그 이유는, 그들의 역사가 말해 주듯 수많은 외세의 침공과 피지배로 억압된 생활을 했기 때문일 것이다.

베트남은 BC 111~AD 937년까지 중국의 지배하에 있었고 근세 약 150년간 프랑스의 식민지, 일본의 강점 등을 통하여 발전의 기회가 없었다. 세계 2차대전 후 냉전 체제하에서 한반도와 같이 북위 17도 선을 경계로 남, 북으로 분단되어 대립하게 되었다. 북베트남의 게릴라 활동과 남베트남내 친공산주의자들의 반란은 미국의 개입과 베트남 전쟁(1955)을 불러일으켰다. 엄청난 파괴와 인명 손실을 입은 후 1973년 휴전 협정이 조인되고 미군이 철수했다. 그러나 전쟁은 곧 재개되었으며 1975년 북베트남은 남베트남에 전면 공격을 개시했다. 그 결과 남베트남 정부는 붕괴되고 공산주의 정권이 들어섰으며, 1976년 마침내 두 베트남은 베트남사회주의공화국으로 통합되어 오늘에 이르고 있다.

그들은 수많은 외세의 침략으로부터 독립을 위한 끝없는 투쟁을 되풀이한 역사를 가졌으며, 강대국들을 상대로 최후의 승리를 쟁취한 국민의 자부심으로 가득 차 있었다. 중국, 프랑스와 싸워 이겼으며 세계 최대 강국인 미국 역시 스스로 물러나게 만든 악착같고 인내심이 강하며 용기와 지혜를 갖춘 민족임에 틀림없다. 그들은 현재 자력으로 통일을 이룩하였다. 그러나 통일 이후 그들의 어려움이 대단히 많았음을 알 수 있었다.

우선, 북에서 주도하는 사회주의 체제로 남쪽을 흡수하려던 그들의 시도는 거의 실패하였다. 통일 초기에 그들의 정치는 외형적으로 사회주의 체제로 이루어졌으나 내적으로는 남쪽의 자유민주주의 물결을 잠재울 수 없었다. 그들은 갈수록 어려워지는 경제 상태에서 그들의 사회주의 체제 시도가 불가능함을 깨달았고, 1980년대 중반에 이르러 소위 도이모이 경제개방정책을 선포하였다. 그로부터 점진적 시장 경제 체제로 전환하여 왔다. 그 결과 외국 기업이 들어오고 생산력도 향상되어 상당한 수준으로 국가 경제가 상승하고 있는 추세이다. 그들은 통일 후 이질화된 남과 북을 융화시키기 위하여 많은 노력을 경주하였다고 한다. 그들 정책의 핵심은 남과 북의 분위기를 그대로 유지하면서 시간을 갖고 서로 충분한 이해가 이루어지게 한 뒤에 명실상부한 통일을 이루는 것이라고 한다.

현재의 하노이와 호치민(사이공)시의 분위기는 매우 다르다. 그러나 조만간 서로의 왕래를 통하여 이질감을 해소하게 되리라는 것이 방문을 통하여 느낀 점이다.

한국이 베트남전에 참전하여 비롯된 그들 국민들의 감정의 앙금은 아직 남아 있는 것 같다. 그러나 그간 우리 정부의 노력과 기업들의 눈부신 진출과 성공으로 이것 역시 많이 개선된 것으로 보였다. 베트남은 비록 사회주의 국가이지만 앞으로 21세기 세계화의 대열에 진입하여야 한다는 절대절명의 과제를 잘 인식하고 있는 것 같았다. 베트남인들의 표정과 행동에서 과거의 전쟁으로 인한 어두운 그림자는 찾아볼 수 없었다. 현재의 사이공은 더 이상 사회주의 국가의 도시가 아니며 또한 될 수도 없다는 것이 솔직한 느낌이다. 지금의 상황은 1973년 미국이 비참하게 철수한 이래 북베트남(월맹)이 지배하고 있으나 조만간 미국이 아무 저항 없이 선뜻 상륙할 수도 있을 것이라는 확신마저 갖게 한다. 마치 청나라 왕조가 중국을 통일하고 중국화가 되었듯이, 자유민주주의 시장 경제 체제의 도도한 물결에 그들이 합류될 것이라는 예측을 할 수 있었다. 원래 그들의 남·북 대립은 외세의 간섭에 의해 이루어졌다고 본다면, 그들 민족의 이질감은 빠른 시일내에 그들 스스로의 노력에 의하여 극복될 수 있을 것으로 여겨졌다.

앞으로 이와 같은 관점에서 우리 민족에게 필연적으로 닥쳐올 통일 문제와 그로 인한 민족 동질성 회복을 위한 해답을 다소나마 얻을 수 있었던 방문이었다고 생각된다. (1997. 12)

발렌타인 데이

　해마다 2월 14일이면 우리 나라에서도 발렌타인 데이(St. Valentine's Day)라 하여 여성들이 사랑하고 존경하는 남성에게 선물이나 편지로 그 마음을 전하곤 한다.
　서양에서는 이날 연인들을 위해 성대한 만찬 무도회가 준비되는 등 갖가지 이벤트로 한껏 축제 분위기를 연출한다. 그래서 연인들을 위한 최고의 기념일로 발렌타인 데이가 자리매김하고 있다.
　몇 해 전까지만 하더라도 동양권 특히 유교 사상의 전통이 뿌리깊은 우리 나라에서는 서양인들이 행하는 생소한 기념일 정도로만 알려져 있었다. 그러나 언제부터인가 우리 젊은이들 사이에서도 발렌타인 데이가 특별한 날로 인식되기 시작하면서 요즘은 '초콜릿 선물'이라는 새로운 문화까지 생길 정도로 폭넓게 확산되었다.
　이렇듯 하나의 문화 현상으로까지 자리잡은 발렌타인 데이지만 실상 그 유래에 대해 올바른 상식을 갖고 있는 사람은 의외로 드문 것 같다.
　발렌타인 데이의 연원은 그리스도교에 대한 박해가 대단히 심했던 서기 200~300년경으로 거슬러 올라간다. 당시 로마 제국에 발렌티노라는 그리스도교 신자가 살고 있었다. 그 역시 그리스도교 신자라는 이유 때문에 박해를 받는 처지였다. 발렌티노는 이러한 박해와 어려움 속에서도 포교 활동을 꾸준히 해나갔는데, 이런 그의 모습에 감동을 받은 로마 제국의 관리가 한 사람 있었다. 그는 발렌티노를 각별히 여겨 세심히 돌봐 주고 또한 갖가지 위험으로부터 발렌티노를 보호하려 노력했다. 그런데 그 관리에게는 앞을 보지 못하는 딸이 있었다. 발렌티노는 자신에게 고마운 은혜를 베풀어 준 관리와 그의 가여운 딸을 위해 정성껏 기도를 드렸다. 발렌티노의 지극한 기도가 하늘에 닿아서였을까. 주님의 은총으로 관리의 딸이 눈을 뜨게 되는 기적이 일어나게 되었고, 이 일을 계기로 그 관리의 가족들은 모두 독실한 그리스도교 신자가 되었다.

　이러한 소문은 삽시간에 로마 전역에 퍼져 급기야 황제의 귀에까지 들어갔다. 황제로서는 그리스도의 은총으로 맹인이 눈을 뜨게 되었다는 소문에 어떻게 대처해야 할지 적잖이 당황스러웠다. 그 소문으로 인해 불법화되어 있는 그리스도교가 급격히 그 포교 범위를 확대해 나가지는 않을까 두려웠던 것이다. 황제는 결국 발렌티노를 잡아들이기에 이른다. 세상 사람들을 미혹하게 하여 속인 사악한 그리스도교인으로 낙인 찍힌 발렌티노는 결국 참수형을 당하였다. 하지만 그후 많은 세월이 흘러 로마 제국이 그리스도교를 정식으로 인정하게 되면서 발렌티노는 힘든 시절 그리스도교를 위해 목숨을 바쳐 포교에 전념한 성인으로 추인되는데 이때가 14세기경이다.

　2월 14일은 바로 이 발렌티노 성인의 축일인 것이다. 발렌티노의 행적을 추모하여, 여성들이 사랑하고 존경하는 남성에게 감사의 선물과 편지를 보내는 관습이 생겨난 것이다. 그런데 요즘은 이것이 세월의 변화와 함께 초콜릿을 선물하는 것으로 그 형식이 바뀌었다. 이렇게 바뀌게 된 이유는 정확하지 않으나, 일설에 의하면 '사랑이란 달콤한 것'이라는 서양인의 인식에서 비롯되었다고 한다. 사랑하는 연인을 지칭하는 'sweetheart'란 단어에서 'sweet'(달다)가 가지는 의미가 초콜릿의 맛과 연결되면서 상품 판매 전략으로 이용되는 바람에 발렌타인 데이의 참다운 의미는 퇴색해 버린 것이다.

올해도 어김없이 발렌타인 데이와 맞물려 초콜릿이 불티나게 팔려 나간다는 뉴스를 접하면서 왠지 씁쓸한 마음이 든다. 초콜릿 원료가 100퍼센트 수입이라는 사실도 IMF 시대에 다시 한 번 생각해 볼 문제이다. 발렌타인 데이의 참다운 의미를 마음으로 새기면서 절약하는 것이 좋지 않을까 싶다. (1998. 3)

넋두리

　서양의 아침 인사 '굿모닝(Good morning)'은 이미 우리에게도 익숙한 말이다. 굳이 우리말로 풀어 해석하자면 좋은 아침이란 뜻으로, 하루 일과가 희망차게 이루어지길 바라는 마음이 여기에 담겨 있다. 요즘은 우리 나라 초등학생들 사이에서도 '좋은 아침'이라는 인삿말이 확산되고 있다고 한다. 서로의 시작을 상쾌하게 일깨워 주는 것은 분명 좋은 일이다. 하지만 심심찮게 신문 지상에 소개되는 소년소녀 가장 이야기나 결식 아동들에 관한 뉴스를 접하고 보면, 이 아이들에게도 '좋은 아침'이라는 인삿말이 그 느낌 그대로 전달될까 하는 의문이 든다. 오히려 어리고 여린 마음에 위화감으로 상처를 남기는 것은 아닌지 염려스럽기까지 하다. 불과 몇 십 년 전 지금의 장년층들의 인사는 "어르신, 진지 잡수셨습니까?" 혹은 "밤새 안녕하셨습니까?"였다. 물론 지금도 어색하지 않게 쓰이고 있는 인삿말이기도 하다. 이런 인삿말이 우리의 생활에 자연스럽게 스며들 수 있었던 것이 결코 우연이 아님을 우리의 지나온 역사는 반증하고 있다.
　어려웠던 시절, 먹을 것이 없어 초근목피로 연명하고 보릿고개를 넘을 때면 굶기를 밥먹듯이 해야 했던 그 시절엔 다른 무엇보다 끼니를 해결하는 일이 가장 큰 걱정거리였다. 그러니 "진지 잡수셨습니까?"라는 인삿말은 서로를 걱정하는 마음에서 나온 인정 넘치는 아름다운 인사였던 것이다. "밤새 안녕히 주무셨습니까?"라는 인사 역시 오랜 역사 속에서 왜구를 비롯한 변방 외세의 노략질에 편하게 잠조차 잘 수 없고 목숨마저 부지하기 어려웠던 세월 속에 상대방의 무사함을 기원하는 인정어린 인사였다. 1970년대 이후 경제개발계획이 비교적 성공을 거두면서 서서히 우리들의 삶의 질도 향상되기 시작했다. 그때 이후 지금의 IMF 시대를 맞기까지 우리의 인삿말이 자연스레 바뀐 걸 보면 생활 환경이 변했음을 쉽게 확인할 수 있다.

  흔히들 생활의 규모를 늘리기는 쉬우나 줄이기는 어렵다고 한다. 지금의 현실이 바로 이런 경우에 해당된다. 외환 위기 이후 우리들이 겪는 고통이 실제보다 몇 배로 더 힘들게 느껴지는 것은 무엇보다 그간 몸에 밴 습관을 바꿔야 하는 심리적인 고통이 주원인인 것으로 생각된다. 한 집안을 책임진 가장의 경우 이런 심리적 부담과 고통은 이루 말할 수 없을 정도이다. 요즘 서울의 각 대합실과 지하철역 구내에는 노숙하는 이들이 급증하고 있다. 이들이 대부분 가족을 둔 가장이라는 사실이 변화된 환경에 제대로 적응하지 못한 부작용임을 알 수 있다. 원인은 여러 가지이겠지만 국가 경제의 하락과 침체에서 오는 사회적 현상이라고밖에 달리 설명이 되지 않는다. 쉽게 한마디로 요약하면 공명심에 가득 찬 정치 지도자들에 의해 저질러진 거품 현상과 미숙한 운영에서 온 결과이다. 여기에 그간 알맹이 없이 부풀려지기만 한 국민의 생활 습관이 더욱 고통을 가중시키는 원인이 되고 있다. 즉 총체적인 잘못인 셈이다.

  이제 이런 것을 탓한들 무슨 소용이 있겠는가. 남은 것은 국민 스스로 뼈를 깎는 고통으로 인내하면서 원상으로 돌아가는 길뿐이다.

국민소득 1만 불 시대라고 외쳤던 엊그제의 일이 환율의 급등으로 거품이 빠지고 보니 실제는 5000불 이하라는 사실이 백일하에 드러났다. 그런데 우리의 생활은 1만 5000불 수준을 유지하였으니 앞으로 3분의 1 수준으로 줄여야 한다는 결론이 나온다. 물론 물가 상승률을 감안해야겠지만 전세방살이도 어려웠던 불과 10년 전의 우리들의 생활 환경에 대해 오늘의 위기를 맞아 곰곰이 다시 한 번 되짚어 보는 노력이 우리에게 절실히 필요하다. 지금도 자가용 행렬 때문에 출퇴근이 어렵다. 저녁에는 아직도 식당에서 외식하는 사람들로 만원을 이룬다. 이러고서야 거품을 빼기는커녕 갈 때까지 가 보자는 자포자기가 아니고 무엇이겠는가. 그러고서도 자신의 모습은 외면한 채 "네 탓이요" 하고 넋두리만 늘어놓는다면 과연 누가 해결할 것인가. 요즘 정치하는 윗분들의 행태를 보면 전부 "네 탓이오"만 늘어놓을 뿐 내 탓이라는 양심적 고백을 하는 이는 볼 수가 없다. 이는 몇몇 특정인의 잘못만은 아니다. 우리 모두에게 책임의 일부가 있음을 자각하고 반성해야 할 문제이다.

 우리가 살고 있는 한반도는 지정학적으로 강대국의 틈바구니에서 벗어나지 못하는 불리한 형국이다. 지금도 마찬가지이다. 때문에 세계에서 유일하게 분단국으로 남아 있는 것이다. 최근은 그간의 냉전 체제에서 벗어나 다소의 변화는 있으나 아직까지도 분단의 고통이 남아 있고 주변 열강의 보이지 않는 힘의 영향력 아래 있음은 부인할 수 없는 사실이다.

 이러한 맥락에서 볼 때 현재의 경제 위기 역시 주변 강국들의 영향권에서 벗어나기란 어려울 것으로 예상된다. 최선의 방법은 우리 스스로 자각하여 국난 극복을 위해 합심하는 것이다. 현실을 똑바로 인식하고 다시 시작하는 마음으로 되돌아갈 때만이 우리 자식들에게 오늘과 같은 고통을 물려주지 않을 것이다. 아직도 우리 주변에서 불평불만을 하는 사람들을 보면 안타깝기 그지없다. 열심히 살자. 그러다 보면 희망이 보일 것이다. (1998. 6)

여행 유감 4
중국을 다녀와서 (2)

　1998년 6월 10일부터 4박 5일 일정으로 중국을 방문했다. 중국인민대외우호협회(中國人民對外友好協會) 초청으로 이루어진 이번 방문에는 한국대학총장협의회 회장을 비롯, 국내 유수 대학 총장 몇 분과 교수 그리고 기업인 등 전부 15명으로 구성된 인원이 참가하였다. 한·중 대학 학술 교류 확대가 이번 방문의 주목적이었다. 물론 그외 부차적으로 다양한 목적이 있었겠지만 나는 수행원의 일원이었기 때문에 세세한 내막은 알 수 없었다.
　나는 5년 전에도 중국을 방문한 적이 있다. 그때의 기억과 이번 중국 방문을 함께 두고 생각해 보면, 무엇보다 그들이 일구어낸 눈부신 외형적 성장이 가장 인상 깊게 그려진다. 5년 전 도로를 가득 메웠던 두 발의 자전거는 이제 네 발의 자동차에게 그 자리를 내주었다. 1980년대 사회주의 체제 아래 개혁과도 같은 시장경제 원리를 도입, 많은 공기업을 사유화로 전환하였고, 개방과 개혁을 통하여 세계 각국의 자본과 기술을 끌어들여 매년 10퍼센트 내외의 경제 성장을 이룩하였다. 우리 나라도 6000여 개의 크고 작은 기업들이 중국의 개방 정책에 기대를 걸고 그들의 저렴한 인건비와 비교적 숙련된 기술을 이용하기 위해 중국에 진출해 있는 상태이다. 그러나 아직까지는 진출 기업들의 조급한 성과 기대 때문에 많은 어려움을 겪고 있는 것으로 알고 있다. 중국인의 기본적인 생활 방식이나 사고 개념, 더불어 그들의 문화를 제대로 이해하지 못한 채 플러스적 효과만을 바라는 기업인들의 조급한 식견이 이러한 결과를 낳고 있다고 본다. 이러한 간과했던 부분들을 점차적으로 극복해 나간다면 장차 우리 나라 기업들도 중국에서 많은 성과를 얻어낼 수 있을 것이다.

물론 갑작스런 공업화로 인한 공해 문제나 인구 도시 집중화 같은 사회적 병리 현상이 나타나기도 하지만 그것은 개발도상국에서 흔히 있는 문제로서 그리 심각한 수준은 아닌 것으로 생각된다. 한창 공업화에 열을 올리던 1970~80년대 우리 역시 그런 과정들을 겪어 오지 않았던가. 요즘 중국은 때아닌 북한 주민의 탈출 러시 때문에 적잖이 곤란을 겪고 있다. 북한을 탈출해 중국으로 유입되는 북한인의 수가 계속해서 증가하고 있는 것만 보더라도 북한의 체제에 변화가 요구되고 있음을 알 수 있다는 게 중국 관리들의 관측이다. 하지만 북한의 체제 유지에 대한 질문에는 대답을 회피함으로써 국가간의 민감한 사안에 대해서는 조심스레 피해 가는 그들의 정치 처세를 다시금 느낄 수 있었다.

우리 일행의 공식 일정 중 가장 감명 깊었던 것은 중국 제1부총리(경제·교육 담당) 이남청(李嵐淸)과의 접견이었다. 그는 우리 일행과 가진 대담에서, 어떤 국가라도 궁극적인 목표는 국민들이 평화롭게 그리고 여유 있게 생활하는 것으로, 국가가 정치나 경제 체제 등에 얽매여 이를 제대로 실행하지 못한다면 즉각 개혁 변화시켜야 하는 것이 정치 지도층의 의무라고 자신의 뜻을 피력했다. 그는 또한 지금 우리 나라가 처해 있는 경제 상황에 대해서도 상세히 알고 있는 듯했다. 국가의 경제는 국민 각자가 분수에 맞는 생활을 습관화할 때 비로소 제자리를 찾게 되는 것으로, 이러한 분위기의 조성과 교육은 정부의 몫이라는 것이 그의 주장이었다. 그는 다음의 시 한 구절을 인용해 그의 이야기를 설득력 있게 전달했다.

山窮水盡疑無路(산궁수진의무로)
柳暗花明又一村(유암화명우일촌)

당대(唐代) 시인 유종원(柳宗源)의 시이다. 대략 의역하면 '험한 산을 넘고 또 물을 건너 고생 끝에 이르렀으나 길이 없어졌다. 그러나 포기하지 않고 헤쳐 나가니 버들 그늘 드리워지고 온갖 꽃이 만발한 또 하나의 마을이 있었다' 라는 내용이다. IMF를 맞아 절망에 빠져 있는 우리에게 다시 노력하면 희망이 보일 것이라는 위로의 뜻이 담겨 있으리라.

그는 "현재 아시아 이웃 나라들이 경제적으로 매우 어려운 처지에 있는데 자기(일본을 지칭) 이익만을 위하여 환율을 올리는 행위는 매우 비겁한 처사다. 우리는 이웃을 위하여 어떠한 고난이 오더라도 환율을 변동시키지 않을 것이다"라고 단호한 어조로 밝혀, 역시 아시아 대국의 재상다운 면모를 보여 주었다. 위기의 경제난 속에서도 서로 단합하지 못하고 제 밥그릇 챙기기에만 급급한 우리의 정치 지도자들의 모습과 너무나 상반되는 그의 말과 생각을 접하면서 실로 서글픈 마음마저 들었다.

春有百花秋有月(춘유백화추유월)
夏有凉風冬有雪(하유양풍동유설)
念念菩提心(염념보리심)

處處安樂國(처처안락국)

봄에는 온갖 꽃이 있고 가을에는 밝은 달이 있다
여름에는 서늘한 바람이 있고 겨울에는 흰눈이 있다
생각마다 돕고자 하는 마음이면
어느 곳이나 즐거움이 있다

세상일이란 것이 그렇다. 어떤 마음, 어떤 생각을 갖느냐에 따라 둥글게 보일 수도 있고 또는 모나게 보일 수도 있다. 비록 자신의 처지가 남들만 못하다 하더라도 나보다 못한 이들을 생각하며 그들과 조금이라도 나눠 갖는 마음을 갖는다면 이것이야말로 진정한 삶의 기쁨이 아니고 무엇이겠는가. 우리는 지금 개인의 고통 분담이 그 어느 때보다 절실히 요구되는 IMF 시대를 살고 있다. 이러한 때에 서로 돕고자 하는 마음, 조금씩 나눠 갖고자 하는 마음으로 각자의 위치에서 최선을 다한다면 아무리 거센 IMF 파도라도 무사히 헤쳐 나갈 수 있을 것이라고 확신한다.

이번 중국 여행을 통하여 새로이 느낀 바가 크다. 비록 그들의 생활 수준은 아직 우리의 그것에 미치지 못하지만 그들이 보유하고 있는 무한한 잠재력과 끈기 있는 국민성, 그리고 폭넓은 정치 지도자의 안목이 그들을 머지않아 선진 대국으로 끌어올릴 것이란 확신이 들었다. 그렇다면 지금의 우리는 어떠한가. 미국과 중국이라는 강대 세력, 거기에 만만치 않은 일본과 러시아까지, 그 틈바구니에서 살아 남기 위해서는 필사의 생존 전략이 요구된다. 모든 국민 한 사람 한 사람이 지금의 어려움을 똑바로 인식, 내외적으로 실속을 다지는 것만이 강대 세력의 틈바구니에서 살아 남는 유일한 길이다. 지금 우리에게는 여유를 부릴 만큼의 충분한 시간이 없다. 갈 길은 멀고 시간은 부족하고, 이것이 지금의 우리 현실인 것이다. 그렇다고 가만히 넋 놓고 앉아만 있을 수는 없지 않은가.

　우리, 희망을 한번 걸어 보자. 절망의 늪에 점점 다가서는 때일수록 자신의 욕심을 접어 두고 인내와 화합으로 생활한다면 그 늪에서 빠져나올 수 있는 길이 반드시 보일 것이다. 좋은 때가 기필코 올 것임을 나 역시 믿어 의심치 않는다. (1998. 7)

아름답게 보이는 것

 아름다움은 눈으로 느끼는 것과 마음으로 느끼는 것으로 크게 구별할 수 있다. 대부분의 사람들이 꽃을 보고 아름다움을 느끼거나 예쁘게 생긴 여인에게서 아름다움을 느끼는 것처럼 가시적인 아름다움에 대한 느낌은 별반 차이가 없다. 그러나 마음으로 느끼는 아름다움에 대해서는 사람마다 차이가 있다. 어떤 것이 아름다운 것인가에 대한 각자의 기준이 저마다 다르기 때문이다. 특히 요즘처럼 어려운 형편에는 아름다움에 대한 기준이 모호해지기 마련이다.
 가끔씩 신문 지상에 소개되는 아름다운 이야기들이 힘들고 삭막한 사회에 청량제 역할을 해준다. 어려운 생활 속에서도 소년소녀 가장을 돕는 이웃의 손길, 결식 학생을 위해 자신의 도시락을 나누는 선생님, 무의탁 노인의 어려움을 덜어 주는 착한 주부, 실업자와 노숙자들을 위하여 새벽을 마다 않고 한끼나마 먹을 수 있도록 봉사하는 천사 같은 사람들, 이들 모두의 행동이 너무나 아름답다. 우리 주변을 감싸고 있는 이런 수많은 아름다움들이 어려운 시기를 맞아 더욱 돋보이는 것 같다. 그런데 이 아름다움을 진실로 값지게 하는 것은 이들 봉사자들 역시 한결같이 어려운 처지에 놓여 있는 사람들이라는 점이다. 많이 가지고 넉넉한 사람들도 기피하는 일을 기꺼이 행하는 이들의 마음이 눈물겹도록 아름답다.

얼마 전 친구의 소개로 서울 성북동 높은 골짜기에 위치한 작고 아담한 식당을 찾았다. 일반 가정집을 개조한 식당이었다. 언뜻 보아도 돈 들여 꾸미지는 않았지만 성의 있게 장식된 외형이 주변의 환경과 조화를 잘 이뤄서 찾는 이들에게 좋은 인상을 남기기에 충분했다. 'In My Memory'('추억의 집'이란 뜻)라는 간판을 달고 깨끗하고 소박한 아름다움을 풍기면서 손님을 맞이했다. 지금 업소의 외형을 아름답다고 말하려는 것이 아니다. 들어서는 문 앞에 칠팔십 세 가량의 노인이 깨끗한 옷차림에 공손한 인사로 손님을 맞이한다. 자리를 잡으면 또 다른 팔십 세 가까운 노인이 차림표를 갖고 공손하게 허리를 굽혀 주문을 청한다. 아들이나 손자뻘 되는 손님들에게도 한결같다. 알고 보니 1960년대 일류 호텔의 지배인, 주방장, 종업원 출신들이 몇몇 모여 식당을 차렸다는 것이다. 그들의 모습이 아름다워 음식 맛이 더욱 좋게 느껴졌다.

내가 사는 아파트에 유난히 친절하고 부지런한 칠십 세의 경비원이 있어 모두 칭찬을 아끼지 않는다. 그분은 초등학교 교장으로 정년퇴임 후 경비직을 맡고 있다. 그는 과거의 직업에 연연해 하지 않고 매사 직분에 충실하다. 이 또한 우리 마음에 잔잔한 감명을 준다. 이러한 일들이 비단 몇 가지뿐이겠는가.

우리 회사에도 정년 퇴직하고 임시직으로 일하는 분들이 있다. 그들이 젊은 사람 못지않게 열심히 직분을 다하는 모습을 보면 아름답기 그지없다. 얼마 전 우리 회사의 중역으로 일하시다가 퇴임하여 타이어 수리를 하시는 분이 있다. 환갑의 나이에도 모자란 일손을 채우기 위해 손수 작업에 임해 온갖 먼지와 땀투성이로 범벅이 된 얼굴이지만 모처럼의 상면에 반갑게 환한 웃음을 짓는 그분의 모습에서 마음에 찡하게 울리는 그 무엇인가를 느꼈다.

날이 갈수록 실업자 수가 늘어나고 우리의 살림살이 역시 궁핍해지고 있다. 국가에서도 실업자를 돕기 위해 이런저런 노력들을 기울이고 있다. 하지만 아직까지도 소위 3D업종에 속하는 일(최근에는 외국인 몫)에는 사람을 구하기가 어렵다고 한다. 아직 배고픔이 덜한 것인지 아니면 없어도 좋을 자존심 때문인지 알 수가 없다. 일제 식민지 시대는 수치로 생각하면서 그보다 심각하다면 더 심각할 수도 있는 IMF 경제 식민지에 대해서는 다들 왜 그리도 무감각한지, 안타깝기 그지없다.

우리처럼 어려운 중소기업만 애타고 목마를 뿐이다. 정치가들은 자기네들 이권 다툼에 정신이 없고, 노동자들은 머리에 붉은 띠 두르고 '너 죽고 나 죽자'는 식이다. 모두 하나로 뭉쳐 열심히 해도 난관 극복에 5~10년은 걸릴 판인데, 도대체 어떻게 하자는 것인가.

한 중소기업에서 구조 조정으로 일자리를 잃을 처지에 놓인 동료들을 위해 자신의 몫을 나누면서까지 끈끈한 동료애를 발휘, 위기 극복을 결의한 내용이 신문 지상에 보도된 적이 있다. 참으로 아름다운 정(情)이다.

우리 회사도 포철의 조업 단축으로 물량이 줄어들어 대략 현재 상태의 30퍼센트 정도 매출이 감소할 것으로 전망된다. 줄어드는 물량만큼 담당 인력이 불필요하게 된다. 이렇게 어려운 시기에 누가 나가고 누가 남을 것인가. 이런 불행한 일은 없었으면 좋겠다. 우리 모두 머리를 맞대고 최선의 방법을 모색할 때다. 우리 모두 힘을 하나로 합쳐야 한다. 그리고 동료의 아픔을 함께 나눌 수 있는 그런 마음의

아름다움을 창조하자. 이런 노력을 기울인다면 어려움은 저절로 우리들을 비켜 갈 것이다. (1998. 8)

풍년을 고대하는 마음

'지루한 장마철이 지나갔구나' 싶었는데 뜻하지 않은 8월의 폭우 때문에 전국 곳곳이 물난리로 막대한 손해를 입었다. 그러나 쉽사리 끝날 것 같지 않던 궂은 날씨도 이제는 한풀 꺾여 약 한 달여 만에 반가운 햇볕 구경을 하게 되었다. 어디 한 군데 빠끔한 구석 없이 골고루 수마가 휩쓸고 간 파편들이 여전히 복구의 손길을 기다리고 있다. 여간 부서진 것이 아니어서 주저 없이 '파괴'란 단어를 쓸 수 있을 것 같다. 생활 터전의 파괴! 그렇잖아도 어려운 경제 사정에 설상가상이 아닐 수 없다.

왜 이렇게 되는 일 없이 자꾸 꼬이기만 하는지 알 수 없는 노릇이다. 새 정부, 새 대통령이 탄생하여 의욕적으로 노력하고 있건만 이런 노력만으로는 어찌할 수 없는 천재지변까지 겹쳤으니……. 아마도 옛날 나랏님처럼 부덕한 소치로 여기고 하늘에 제(祭)라도 지내야 될 형국이다. 새 정부 탄생과 동시에 물려받은 유산이 'IMF 관리'라는 반갑잖은 것이다. 환율이 올라가고 금리가 뛰었다. 주가는 그 밑바닥이 보이지 않을 만큼 아래로 곤두박질쳤고 그 여파로 경기는 헤어날 수 없는 침체의 늪에 빠졌다. 실업자 수는 기하급수적으로 늘어 기본적인 의식주마저 제대로 해결하지 못하는 사람의 수가 엄청나다고 한다. 생활고에 시달리다 보니 자연히 인심이 흉흉해지고 서로간에 불신만 만연하게 되었다. 모든 것이 사람들이 바랐던 것과는 반대 방향으로 되어 가는 세상이다.

과연 이러한 현상이 세계화의 물결을 타고 집안 울타리를 대책 없이 헐어 버려 발생한 외부의 힘 탓일까. 물론 영향은 받았으리라고 생각한다. 그러나 그 모든 것이 따지고 보면 집안 단속 잘못한, 내치(內治)의 부재 탓으로밖에 여겨지지 않는다. 이것을 증명해 주는 증후가 지금 여러 곳에서 나타나고 있다. 정치권의 작태에서, 거대 재벌의 극도의 이기심에서, 근로자의 분별 없는 행동에서 우리는 이러한 증후를 잘 볼 수 있다. 하나같이 모두를 위한 희생 정신이라고는 조금도 찾을 길이 없다. 그간의 정신적인 피폐 현상이 이러한 결과를 자초하였음은 두말할 필요가 없다. 이를 바로잡지 못하면 지금의 위기 또한 극복할 수가 없다.

옛말에 자기 자신을 먼저 다스린 후에라야 남을 다스릴 수 있다고 하였다. 지금 정부는 모든 조직을 합리화해 경쟁력을 회복하는 일에 총력을 기울이고 있다. 그런데 이것이 순조롭게 진행되려면 순서에 따라 행해져야만 한다. 정계, 재계, 그리고 일반 사회, 이런 순서라야 옳을 것 같다. 갈 길은 멀고 마음은 바쁘고 시간은 없고 그래서 일어나는 현상인지는 몰라도 동시 다발적으로 시행하려다 보니 일의 앞뒤가 맞지 않아 여기저기서 혼란만 발생되는 것 같다.

호랑이에게 물려 가도 정신만 차리면 산다고 했다. 아무리 바빠도 하나씩 선후를 가려 차분히 시행한다면 반발과 부작용이 훨씬 줄어들 것 같은데 왜들 이러는지 모르겠다. 서로간의 이해 관계가 첨예하게 맞물려 지금의 혼란과 갈등이 생겨난다고 여겨진다.

정치권이 국가 운영의 주도권을 쥐고 있다면 정치권부터 합리적 조정이 선행되어야 한다. 그 다음에는 국가 행정 조직이 정책을 시행하니까 국가 조직에 대한 구조 조정이 이루어져야 한다. 그런 연후에 경제계, 일반 사회 순으로 개혁이 이루어지는 것이 옳다고 생각한다. 힘 있고 권세 있는 기득권 세력이 전혀 양보와 자성과 실천은 하지 않고 힘없는 사람들에게만 고통 분담의 원칙을 내세우니 부작용이 생기는 것도 당연하다. 시행자의 솔선수범에 의해서만 납득하고 따를 수 있는 대안이 생겨난다는 것은 만고의 진리이다. 아직 9월의 태풍이 도사리고 있다. 이러한 자연 현상은 인간의 힘으로는 어찌할 도리가 없는 부분이 있다. 언제 어느 때 어떤 형태로 천재지변을 맞을지 알 수 없기 때문이다.

지금 이 순간에도 전국 곳곳에서는 수마가 할퀴고 간 상처를 치유하기 위해 많은 이들이 구슬땀을 흘리고 있다. 나라 살림살이도 이처럼 깨끗이 쓸고 닦아 다가오는 태풍에 대비해야겠다. 어지러이 흩어져 있는 것들을 하나씩 재정비해 차근차근히 시행해 나갔으면 하는 바람이다. 천재지변은 어쩔 도리가 없다지만, 인재는 노력 여하에 따라 얼마든지 극복할 수 있다. 우리 모두 새롭게 마음을 가다듬어 자기 희생을 통한 필사의 노력을 기울여야 한다. 반드시 회생 복구 할 수 있는 길이 있다. 확신을 갖고 합심 노력해야 한다. 깊은 상처를 치유하고 올해도 풍년을 이루었으면 하는 마음 간절하다. (1998. 9)

국민소득과 도둑의 형태

며칠 전 직업별 부패 정도에 대한 국민들의 의식을 조사한 결과를 보도한 신문 기사가 있었다. 가장 부패한 직업군으로 정치인, 다음으로 재벌 총수, 세무 공무원, 경찰 공무원, 대기업 사장, 변호사, 검사, 판사, 교사, 민원 공무원 순이고, 이에 반해 가장 청렴한 직업군은 농민, 다음으로 전업 주부, 신부(神父) 순으로 나타났다. 권력과 권한을 가진 층이 대부분 부패 계층이고, 힘없는 직업군이 청렴하다는 결론이다.

그러고 보니 부패는 '돈'과 관련되며, 부패의 정도는 누가 돈을 더 좋아하고 욕심을 부리는가에 달려 있다고 볼 수 있다. 그러나 좋아하고 욕심을 부린다고 모두 가능한 것은 아니고 가능한 수단을 누가 많이 갖고 있느냐가 또한 문제가 된다. 여기서 가능한 수단이란 '권력' 혹은 '권한'에서 창출된다고 보면, 부패의 정도는 그야말로 '힘세고 잘 나가는 사람' 순으로 정해지는 것 같다.

결국 권력과 권한은 부패를 조장하고 부패는 돈이라는 매개체에 의하여 이루어진다는 말로 정리된다. 그러나 이러한 수학적인 논리로 모든 것을 정리해 버리면 이 세상 살맛을 잃어버리고 삶의 목표 설정에도 문제가 생길 것이다.

어린 초등학교 학생들에게 장래 희망을 물어 보면 대개 위에서 말한 부패의 정도가 심한 직업군의 하나가 되고 싶다고 말하는 학생이 상당히 많을 것이다. 그러나 어린이들의 희망은 현실적으로 지탄받는 직업군의 특정 계층이 아니라 정의로운 이상형의 직업인을 상상한 것이다. 현재에도 그러한 이상형의 훌륭한 사람이 전혀 없다고는 할 수 없지만, 대부분의 경우에는 어린이들의 순수한 희망과는 어긋나는 것이 우리 사회의 실정이다.

옛날에 비해서 현재는 놀라울 정도로 부유해졌다. 그것은 통계 수치상으로 나타나는 국민소득에서 잘 알 수 있다. 그런데 보다 넉넉해지고 잘 살게 되었으면 세상 환경도 풍요로워지고 인심도 넉넉해져야 하는데 이상하게도 반비례 현상이 일어나고 있다. '흥부와 놀부'의 내용이 적중하고 있는 것이다. 가진 사람이 더 욕심을 내는 현상 때문에 사회는 더욱 험악하게 변하고 있다.

옛날 우리 조상들이 살았던 마을에는 대문이 없었고, 있다고 하여도 자물쇠가 없는 사립문이었다(물론 당시에도 세도가의 집에는 솟을대문에 자물쇠가 있었지만). 도둑이 거의 없었기 때문일 것이고, 서로 상부상조하고 살았으니 그러했을 것이다. 당시의 국민소득이 얼마였던가는 통계 기록이 없어 알 수 없다.

해방 후 가난했던 시절에는 도둑이 들어 검은 고무신, 장독의 된장, 고추장 등을 훔치는 것이 고작이었다. 이때 국민소득이 100불 미만이였다.

1960년대 박정희 군사 정권이 탄생하면서 국가 경제 재건을 위하여 여러 가진 노력을 경주한 결과, 1970년대에 들어서면서 우리의 국민소득은 상당히 향상되었다. 이때 비로소 텔레비전이나 기타 가

전 제품들이 개개인의 집에 등장하게 되었으며 외형적으로 옛날보다 훨씬 근대화되고 잘 사는 것같이 보였다. 이때의 도둑들은 밤중에 담장을 뛰어넘고 집 내부로 침입하여 모처럼 장만한 가전 제품들을 훔쳐갔다. 과거의 도둑보다 더 대담해졌던 것이다.

 1980년대 우리 경제는 우리 스스로가 놀랄 정도로 비약적인 발전을 거듭하였고 특히 88서울올림픽을 치르고 난 후에는 마치 선진국 대열에 접어든 듯한 경제적 성공을 이룩하였다. 이때의 도둑은 아주 대담해져서 무기를 들고 남의 집에 침입하여 강제로 금품을 빼앗아 가는, 이른바 강도로 변하여 과거의 도둑처럼 무거운 가전 제품 따위는 안중에 없었고 현금이나 보석을 위주로 도둑질을 하는 형태로 변하였다.

 1990년대 중반 잘 나가는 듯하던 국가 경제는 IMF 경제 위기를 맞아 매우 어려운 상태로 떨어져 버렸다. 이러한 사회 현상은 근 20년 동안 앞만 바라보고 정신 없이 뛰어가던 우리 경제에 실속 없는 거품을 제거하는 계기가 되었고 국민소득은 1990년대 초반의 절반으로 곤두박질치는 결과를 가져왔다.

 이러한 현재 상황에서의 도둑의 형태는 복잡한 양상을 띠게 되었다. 며칠 전 신문에 농부들이 일년 내내 애써 가꾸어 온 농작물을 한밤중에 도둑질해 가는 1970년대 도둑의 형태로부터 수백억 원의 탈세를 통하여 국가 재산을 도둑질하는 형태며, 정치를 한답시고 수천억 원을 불법으로 모금하여 쓰고도 정당한 양 고개를 쳐들고 행세하는 각종 신형 범죄를 저지르는 도둑에 이르기까지 각양각색의 도둑들이 있다는 것을 다룬 신문 기사가 있었다. 이처럼 지금은 과거형, 현재형, 미래형의 도둑이 함께 존재하는 시기라 말할 수 있다.

 이상에서 본 것과 같이 시대별 국민소득의 변화에 따른 도둑의 형태 변화 사이에는 분명히 상관 관계가 있다. 그렇다면 21세기 우리의 생활상과 도둑의 형태는 어떤 것이 될 것인가? 자못 궁금하고 두려울 뿐이다.

  이러한 예측 가능한 미래상을 호전시키기 위해서는 우리 모두 과거를 반성하고 마음 깊은 곳에서 우러나는 참다운 공동체의 도덕 관념이 무엇인가를 각자 성찰하고 행동으로 옮기는 노력이 절대 필요할 것이다. (1999. 10)

살아 있는 '큰바위 얼굴'

　최근 어느 종교의 주보(週報)에서 본 글이 매우 인상에 남아 여기에서 소개하고자 한다. 그 글은 미국의 소설가 호손(Hawthorne, 1804~1864)의 「큰바위 얼굴」의 내용을 인용하였다. 그 내용은 대략 다음과 같다.

　어머니와 어린 아들 어니스트가 사는 곳의 골짜기에는 '큰바위 얼굴'이라고 불리는 장엄하고도 숭고한 형상의 바위가 하나 있었는데, 어머니는 아들에게 그 바위와 같은 모습을 가진 거룩한 사람이 언젠가는 찾아올 것이라는 어느 예언자의 말을 들려주곤 했다. 어니스트는 어렸을 때부터 그 바위를 스승으로 모시고 그 바위와 같은 얼굴을 지닌 사람이 찾아올 것을 믿으며 평생을 보냈다. 소년 어니스트는 거부(巨富)가 고향으로 돌아온다는 말을 듣고 그 사람이 어머니가 예언한 인물일 것이라고 확신하였다. 그러나 그 거부가 마을로 돌아오자 소년은 실망하였다. 마을 사람들은 그 부자가 큰바위 얼굴과 닮았다고 환호하였지만, 소년의 눈에는 전혀 닮지 않았기 때문이었다. 그 후 위대한 장군, 정치가 등 많은 저명 인사가 찾아오지만 어니스트는 실망하였다. 그러는 동안 어니스트는 노인이 되었고 어느 날 저명한 시인이 온다는 소식을 듣게 되었다. 그러나 그 역시 노인 어니스트가 그토록 기다리던 큰바위 얼굴은 아니었다. 실망한 어니스트 노인은 평생 기다렸던 그의 소원이 이루어지지 않자 슬프고 허탈한 마음이 되어 눈물을 흘렸다. 이런 사연을 안 그 시인은 문득 겸손하고 온화하고 사려 깊은 노인 어니스트의 모습을 바라보면서 다음과 같이 외쳤다. "보시오! 보시오! 어니스트! 당신이야말로 큰바위 얼굴과 꼭 같습니다"라고.

호손의 큰바위 얼굴은 어떤 사람이 예언 속의 인물인가를 잘 설명하고 있다. 어니스트는 자신이 큰바위 얼굴을 닮은 사람인 것을 전혀 몰랐으며 끊임없이 큰바위 얼굴의 겸손과 침묵, 그 거룩한 인내와 순종을 닮으려 노력하면서 한평생을 보냈다. 그리하여 자연의 풍상이 큰바위를 거룩한 얼굴로 조각한 것처럼 그 마음속에 깃든 인격으로 스스로의 얼굴을 큰바위 얼굴로 조각해 나갔던 것이다.

인간이 이 세상에 태어난 것은 권력과 명예를 얻어 남에게 나를 드러내기 위함이 아니다. 인간의 최고 가치는 살아 있는 큰바위 얼굴을 이루는 데 있다. "누구든지 자기를 높이면 낮아지고 자기를 낮추면 높아진다"(마태복음, 23장 12절)는 성서의 말씀은 겸허한 마음가짐으로 세상을 살도록 권유하는 말이며 세상을 살아가는 데 있어 교만한 마음과 욕망을 경계하라는 가르침이다. 또한 불교에서는 "세상 사람 누구에게나 두 가지의 나(我)가 있다"고 했다. 하나는 '남에게 보이기 위한 나'이고 또 하나는 '내 마음속에 들어 있는 나(眞我)'라는 것이다. 사람들은 자기 속에 들어 있는 '진짜의 나' 보다 '남에게 보이기 위한 나'에만 집착하고 있다. 그러나 위의 인용글에서 보듯이 돈을 모으고 권력을 얻고 명예에 집착하는 것은 결국 허상(虛像)이며 허명(虛名)일 뿐이다.

요즘 세상은 20세기를 마감하고 21세기라는 새천년을 맞기 위하여 분주하게 돌아가고 있다. 모두들 21세기는 '정보화 시대', '전문화 시대'라고 말한다. 세상은 엄청난 속도로 변하고 있으며, 한 세대를 30년으로 잡아 '세대 차이가 난다'라는 요즘의 이야기는 20세기와 더불어 사라지게 될 것이다. 21세기에는 시시각각으로 변하는 세상사를 노력으로 극복하지 않아 시대에 뒤떨어지는 사람을 '세대 차이가 나는 사람'으로 지칭하게 될 것이다.

그러나 이러한 모든 변화는 가시적이고 표면적인 변화에 불과하며 인간 자체의 본성인 내면 세계의 본질은 전혀 변하지 않을 것이다. 때문에 위에서 말한 종교적 가르침은 세월이 급속하게 변해도 우리에게 유용한 것이며, 21세기의 급격한 변화 속에서도 인간다움을 존속시킬 수 있는 가르침이라 여겨진다. (1999. 11)

21세기 우리의 마음가짐

　20세기의 마지막 해인 1999년도 이제 며칠 남지 않았다. 지난 100년은 매우 복잡하고 분주했던 시기였다. 20세기 초 러시아 공산혁명으로 공산주의 국가가 탄생하고 세계1차대전과 2차대전이 일어나 수많은 인명과 재산을 파괴하였으며, 유럽의 제국 세력들이 쇠퇴하고 미소 냉전 체제로 극한 대립 시기를 맞았다. 이후 미국과의 경쟁에서 패한 소련연방공화국이 1989년 해체되면서 공산권이 거의 소멸되기에 이르렀다.

　그리하여 20세기 말 현재 미국의 막강한 단극 세력권하에서 21세기를 맞이하고 있다. 그러나 앞으로는 세계 속의 세력 판도가 다극화될 것이라는 예측과 함께 각 지역에서 이러한 움직임이 싹을 피우고 있다. 하지만 이러한 예측은 역사적 경험에 의한 유추일 뿐이며 언제 어떻게 변천할 것이라고 단언할 수는 없다. 다만 분명한 것은 날로 발전하는 과학 문명에 의하여 인간들의 생활 형태가 매우 빠르게 변화하고 있다는 것이다.

　지금 모든 사람들은 다가올 21세기가 고도의 과학화를 바탕으로 한 정보화·세계화 시대가 될 것이라고 예측하고 있다. 이것은 날로 발전하는 정보통신 문명이 그간 넓게 보였던 세계를 좁게 압축할 수 있기 때문에 가능해진 것이다. 즉 빠르고 편리한 정보통신망이 온 세계를 가시적인 한 울타리 속에 들어오게 할 수 있다는 것이다. 세계가 하나의 국가처럼 되고 기존의 국가간 울타리를 헐어 버린 상태로 변할 것이며, 이러한 세계는 하나의 공동체로서 단일화된 통제 기능에 의하여 지역간·계층간의 간격을 매우 좁힐 것이다.

그러나 이러한 세계적 단일 공동체가 우리를 유토피아적 환상의 세계로 인도할 것이라는 전망은 매우 희박하다. 마치 지금의 복잡한 도시 환경 속에서 각 개인이 생존을 위하여 치열하게 경쟁하고 있는 것처럼 앞으로는 도시와 농촌이, 번잡함과 한적함이 치열한 경쟁을 하는 사회가 될 것이다. 이와 같은 이치는 과학 문명이 발달함에 따라 도시의 생활 형태가 복잡하게 확대되고 농촌이 점차 도시화되는 현상을 볼 때 예측이 가능하다. 과학문명의 발달은 인간에게 무한한 편의성을 제공함과 동시에 인간을 치열한 생존 경쟁으로 몰아넣고 있다.

이처럼 세상이 빠른 속도로 변화해도 그 속의 인간의 일상적인 생활은 영위되면서, 변화하는 환경에 걸맞는 사회 공동체 도덕 개념이 새롭게 탄생할 것으로 보여진다. 인간의 본성은 사회 생활 속에서 무한한 행복 추구를 위하여 각자가 노력하도록 만들어졌기 때문이다.

며칠전 신문에 다음과 같은 기사가 게재되었다.

과거 우리가 영위했던 사회 생활의 도덕적 개념이 삼강오륜(三綱五倫)이었다. 그 오륜의 내용은 부부유별(夫婦有別), 장유유서(長幼有序), 부자유친(父子有親), 붕우유신(朋友有信), 군신유의(君臣有義)이다. 그러나 현대 사회의 가치 판단의 기준으로 볼 때, 부부유별(夫婦有別)은 남녀

평등을 부르짖는 현시대에 맞지 않고, 장유유서(長幼有序)는 어른만을 내세우는 생각이 현재와 다르며, 부자유친(父子有親)은 다분히 어른을 공경하는 뜻을 포함하고 있으므로 부모와 자식간에 상호의 사랑의 뜻이 결여되어 있고, 붕우유신(朋友有信)은 신의도 중요하지만 겸손하고 양보할 줄 아는 마음이 결여되었으며, 군신유의(君臣有義) 또한 과거 군주 시대의 도덕 관념으로서 현재 대통령이라도 잘못하면 물러나야 된다는 민주 사회에 부적합한 표현이라고 할 수 있다. 이와 같은 표현은 부부유공(夫婦有恭), 장유유례(長幼有禮), 부자유애(父子有愛), 붕우유겸(朋友有謙), 민관유신(民官有信)으로 개정하는 것이 옳겠다. 이는 부부간에 서로 공경하고, 어른과 아이 사이에 서로 예의를 지키며, 부모와 자식간에 사랑을 베풀며, 친우간에 겸손으로 대할 줄 알고, 국민과 정부는 서로 믿음으로 이루어져야 한다는 내용을 담고 있다.

이러한 기사가 우리에게 시사하는 것처럼 21세기의 '삼강오륜' 또한 그 현실에 맞는 도덕 개념으로 바뀌게 될 것이다. 그러나 모든 것이 변한다 해도 단 한 가지 변하지 않는 부분이 있다면 그것은 인간의 마음가짐이자 그 속에 존속되고 있는 '사랑'과 '자비'로 압축되는 종교적 정신이다. 수천 년 동안 이어져 오고 있는 이러한 종교적 정신이 현재 우리 사회를 정화시키고 있고, 앞으로도 그와 같은 역할을 할 것이다. 종교적인 정신은 계속 우리 인간의 마음속에 존속할 것이며 또한 존속되어야 한다. 아무리 각박한 사회 속에서도 이 같은 생각이 사람의 마음속에 존재하고 있는 한 우리는 21세기 문명과 환경에 대한 대비를 할 수 있을 것이다. 아울러 풍요롭고 행복한 생을 영위하기 위해서는 마음의 바탕을 확실히 다져두는 노력이 절대 필요할 것이다. (1999. 12)

21세기의 진정한 직업 의식

다음의 이야기는 법정(法頂) 스님의 말씀을 모은 『산에는 꽃이 피네』란 책에서 법정 스님이 인용한 글을 재인용하여 소개해 드리는 것이다.

종업원 여남은 명의 작은 제과점이 있었다. 그 제과점에서는 열아홉 살 된 여자 종업원이 일했다. 어느 날 손님이 이 아가씨에게 시집 하나를 주고 갔는데 그 시집에 이런 구절이 실려 있었다. "조그마한 가게임을 부끄러워하지 말라. 그 조그만 가게를 당신의 인정의 아름다움으로 가득 채우라" 그 가게는 형식보다도 기본적인 생각을 중요시하는 가게였다. 인정을 잃으면 생각과 행동이 기계적으로 된다. 슈퍼마켓에 가 보라. 사람이 완전히 기계이다. 단순한 돈과 물건의 교환 장소에 지나지 않는다. 그러나 인정이 배어 있는 곳은 다르다. 만일 인정이 배제된 거래가 참거래라면 굳이 사람이 지킬 필요가 없다. 자동판매기에 맡기면 된다. 여러 계층의 사람을 만나서 그들과 따뜻한 마음을 주고받기 때문에 거기서 우리가 일하는 기쁨을 찾아낼 수가 있는 것이다. 인간 관계가 단지 사고 파는 일에 그친다면 너무 야박하고 삭막하다. 그래서 이 가게는 '조그만 가게임을 부끄러워하지 말라. 그 조그만 가게를 당신의 인정의 아름다움으로 가득 채우라'는 싯구절에 영향을 받아 다들 친절한 마음씨로 손님을 대하였다. 하루는 이 열아홉 살 먹은 아가씨가 맨 늦게 가게 정리를 하고 문을 닫고 밖으로 나오는데 지붕 위에 눈을 잔뜩 뒤집어쓴 웬 승용차 한 대가 멈칫멈칫 무슨 가게를 찾는 것 같았다. 그래서 아가씨는 달려갔다. 그러자 차창이 열리면서 어떤 남자가 이런 얘기를 했다. "내가 몇백 리 밖에서 오는 길인데 내 어머니가 지금 암으로 병원에 입원해 계십니다. 담당 의사를 만났더니 하루이틀밖에 못 살 테니 만날 사람 만나게 하고 자시고 싶은 음식이 있으면 자시게 하라고 했습니다." 그 소리를 듣고 아들이 어머니한테 "어머니 자시고 싶은 음식이 뭡니까?" 하자 어머니는 "예전에 어느 도시에 가니 아주 맛있는 제과점이 있더라. 그 집 과자가 생각나는구나!" 하고 말씀하셨다는 것이었다. 그래서 아들은 "그건 어려운 일이 아니니 제가 당장 갔다 오겠습니다" 하고 아침에 출발하였다. 그런데 눈이 많이 와서 고속도로에 차가 잔뜩 밀리는 바람에 밤 10시나 되어 도착하게 되었고 가게가 정확히 어딘지도 모를 뿐더러 짐작되는 제과점은 이미 문이 닫혀 있었다. 실망하던 차에 아가씨를 만나게 된 것이라고 하였다. 설명을 들은 후 제과점 아가씨가 말했다. 내가 이 가게 종업원이니까 잠깐만 기다리시라고 하고 아가씨는 안으로 들어가 불을 켜고 난로까지 켠 다음 그 손님을 들어오게 했다. 그리고는 어떤 과자인지 모르지만 병석에 누워 계신 분이니까 소화가 잘 되도록 부드러운 걸로 골라 드렸다. 과자를 싸 드리며 아가씨는 눈길에 조심해서 가시라고 인사를 했다. 손님이 값이 얼마냐고 묻자 아가씨는 돈을 안 받겠다고 말했다. 왜 돈을 안 받느냐고 놀라서 쳐다보자 제과점 아가씨가 이런 얘기를 했다. "이 세상 마지막에 우리

가게 과자를 드시고 싶다는 손님께 저희가 드리는 성의입니다. 그 대신 혹시 과자가 더 필요할지도 모르니 명함을 두고 가십시오." 손님은 감격한 채 떠났고 그 아가씨는 자기 지갑에서 따로 과자값을 꺼내 그 날 매상에 추가시켰다. 그날 밤 그녀는 꿈을 꾸었는데 노인이 과자를 먹다 목이 메여 고생하는 불길한 내용이었다. 다음날 출근하자마자 마음에 집히는 데가 있어 명함의 연락처로 전화를 걸었다. 그러자 그의 어머니가 돌아가셨다는 것이었다. 귀로에 길이 막혀 예정보다 늦게 도착했는데 아들이 도착하기 30여 분 전에 돌아가셨다는 것이었다. 그런데 그 어머니가 맑은 정신으로 숨을 거두면서 마지막으로 '그 가게 참 좋은 가게로구나!'라고 말씀하셨다고 한다. 그 말을 전해 듣고 아가씨는 장례식이 언제냐고 물었다. 그러자 내일이 장례식이라 하니 자세한 얘기도 하지 않고 가게 주인한테 휴가를 얻었다. 그리고는 따로 공장으로 가서 장례식에 가져갈 과자를 주문했다. 과자값을 내고 그 길로 장례식에 참석했다. 과자를 갖고 장례식에 간 것이다. 어제 과자를 사 갔던 손님이 깜짝 놀랐다. 그 고마웠던 아가씨가 장례식에까지 찾아왔던 것이다. 영단에 향을 사르고 이 아가씨는 맘속으로 말했다. '처음 뵙는 손님! 이 세상 마지막으로 우리 가게의 과자를 먹고 싶다고 말씀하신 분…… 미처 시간을 내지 못해 서운하셨겠어요. 좋아하시는 과자 떠나시는 길에 갖고 가시라고 인사차 찾아왔습니다.'

위에서 나온 제과점 아가씨의 이야기는 매우 감동적이다. 우선 그녀의 심성이 매우 아름답고 또한 직업 의식이 투철하며 작은 일을 하면서도 자부심을 갖고 있다. 이와 같은 그녀의 행동으로 모든 사람에게 마음의 아름다운 맛을 전달하고 있는 것이다. 혹 제과점의 과자 맛이 보통이면 어떻겠는가? 그것은 문제가 되지 않는다. 모든 맛에 대한 인식도 우리의 선입견이 좌우하고 있기 때문이다. 필경 이 과자점은 이러한 종업원 때문에 성공하였을 것이고 맛과 인간의 정이 어우러지는 명품으로 알려졌을 것이다. 21세기 직업인의 마음가짐이 이와 같을 때 그 기업은 반드시 성공할 것이며 아울러 살맛나는 세상을 만드는 데 기여할 것이다. 기술이 세계 제일이려면 그것은 오로지 이와 같은 인간적 직업 의식이 바탕으로 이루어졌을 때 오래 지속되리라는 확신을 가져 본다. (2000. 1)

제3부
최후의 분단국이 통일로 가는 길

최후의 분단국 1
남북의 분단

1993년 현재 지구상에 유일한 분단 국가로 남은 한반도, 좀처럼 통일의 전망은 보이지 않는다. 그 이유는 무엇일까? '우리의 소원은 통일'이라는 노래처럼 통일은 한민족의 절실한 바람이요, 민족 화합과 발전의 유일한 길임을 모두 잘 알고 있다. 그러나 통일이 이루어지지 않는 가장 큰 이유는 우리의 이러한 의지와는 동떨어진 또 다른 거대한 힘이 있기 때문이다.

남북 분단은 제2차 세계대전으로부터 잉태되었다. 당시 한반도는 일제 식민지로서 주권 국가의 능력을 잃은 지 오래였다. 1945년 8월 히로시마, 나가사끼에 각각 원자탄이 투하됨으로써 일본은 8월 15일 무조건 항복했다. 그러나 한반도의 분단 고통은 이때부터 시작된 것인지도 모른다.

한반도의 직접적인 분단의 계기는, 일본의 무조건 항복에 따른 한반도 처리 문제를 두고 미국이 작성한 일반명령 1호에 의하여 38도선이 미소간의 군사 행동 책임선으로 제시되면서부터이다.

미국측에서 38도선을 제시한 배경은 확실치 않다. 당시의 여러 사실들로 미루어 38도선은 초기에 특별한 의미가 부여된 경계가 아니라 단순히 일본 점령군의 정리를 위한 미소간의 군사 협조선에 불과했다고 여겨진다. 일설에 의하면 얄타협정이나 포츠담회담 등의 별도 비밀 협정에 의하여 결정되었다고 하나 이 주장은 기록상에 나타나지 않은 단순한 추측적인 견해에 불과하다.

분단의 외적이고 직접적인 요인은 미소 양국에 의한 38도선의 확정과 분할 점령이었지만 현재와 같이 고착화된 데는 다른 여러 가지 요인이 내재하고 있다. 첫째, 일본 식민지에서 독립하고자 저항했던 독립 투쟁 세력 중에 상해임시정부와 재미 독립 세력 등의 우익 세력, 그리고 만주, 러시아 일대를 무대로 한 중국 공산 세력과 러시아 공산 세력의 영향 아래서 독립 투쟁을 하던 좌익 세력이 제2차대전 중에는 서로 공동 연계 투쟁을 했으나 실상은 화합할 수 없는 사상적인 배경하에서 분단을 예고하고 있었다.

둘째, 제2차 세계대전 중 연합국 당사국간의 협약 또는 종전 후 처리 문제 논의 중에 한반도 영구 분단의 조짐이 이미 나타나고 있었다. 실제로 1943년 3월 미국 대통령 루즈벨트는 영국 외상 안토니 이든과 토의하면서 만주, 한국, 인도네시아, 대만 등에 관한 종전 후의 정책에 대하여 만주와 대만은 중국에 반환하고 한국은 미국, 중국, 기타 연합국에 의하여 국제 신탁 통치를 한다고 합의했다. 1943년 11월의 테헤란회담에서 소련의 스탈린 역시 루즈벨트의 구상인 한국의 신탁 통치에 동의했다. 또 1943년 12월 카이로회담의 결과를 '조선 민중의 노예 상태에 유의하여 적당한 시기에 조선을 자유 독립시키기로 결의했다'고 발표했는데, 여기서 '적당한 시기'란 결국 국제 신탁 통치를 전제로 한 내용이었음이 밝혀졌다. 연합국들은 서로 접촉할 때마다 위의 사실을 확인하여, '일본이 완전히 항복하기 전이든 후이든 간에 한국이 해방되면 미, 영, 중, 소의 신탁 통치하에 놓는다'는 점에 완전 합의했던 것이다.

그러나 1945년 해방을 맞이하면서 한반도의 신탁 통치 문제는 종전의 연합국 합의와는 다른 양상으로 진전되었다. 제2차대전 후 세계 질서의 재편은 급속도로 이루어졌다. 중국의 공산화에 이은 한반도의 공산화 계획이 추진되었고 이 과정에서 북쪽은 신탁 통치 찬성, 이를 저지하려는 미국은 신탁 통치 반대 쪽으로 돌아서게 되었다. 그 결과 북쪽은 김일성 장군의 조선민주주의 인민공화국, 남쪽은 이승만 대통령이 이끄는 대한민국으로 갈라지게 되었으며, 38도선은 미·소로 대변되는 민주주의 진영과 공산주의 진영 사이의 냉전 체제의 최전선으로 그 의미가 바뀌고 말았다.

셋째, 1950년 6월 25일 북한의 남침으로 전쟁이 발발했고 한민족은 동서 양진영의 이념 전쟁의 희생물로 전락했다. 동족상잔의 전쟁으로 인한 감정의 앙금은 남·북을 지구상 최후의 분단 국가로 남게 만든 또 하나의 요인으로 작용하고 있는 것이다. (1993. 7)

최후의 분단국 2
분단의 고착화

　6·25 전쟁은 민족 내부에 좀처럼 화합할 수 없는 깊은 골을 남기고 말았으며 외세의 개입으로 한반도를 국제적 대결의 장으로 만들었다. 북한의 김일성 정권, 남쪽의 대한민국으로 확실히 갈라졌으며, 이념적으로는 사회주의와 자유민주주의 대결의 최전선이 된 것이다. 또 38도선이었던 것이 전쟁 후에는 휴전선으로 변했다.

　1950년대 후반부터 1980년대 후반까지 약 35년간은 전혀 변할 수 없는 분단과 대결의 고착 상태라 생각된다. 그 기간 동안에 남과 북은 각종 접촉과 대화를 통하여 통일을 전제로 상호 교류를 시도했으나, 근본적으로 분단 상태를 해소시킬 수 없는 상황에서 그 시도들은 일종의 정치적 외교 수단 또는 내부적인 홍보 수단에 지나지 않았다고 해도 과언이 아니다. 이 기간에 한반도 주변 상황은 미, 소, 중, 일 4강이 직간접적으로 작용, 힘의 균형 상태를 이루며 남과 북의 대결 배후에 존재하고 있었다. 이와 같은 상황에서 남북 당사자간의 어떠한 변화가 가능하다고 가정하여도 외부의 강력한 이념 전쟁의 최전선에서 변화를 시도한다는 것 자체가 거의 불가능에 가까운 것이었음을 인정할 수밖에 없다.

  그러나 역사는 반드시 흘러서 변하기 마련이다. 외견상으로는 고착·정체된 상태였으나 내적인 변화의 추구는 결코 중단되지 않고 진행되었다.

  북한은 6·25 이후 국력을 재결집하고 자신들의 통일 전략에 따라 군비와 전력 강화에 집중했다. 이를 위하여 중화학, 기계 공업을 중점 육성했고, 무력 침략을 위한 국민의 사상 무장에 심혈을 기울임과 동시에 전국민을 전시 동원 체제로 전환하는데 역점을 두었다. 북한은 초기에 이미 많은 성과를 거두어 단시일내에 국력을 재정비할 수 있었다. 물론 이의 달성에는 소련과 중국의 직간접적인 조력이 큰 역할을 했다. 소련과 중국의 지원은 세계 이데올로기 전쟁의 최전선 역할을 북한이 담당한 데 대한 보상적 성격이 짙었으며 김일성 북한 정권과의 상호 역학적인 관계 유지 차원에서 이루어졌다고 보아야 한다.

  남쪽의 대한민국 역시 미국의 보호하에 재건을 위해 노력했으나 이승만 정권의 부패와 미숙한 자유민주주의 체제하에서의 통제력 미흡 등으로 계속되는 정치 혼란을 맞았다. 이로 인해 남한은 북한에 비하여 여러 가지 면에서 뒤떨어진 상태였다. 그러나 5·16 이후 강력한 국가 통제력의 행사로 제반 여건이 본궤도에 오르게 되었고 1962년부터 실시된 경제개발계획이 실효를 거두어 괄목할 만한 발전을 이루었다. 이 역시 미국의 군사 보호와 자유 우방의 호의적인 경제 협조하에 가능한 일이었다. 그들의 도움 역시 한반도가 이데올로기 전쟁에서 자유 진영의 최전선 역할을 맡은 데 대한 보상적인 도움이었다고 볼 수 있다.

  이상과 같은 한반도의 특수성 때문에 세계 열강이 남북의 대결장에 힘을 집결시키게 되고 이로 인하여 우리들의 의지와는 전혀 동떨어진 방향으로 한민족의 운명이 전개되어 온 것이다.

　북한은 전후 강력한 통제에 의한 경제 정책이 실효를 거두어 단시간에 피해를 복구하는 데는 성공했으나 과다한 국방비 지출로 일반 국민 생활을 소홀히 함으로써 점차 국가 경제 전체의 불균형 상태가 심화되었다. 대외 교역의 감소, 많은 외채 등으로 국내 자급자족의 경제 체제도 점차 무너져 심각한 재정난과 수급 불균형 상태로 어려움을 겪고 있다.

　김일성의 고령화에 따른 정권 계승을 위한 조치가 김일성, 김정일로 이어지는 부자 세습의 형태로 전개되어 국제 사회에서 비난과 지탄을 받기에 이르렀다. 현재 북한은 국제 사회에서 여러모로 불리한 위치에 놓여 있으며 대내적으로는 반대 세력의 제거 혹은 무마 등에 국력을 낭비하는 악순환을 되풀이하고 있다.

　그러나 세계 정세의 변화에 발맞춰 한반도에도 서서히 변화의 바람이 불어 오고 있다. (1993. 8)

해빙
사회주의의 붕괴

　1917년 10월 레닌에 의한 사회주의 혁명 이후 소련은 날로 강대한 국가로 치닫게 된다. 칼 마르크스로부터 레닌으로 이어지는 공산주의 이론과 현실 적용은 사회주의 유토피아 건설에 대한 세계인들의 절대 공감대가 형성되었기 때문에 가능했으며, 산업혁명 후의 자본주의 급팽창 과정에서 오는 각종 모순이 노출되는 시기와 맞물리면서 더욱 상승 효과를 발휘했다.

　그러나 사회주의의 종주국인 소련은 스탈린으로 통치권이 계승되면서 본래의 순수 이론적인 사회주의의 약점을 보완한다는 명분하에 강력한 통제 국가를 지향했다. 군비 확장, 사회 통제 기구(KGB) 강화 등을 통하여 소련은 자국의 정권 유지 차원을 넘어 전세계 공산화라는 야욕 달성을 위해 전력투구하기에 이른다.

　이러한 과정에서 반대 세력의 제거를 위한 스탈린 개인 숭배라는 모순을 범하며, 1970~80년대의 침체기를 통하여 사회주의 본래 이론이 매우 왜곡되었다. 과다한 군사비(GNP의 40퍼센트) 지출에 따른 민생 경제의 침체, 각종 통제와 제재 조치에 의한 국민의 사기 저하,

당 관료화에서 오는 조직 사회의 부패 등이 겹쳐 점차 국민 총생산량은 한계에 도달하고 자유 진영과의 경쟁은 점차 균형을 잃었다. 이러한 현상은 1980년대 초에 들어서면서 두드러진다. 세계 도처에서 진행되던 공산화 전쟁이 정체 혹은 후퇴의 기미를 보이기 시작한 것이다. 아프가니스탄 침공 실패, 동남아 공산화 실패 등이 그 실례이다.

1980년대 후반기에 들어서면서 사회주의는 자체 모순을 제거하지 않으면 더 유지될 수 없는 상태에 이른다. 결국 자본주의 진영의 급속한 성장에 대응하지 못하고 힘의 균형이 깨진 것이다. 이러한 현상은 사회주의와 자본주의의 양극 대립에서 현실을 무시한 사회주의의 패배를 의미한다.

이런 시점에서 고르바초프의 등장은 새로운 공산 사회주의 건설의 시도를 의미하나 이미 탄성 한계를 지난 상태에서 원상 회복이나 발전은 불가능한 일이었다. 최후의 몸부림으로 고르바초프는 1987년부터 페레스트로이카(개혁)과 글라스노스트(개방)를 부르짖으며 사회주의 체제에 자본주의의 근간인 시장 경제 체제를 접목시키려 시도한다. 그러나 이미 수십 년간 타성에 젖은 그들의 사고 방식과 생활 습성이 일조일석에 변화될 수는 없었다.

소련은 사회주의 종주국으로서 그 위치를 유지할 수 없는 상태에 이르고 만다. 결국 고르바초프는 무너지기 시작한다. 사회주의 종주국의 최고자가 바티칸국을 방문함으로써 세계를 놀라게 했고, 9년간의 긴 세월 동안 1만여 명의 희생자를 낸 아프가니스탄 침공 실패는 소련의 기진맥진한 상태를 말해 주었다.

1989년 초 소련은 아프가니스탄에서 철수하고, 고르바초프는 드디어 미국과 경쟁을 포기하고 협조 체제 유지를 희망한다. 이와 때를 같이하여 철의 장막에 갇혀 꼼짝 못 하던 동유럽의 여러 나라들은 제각기 목소리를 높이며 변화를 위한 몸부림을 치기 시작했다. 고르바초프는 동유럽 국가들에 대해 불간섭을 선언한다. 또한 고르바초프는 무거운 짐이 되어 버린 공산 블록의 국가들을 떨어 버리듯이 베트남에서는 캄보디아를, 쿠바에서는 앙골라를 각각 떠나도록 촉구한다. 여기에 동독의 호데커, 체코의 밀로스야케스, 불가리아의 토도르 지브코프, 루마니아의 차우세스코와 같은 동유럽 지도자들의 지원을 거부하기에 이르렀으며, 이로 인해 공산권에 역도미노 현상이 일어나고 말았다. 베를린 장벽의 붕괴로 동독이 무너지고 폴란드, 헝가리, 불가리아, 체코슬로바키아, 루마니아 등이 1989년 한 해에 차례로 사회주의를 포기하고 급기야 소련 자체마저 연방 해체의 운명을 맞는다. 그후 고르바초프 실각, 옐친 등장으로 완전 해체의 위기는 면했지만 독립을 쟁취한 각 연방 국가들은 제각기 민족주의, 자유 민주주의화를 위하여 몸부림치고 있음이 현실이다.

　역도미노 현상은 중국 대륙에까지 영향을 미쳐 1989년 고르바초프의 중국 방문을 계기로 자유화 물결이 일어났으나 소위 천안문 사태라는 강경 조치로 중단되었다. 그러나 중국은 원래 동유럽 국가들과는 달리 완전 공산화를 할 수 없었던 뿌리 깊은 역사 때문에 비교적 쉽게 자유 시장 경제 체제의 접목으로 충격을 완화할 수 있었다. 중국은 상당 수준의 개방과 자유 시장 경제 도입을 이루어 그나마 중국식 공산 체제를 유지하고 있다. 현재 중국이 우리 나라와 정식으로 국교를 수립하고 경제 교류를 하고 있음은 예전에는 상상할 수 없었던 대변화라 할 수 있다. 이 역시 무너지는 공산 체제 유지를 위한 과도기적인 형태라 해도 틀리지 않을 것이다.

　자유 진영과 공산 진영의 이데올로기 냉전 시대는 1989년 말을 기하여 종말을 고하고 세계에서 가장 고약한 변형 사회주의 국가로 북한과 쿠바만이 남았다. 마치 6·25 전쟁 후 패잔 공산군이 지리산에 숨어 최후의 항전을 전개하는 격이다. 거대한 세계 역사의 흐름은 거

역할 수 없으며 거역하는 자체가 어리석다는 것을 북한도 잘 알고 있을 것이다. 그들은 진퇴양난의 어려운 처지에서 체제 유지를 위한 최후 수단인 군사력에 의지하고 있다. 그러기에 배불리 먹지도 못하는 주제에 핵 문제로 온 세계의 이목을 집중시키는 것이리라.

 이웃 중국과 대만도 악수를 하는데 북한만큼은 저질러 놓은 죄가 너무 커 악수조차 할 수 없는 슬픈 지경에 처해 있다. 그러나 '닭의 목을 비틀어도 새벽은 온다' 라는 말이 새삼 생각난다. (1993. 9)

통일로 가는 길 1
6·25에 즈음하여

며칠 지나면 6·25 기념일이다. 매해 이날이 오면 나이 먹은 기성세대들에게는 수십 년 전의 기억이 마치 엊그제의 일처럼 새삼 느껴지고 그때의 악몽들이 주마등처럼 뇌리를 스치고 지나간다. 그후의 이런저런 일들을 생각하면서 세상이 변해도 너무 빨리 또 많이도 변했구나 하는 사실을 새삼 깨닫는다.

내가 6·25를 맞은 것은 십대 소년 시절이었으니까 그저 세상일의 심각성도 제대로 알지 못하고 매일 철없이 개구장이 노릇만 하던 때였다고 기억된다. 물론 해방 전에 초등학교에 입학하여 식민지 교육을 받았던 기억이 있으니 세상사의 어려움과 국가를 잃은 서러움 같은 것을 당시에도 어느 정도는 감지하고 있었으리라 짐작된다. 그러나 세상을 평면적으로 보고 느꼈던 기억밖에는 없다. 다만 그후 철이 들어 이런저런 이야기들을 듣고 그때 기억을 대입시켜 당시의 어른들이 얼마나 어려운 환경에서 살았을까 하고 느껴 보는 것이다.

이와 같은 나의 경험으로 미루어 볼 때 전후 세대인 지금의 젊은이들에게 전혀 보도 듣도 못한 과거의 실태를 이렇다 저렇다 아무리 이야기하여도 그들로서는 감히 상상조차 힘들 것이라고 짐작할 수 있다. 그렇다고 기성 세대가 무관심하게 세상 되는 대로 수수방관만 하기에는 우리의 여건이 매우 좋지 않다. 휴전을 맞이하고, 그 동안 남과 북의 군사적인 균형이 어느 정도 유지된 덕분에 우리 경제가 발전할 수 있었다. 이제는 88올림픽도 성공적으로 치르고 선진국 대열에 곧 진입할 수 있다고 보는 것은 우리들만의 견해가 아니다. 세계 대부분의 국가들이 인정하고 있다고 본다.

걱정스러운 점은 지금의 젊은 세대가 과거의 어려웠던 우리의 처지를 피부로 전혀 느껴 보지 못하고 현재의 상태에서 사회적인 제반 상황을 판단하고 행동에 옮긴다는 사실이다. 지금 우리의 상황은 휴전의 상태이고 남과 북이 항상 전쟁의 재발 가능성 속에서 서로 감시하고 경계하는 실정이다. 이러한 상태가 1953년 휴전 협정 이후 36년이란 긴 세월 동안 큰 탈 없이 지속되었기 때문에 마치 평화스런 상황인 것처럼 착각하고 있는 것이다. 진정한 의미로 볼 때 역시 휴전 상태이지 평화 상태가 아님을 깊이 인식하여야 한다. 그런데 지금 우리의 사회는 무엇인가 잘못 되어도 보통 잘못 된 것이 아니다.

예컨대 북한의 주장, 주의를 비판 없이 받아들이고 심지어는 김일성의 주체사상까지 추종하고 있다. 그런 행위가 민족과 국가를 위하여 애국하는 것이라 생각하는 일부 운동권 학생들과 재야 세력이 상존하고 있다. 이것이 얼마나 무섭고 불행한 사태를 초래할 수 있는가를 분명히 인식해야 한다. 피비린내 나는 전쟁의 현장을 목격한 사람으로서 다시는 그런 비극이 일어나지 않도록 미력하나마 일익을 담당해야 한다는 사명감마저 갖게 된다.

지금 우리가 처한 상황을 직시하고 행동의 정확한 반경을 지킴으로써 세계 속의 대한민국으로 우뚝 서야 할 것이다. 이를 위해서는 첫째로 무분별, 무비판적으로 북한의 주의, 주장을 수용하여 국론을 분열시키는 이적 행위는 절대 배격하고 국민 총화 체제를 확고히 해야 한다. 둘째, 전쟁 재발을 막을 수 있는 힘의 균형 상태를 반드시 유지해야 한다. 셋째, 국제 사회에서 우리의 평화 유지를 위한 다각적인 외교 활동을 펼쳐야 한다. 넷째, 경제의 지속적인 발전으로 국가의 역량을 키워야 한다. 다섯째, 이런 모든 사항들의 합리적이고 원활한 실현을 위하여 국가를 운영하는 정치권과 제도권의 획기적인 발전이 요구된다.

어떠한 경우에도 다시는 피비린내 나는 동족상잔의 전쟁이 있어서는 안 된다. 평화적인 통일을 이룩하여 우리 조상이 물려준 영광스러운 조국을 재건하고 세계 속에서 한민족의 기상을 재현하도록 우리 모두 정성과 노력을 모아야 한다. 거듭 우리 나라의 현재 위치를 정확히 파악하고 북한의 실체가 무엇인가를 알며 우리의 주의, 주장을 확고히 하여 평화 통일의 염원이 이루어질 때까지 검소하고, 유보하고, 용서하는 마음가짐으로 꾸준히 노력해야 한다. 그렇게 할 때 비로소 진정한 승리가 우리를 향해 미소지을 것이다. (1989. 7)

통일로 가는 길 2
사회주의에 대하여

사회주의 이론은 독일의 칼 마르크스(Karl Marx, 1818~83)에 의하여 정립되었고, 엥겔스(Friedrich Engels, 1820~95), 레닌(Vladimir Ilich Lenin, 1870~1924) 등의 손을 거쳐 구체적인 보완 작업이 이루어졌다. 그후 실제적인 사회주의 국가의 형성은 이들의 이론에 입각해서 자국의 여건에 부합되도록 적절히 보완하는 과정을 통해 진행되었다.

사회주의 이론을 제대로 이해하려면 철학적인 사상과 용어, 논리 전개 방법 등에 익숙해야 하기 때문에 어려움이 있는 것이 사실이다. 다만, 최근의 사회 문제로 등장한 운동권의 주의 주장과 김일성 주체사상의 근원과 그 맥락은 어디에서 찾아야 하며, 과연 우리 젊은 세대가 무비판적으로 받아들여 마치 자기들의 것인 양 주장하는 내용들이 우리의 현실에 얼마나 큰 위해 요소가 되는가를 알아보기 위해 개략적인 사회주의 이론과 실체를 살펴보고자 한다.

마르크스가 사회주의 이론을 전개하게 된 동기는 당시의 사회 여건을 검토함으로써 쉽게 이해할 수 있다. 당시는 산업혁명 이후 봉건 농업 사회(군주 봉건 사회)에서 공업 사회, 식민지 사회로 전환되는 시점이었다. 이때 사회의 산업 구조는 농업에서 공업, 상업을 위주로 하는 근대 산업 체제로 변화하고 있었다. 이러한 과정에서 자본주의적 부의 편중, 근로 노동자의 상대적인 빈곤 현상이 두드러지게 나타났다. 이처럼 부익부 빈익빈의 사회로 급속도로 치닫는 데 반해 정치적으로는 돌변하는 사태에 대처할 역량과 제도가 미흡했다. 이러한 제반 사회 상황이 소수 부유 계층과 연계된 군주국가 체제의 붕괴를 초래하고 근대 사회 체제로 전환하는 계기가 되었다.

이에 즈음하여 마르크스는 소위 공산 이론을 전개했던 것이다. 변증법적 유물론이 바로 그의 이론의 핵심이다. 변증법적 유물론이란 한마디로 세계의 역사는 보다 나은 방향으로 발전한다는 대전제하에 그 과정을 변증법적으로 전개, 설명한 이론이다. 사회적인 어떤 형태의 문제를 정명제라 칭하고 그와 반대되는 형태의 문제를 반명제라 칭하면, 그 두 명제가 역사의 흐름에 따라 상호 모순을 제거하여 어떠한 합리적인 형태의 현상으로 발전하게 된다. 이 발전된 상태를 다시 합명제라 하며 이 합명제는 변화되는 사회 속에서 또 다른 하나의 정명제로 정의되고, 여기에 따라 반명제가 성립되고 앞서와 같은 과정을 거쳐 또 다른 합명제에 도달한다는 것이다. 이것이 바로 정(正) · 반(反) · 합(合)의 변천 과정을 설명하는 변증법적인 분석 틀이라 하겠다.

마르크스는 사회의 변천 과정을 이와 같이 설명하면서 물질적인 측면에 치중했다. 곧 모든 것을 물질에 의하여 유추해 나가는 유물론을 주장한다. 유물론의 골자는 우리를 둘러싸고 있는 물질 세계 즉 자연이 사회적, 정치적, 종교적, 철학적 세계를 결정한다고 보고 사회 현상을 경제의 변화 과정으로 설명하는 것이다.

마르크스는 또한 사회 현상을 유산 계급인 부르주아와 무산 계급인 프롤레타리아 사이의 대립과 투쟁 관계로 설명한다. 부르주아 계급은 생산 수단을 통제하여 많은 이익을 내고 실제 노동은 프롤레타리아 계급이 제공한다고 했다. 따라서 소수의 부르주아 계급은 착취하는 계급이요, 다수의 프롤레타리아 계급은 착취당하는 계급이라고 설명했다. 그는 이러한 모순을 제거하기 위한 수단을 투쟁이라 보았고 또 필연적으로 따르는 혁명이라는 과정을 통하여 프롤레타리아 독재 체제의 구축을 예견했다. 모든 계급이 점차 프롤레타리아화한다면 정부가 필요치 않은 유토피아적인 공산 사회가 된다는 것이다. 다시 말해서, 공산주의란 사회주의가 완성된 인류 역사 최후의 단계인데, 사람들은 계급이 소멸하고 생산력이 극도로 확대된 이상 사회에서 의욕에 따라 일하고 필요한 만큼 소비할 수 있게 된다는 것이다. 공산주의 사회는 구체적으로 다음과 같은 특징을 지닌다고 했다.

① 수행한 노동에 비례한 것이 아닌 필요에 따른 소득의 분배
② 계급 부재
③ 국가의 소멸
④ 고생산성과 풍요
⑤ 격려를 하지 않아도 열심히 일하는 높은 사회주의 의식
⑥ 평등의 실현
⑦ 금전 분배
⑧ 통제 경제
⑨ 자유스럽고 평등한 생산자협회에 의해 운영되는 경제
⑩ 직업간 격차의 소멸, 도시·농촌 사회의 구분 해소
⑪ 각 개인의 균형된 육체와 정신 노동
⑫ 체제의 체계화

이상과 같은 마르크스 이론의 골간을 더욱 실천적인 형태로 보완한 사람이 러시아의 레닌이다. 그는 프롤레타리아 독재 체제의 원활한 관리 통제를 위하여 당 개념(공산당)을 도입하고, 실제 1917년의 혁명을 통하여 러시아를 공산당 지배하의 국가로 만드는 데 이론적, 실천적으로 기여한 인물이다.
　마르크스, 레닌의 이론적 바탕 위에서 소련, 중국 기타 동유럽 국가들이 속속 공산당이 지배하는 공산 블록의 국가로 등장했다. 이에 반하여 미국, 영국 등 서양 제국은 자본주의 체제를 취했다. 그밖의 국가들은 중도적인 입장에서 여러 가지 형태의 중립국으로 존재하고 있다. 2차 세계대전 이후 동(사회주의), 서(자본주의) 양대 진영으로 체제가 대립하게 되었고, 특히 우리 나라는 불행히도 해방 후 남북이 분단되어 동, 서 블록의 대립 현장으로 바뀌었다. 그 결과 6·25 사변이라는 동족상잔의 이념 전쟁을 치르면서 남북은 쉽게 화합할 수 없는 깊은 골을 남기고 말았다.
　마르크스의 애초 이론대로라면 벌써 자본주의 체제는 자체의 모순에 의하여 붕괴하고 전세계가 공산화되었어야 하며 기존의 공산 국가들은 유토피아적인 국가로 탈바꿈했을 것이다. 그러나 그렇지 못한 것이 현실이다. 다시 말해서 마르크스의 이론은 세상 인간사의 전체를 수용하기에는 너무나 미흡했다. 자본주의 이론 역시 마찬가지이다. 따라서 동, 서 양측 모두 자체의 모순을 점차 수정하여 현재에 이르고 있다.
　고르바초프의 페레스트로이카(개혁) 정책이 언제부터 싹텄는가를 밝힌 글을 읽은 적이 있다. 그 글에 의하면 고르바초프는 당의 농업 담당 지도원으로 근무하던 젊은 시절에 소련 농민들보다 재소 한인들의 생활 상태가 더 나은 점을 발견하고 사회주의 개혁의 필요성을 절감했다고 한다. 재소 한인들을 살펴보니 그들은 협동농장에서 일을 마치고 남은 시간에 텃밭(본인 임의로 경작, 수확하고 처분, 소유할 수 있는 땅)에서 열심히 일하는 것이었고 텃밭의 수확량이 협동농장의 단위 면적당 수확량과 비교할 수 없을 정도로 월등했다. 여기서 고르바초프는 인간의 본원적인 소유욕, 자기 성취욕 등의 소중함을 깨달았던 것이다.

오늘날 사회주의 국가들이 공통적으로 겪는 고민은 바로 생산성의 저하에서 오는 경제난, 사회주의 관리를 위한 신종 계급의 형성 등의 자기 모순이다. 소련, 중국, 동유럽 국가들 모두 예외가 없다.

이른바 자유화의 물결은 도처에서 흘러 넘치는데, 우리의 북녘땅은 김일성 주체사상이란 것으로 무장되어 폐쇄 사회를 고수하고 있다. 과연 세계사적 흐름에도 불구하고 북녘땅은 그대로 존속될 수 있을 것인가. 남한 혁명을 위한 단말마적 발악은 언제까지 계속될 것인가. 그것을 지켜보는 마음은 안타까울 따름이다. (1989. 8)

통일로 가는 길 3
북한 공산주의에 대하여

　북한 공산주의의 형성 과정은 러시아나 동유럽 국가들의 경우와는 매우 다르다. 러시아와 동유럽 사회주의 국가들의 형성 과정은 나라마다 상이한 여건은 있으나 대부분 마르크스, 엥겔스의 사회주의 이론에 부합하는 사회적 여건이 어느 정도 형성된 상태에서 진행되었다고 볼 수 있다. 그러나 북한 공산주의는 이와는 전혀 상관없는 2차 세계대전의 산물이다.

　당시 한반도는 일본의 식민 지배하에 있었고 한민족은 모두가 피압박 민족으로서 식민지 농업 사회였다. 다만 한민족의 독립 쟁취를 위한 항일 투쟁 과정에서 피압박 민족의 서러움과 경제적 착취에서 오는 반일 감정 등이 마치 마르크스 이론의 계급 투쟁과 유사한 것으로 해석되면서 당시 독립 운동 세력에 사회주의 사상이 유입되었다. 특히 북만주, 소련 국경 지대에서 항일 활동을 전개하던 독립운동가들 사이에 민족주의를 표방한 형태의 사회주의 사상이 지지를 얻었다.

　한반도에서 공산주의자들의 표면적인 등장은 1945년 8월 제2차대전 종결 직전에 대일 선전포고를 한 소련군의 제25군 병력이 한반도에 진입한 것이 그 시초이다. 소련군은 8월 22일 평양에 진주했고 8월 말까지 38도선 이북 전역을 장악했다. 이때 소련의 의도는 점령지역에 친소 공산 정권을 수립하는 것이었다. 이에 따라 당시 스탈린은 소련 외무부 추천 인물인 박헌영을 제치고 친소파인 김일성을 내정하여 북한에 파견했다. 이 같은 결정이 내려진 것은 당시 점령 지역의 부르주아 민족주의자에게 감염되었을 우려가 있는 토착 사회주의자(박헌영)보다 철저하게 훈련된 스탈린주의자(김일성)가 임무 수행에 효과적이라는 판단 때문이었다고 한다.

이처럼 오늘날의 북한 정권은 사회주의 혁명 과정을 통해 형성된 것이 아니라 소련 당국에 의해 만들어진 정권인 것이다. 그러나 당시 북한의 실정은 소련군 비호하의 김일성이라 할지라도 갑자기 공산화하기에는 여러 가지 장애 요인이 있었다. 민족주의자인 조만식 선생이 이끄는 평남건국준비위원회, 토착 사회주의자인 현준혁 중심의 조선공산당 평남지구위원회와 그밖의 많은 기독교 종교 세력 등 절대 다수의 반대 세력을 의식한 김일성은 소련 정부의 지원하에 공산화 3단계 과정을 진행했다.

제1단계는 연립의 단계로 사회주의 세력과 민족주의 세력이 연합하여 각각 16:16 동수의 위원(실제로는 2명을 포섭하여 18:14)으로 평남인민정치위원회를 만들었다. 또 민족주의 진영에 대한 파괴 공작으로 1945년 11월 3일 조만식 선생을 당수로 하는 조선민주당을 창당케 하고 골수 사회주의자인 최용건을 부당수, 김책을 서기장 겸 정치부장에 임명, 실권을 장악케 하여 서서히 민족주의와 반대 세력의 제거 작업에 착수했다. 이 과정이 바로 전형적인 공산 혁명의 전략 전술 중 하나로 다수의 반대 세력을 격파하기 위한 연립, 연합, 연방, 합작을 표방하는 단계이다.

제2단계로 김일성은 사이비 연립 단계로 전환하여 5도행정국(이북

5도 행정을 장악하는 기구)을 조직하고 위원장에 조만식 선생을 선출, 이북 주민의 단결을 도모하는 작업에 성공한다. 조만식 선생을 제거할 기회를 노리던 중 1945년 12월에 이르러 때마침 모스크바 삼상회의에서 결정된 신탁 통치안을 거부한다는 명목으로 조만식 선생을 감금한다. 뒤이어 본격적인 민족 세력의 와해 공작과 사회주의 세력의 확장을 시도했으며 김일성을 위원장으로 하는 북조선임시인민위원회를 만들고 5도행정국을 폐쇄시켰다. 바로 이 북조선임시인민위원회가 훗날 조선민주주의 인민공화국의 모태가 된다.

제3단계인 통일 전선 단계는 북조선임시인민위원회를 조선공산당 북조선분국으로 개편한 후 1945년 12월 17일 제3차확대회의에서 북조선공산당으로 명칭을 변경하고 당의 책임비서로 김일성을 선출하면서 시작된다. 이 단계에서 이북에 존재하는 각 정당과 단체를 공산당에 흡수, 편입하여 1948년 9월 9일 드디어 조선민주주의 인민공화국이 탄생한다. 이때 북조선노동당은 남조선노동당과 합세하여 조선노동당으로 출범했으며, 위원장에 김일성, 부위원장에 박헌영을 선출한다. 김일성은 드디어 당과 행정 조직 모두를 실질적으로 장악하기에 이른다. 이상에서 본 바와 같이 김일성은 소련의 지원하에 3단계 전략, 전술에 의하여 북한노동당과 조선민주주의 인민공화국을 탄생시켰으며, 지금과 같은 김일성 독재 체제의 구축을 위해 수많은 반대 세력을 무자비하게 숙청했던 것이다. 이러한 전체 과정은 대략 4기로 분류한다. 제1기(1945~58): 김일성 권력 형성기, 제2기(1959~65): 김일성 유일 체제 구축기, 제3기(1966~72): 김일성 유일 체제 강화기, 제4기(1973~현재): 권력 세습화기로 나누어 볼 수 있다. 각 시기별로 진행된 내용을 자세히 살펴보자.

제1기 김일성 권력 형성기

앞에서도 언급했지만 김일성은 소련 점령군 보호하에 당·정의 주도권을 장악하고 남조선 혁명을 구실로 공산당의 세력 기반을 확장하기까지 수많은 단계를 거쳤다.

1945년 9월 당시 위협적인 존재였던 토착 사회주의자인 현준혁을 암살, 제거했다. 1946년 2월에는 조만식 선생을 평양의 고려호텔에 감금함과 동시에 민족주의 세력을 와해시켰고, 1953년 6·25 전쟁의 패인을 남로당 출신인 박헌영에게 전가, 숙청했다. 이때 김일성은 다음과 같은 주장으로 남로당 일원을 숙청했다고 한다. "박헌영은 남조선에 20만 당원이 있다고 했다. 그런데 막상 남조선에 내려가 보니 20만 당원은 없었다. 단 천 명만이라도 부산에서 파업을 벌였더라면 정세는 달라졌을 것이다." 결국 김일성은 이 말로써 스스로 남침했음을 시인한 셈이다.

김일성은 중공업 위주의 경제 정책을 강행하여 중공업 부분은 상당한 성과를 거두었으나 상대적으로 경공업, 농업 분야에 소홀함으로써 북조선 주민들의 실제 생활은 상당히 어려워졌다. 이에 따라 주민들 사이에서 불평의 소리가 나오기 시작했다. 때를 맞추어 김일성은 자신의 중공업 중시 정책과 장기 독재화 조짐 등에 불만을 표시하던 연안파(김두봉), 소련파(박창옥) 등이 자신을 제거하려는 계획을 사전에 간파하고 그들을 숙청해 버렸다. 이처럼 김일성은 정치, 경제, 사회적으로 독재의 기반을 구축했으나 그 과정에서 적대 세력, 토지나 재산을 빼앗긴 계층의 불만 등을 없애기 위해 각종 수단을 동원했음을 알 수 있다.

제2기 김일성 유일 체제 구축기

김일성은 1인 독재 체제를 구축한 후에 그 뿌리를 확고히 내리는 작업을 시작했다. 이것이 바로 김일성 유일 체제 구축이다.

북한 노동당은 마르크스, 레닌주의를 창조적으로 적용하면서 수정주의와 교조주의를 배격하고 여기에 항일 혁명 전통을 접목시켰다. 김일성의 항일 투쟁을 영광스런 혁명 전통으로 묘사, 강조함으로써 유일 독재 체제의 명분으로 삼았던 것이다. 김일성의 과거 신분, 활동 상황 등 개인 경력을 철저히 조작했고 당내 반대 세력도 모두 수정주의, 교조주의 세력으로 몰아 숙청했다. 표면적으로는 프롤레타리아 독재를 표방했지만 실제로는 김일성 1인 독재 체제로 변질되고 만 것이다.

또 북한 주민의 성분을 분석하여 핵심 계층, 동요 계층, 적대 계층으로 구분했다. 특히 적대 계층에 속하는 월남자 가족, 종교인 가족, 지주, 숙청자 가족 등은 해안선에서 20km 내륙, 대도시에서 50km 이격된 촌락에 각각 분산, 이주시키고 인민반회의, 5호담당제 등을 조직, 철저히 감시했다. 농민의 지지를 얻으려고 청산리지도방법을 창안, 농민들의 사회주의적 집단 생활과 당에 무조건 복종하는 자세를 강제했다.

아울러 이때부터 김일성 우상화 작업을 시작했는데 스탈린, 모택동과는 비교도 되지 않을 정도로 철저를 기하였다. 김일성을 인민의 태양, 백두의 별, 백두산 정기를 타고난 신적인 존재 등으로 묘사, 신격화했다. 그럼에도 불구하고 불만 계층은 상존했고 뿌리 깊은 유교 사상에 젖은 농민들을 철저하게 교화시키기에는 역부족이었다. 따라서 상당한 반발 의식이 실제 행동으로 나타난 사례도 상당히 많았다고 한다.

제3기 김일성 유일 체제 강화기

김일성 체제에 대한 불평 세력은 당내에서도 싹트고 있었다. 구체적인 예로 1967년 김일성 계열내의 갑산파 숙청을 들 수 있다. 이 사건은 군사력 우위를 주장하는 군부와 경제 발전을 우선시하는 당내 경제 전문가들의 대결에서 김일성이 군부를 두둔하여 경제파인 갑산파를 숙청한 일이다. 이 사건으로 제거된 인물 중에는 박금철(정치위 상무위원), 이효순(대남공작 총책) 등이 있으며, 반대로 득세한 군부 세력 중에는 최현, 오진우 등이 포함된다. 1969년에는 군부 내 파벌 대립으로 비김일성 계열인 김창봉(인민무력부장), 허봉학(군총정치국장), 최광(군참모장) 같은 거물들이 숙청되었다.

이처럼 당과 군부내의 불평불만 요소는 과감한 숙청을 통하여 사전에 제거함과 동시에 믿을 수 있는 족벌 인사를 등용, 중책에 둠으로써 족벌 체제의 강화가 곧 유일 체제의 확립으로 직결되게 했다. 현재에도 활동중인 박성철, 허담 등이 모두 김일성의 인척에 속한다.

장기간을 통한 부단한 숙청, 반복되는 교육, 감시 등을 통하여 김일성 유일 체제는 우상화와 함께 거의 확고하게 자리를 잡는다.

제4기 권력 세습화기

김일성은 성공적으로 독재 유일 체제를 구축했음에도 불구하고 나이 60을 넘기면서는 사후의 대책까지 강구한다. 이는 스탈린, 모택동의 격하 과정을 목격한 후 비롯된 발상이라 하겠다. 김일성은 이전에 형성되어 있던 군부내의 충성스런 추종 세력과 족벌 세력을 바탕으로 자신의 큰아들인 김정일을 후계자로 등장시키기 위한 작업에 착수한다.

김정일의 후계자 결정은 1973년 9월 당 제5기 7차전원회의에서 거론, 결정되었다. 그 후속 조치로 3대혁명소조를 창설하여 젊은 층을 주축으로 김정일 지지 기반을 확충하고자 했다. 그 한 예로 1973년 2월 김일성은 3대혁명소조의 투쟁 대상으로 나태해진 원로 당원들의 보수주의, 관료주의, 경험주의를 비롯한 낡은 사상을 지목했다. 이 때문에 많은 중견 이상의 원로 간부들이 숙청되는 일대 변혁이 일어나 중국의 홍위병사건(1966~67)을 방불케 하는 사태로 진전되었다. 또한 1975년 국가정치보위부를 신설, 김정일 세습 체제 구축에 방해되는 요인을 제거하는 임무를 수행케 했다. 국가정치보위부는 3대혁명소조와 더불어 김정일 후계 체제 구축에 총력을 기울였고 현재 북한의 후계 체제는 거의 완성 단계에 들어갔다는 것이 일반적인 관측이다.

북한 공산당 집권 과정과 김일성 독재 체제의 구축, 나아가 우상화, 김정일 세습 체제 등으로 미루어 볼 때 북한을 과연 정통성 있는 사회주의 국가라고 할 수 있을까? 이러한 모순투성이의 사이비 사회주의 국가가 아직도 우리의 북쪽에 도사리고 있으면서 자유화와 개방의 물결에도 문을 굳게 닫고 버티는 것은 과연 무엇 때문일까? 아직도 호시탐탐 남한에 대한 적화 야욕을 불태우고 있는 김일성의 정체는 과연 무엇일까? 여기에 우리는 어떻게 대처해 나갈 것인가? 이런 의문들이 꼬리에 꼬리를 물고 떠오른다. (1989. 9)

통일로 가는 길 4
김일성 주체사상에 대하여

　현재 북한의 통치 이념인 '주체사상'이란 무엇인가? 최근 운동권 학생들이 주체사상 운운하여 물의를 빚고 있는데, 그들이 과연 주체사상의 실체를 알고 있는지 의아스럽다. 김일성 주체사상이란 어떤 독창적인 사상이 아니라 기존의 공산주의 이론의 여러 부분에서 인용되어 만들어진 것이기 때문에 오랜 세월 동안 전개되어 온 공산주의 이론을 잘 알아야 비로소 그 실체에 접근할 수 있다.

　북한은 주체사상의 기원을 1930년대 이전의 항일 투쟁 초기로 주장하고 있으나 증명할 수 있는 기록이나 행적은 전혀 없다. 주체사상의 시초는 1955년 12월 28일 당선전선동원대회에서 '당 사상 사업에서의 주체'를 주장한 연설에서 비롯되었다고 보는 것이 통설이다. 대내적으로는 휴전 후에 표면화된 국내파, 연안파, 소련파와의 당권 투쟁에서 김일성 자신의 권력을 강화하려는 전략상의 요청에 따라, 대외적으로는 흐루시초프의 스탈린 비판, 중·소 분쟁, 공산권의 대분열에 이르는 국제 사회주의권내의 상황 변화에 대처하기 위해서 '주체'의 문제를 제기한 것이다.

북한은 1955년부터 1966년에 걸쳐 사상의 주체, 경제의 자립, 정치에서의 자주, 국방에서의 자위 등 4가지 골자로 이론을 정립했다. 1967년에 이르러 그 이론을 혁명과 건설에 견지해야 할 지도 원칙으로 정했는데, 이때부터 비로소 주체사상이 유일 사상 체계로서 공식화되기 시작했다.

주체사상의 4대 원칙을 주장하게 된 배경과 그 내용을 간단히 살펴보자.

사상에서의 주체

김일성은 1966년 10월 18일 당중앙위원회 조직지도부와 선전선동부에 대해 '당 사업에서 형식주의와 관료주의를 없애며 일꾼들을 혁명화한 데 대하여'라는 제목의 연설을 했다. 이 연설에서 김일성은 사람들을 혁명화한다는 것은 사람들의 머릿속에서 부르주아 사상을 제거하고 사회주의 사상 의식을 높여 사회주의 혁명가로 만드는 것이라 규정했다.

결국 사상에서의 주체라는 원칙은 북한 주민들을 공산 혁명에 모든 것을 바치는 사회주의적 인간으로 개조하기 위한 수단이 되어 버린다.

정치에서의 자주

주변 대국들의 내정 간섭에서 벗어나 모든 정책과 노선을 자주적으로 결정, 관철하여 독자성을 견지하자는 내용이다. 그러나 실상은 북한 내부의 권력 투쟁과 중·소 이념 분쟁의 와중에서 김일성이 생존의 길을 찾기 위해 주창한 것이다.

경제에서의 자립

사회주의 국가로서 자립을 이루고 민족 경제를 건설하는 것이 정치적 자주의 기초가 된다는 생각에서 나온 원칙이다. 1956년 12월 11일 당중앙위원회 전원회의에서 김일성이 행한 연설을 통해 처음으로 제창되었다. 당시 북한은 소련 블록 국가들로부터 거액의 경제 지원을 받는 데 실패, 경제 정책의 일대 전환이 필요한 시점이었다. 김일성의 자립 경제 발상은 1935년 모택동이 부르짖은 '자력 갱생의 정신'과 유사하다. 그 실천 방안으로 1958년부터 시작된 '천리마 운동' 역시 중국의 '사회주의 총노선'과 '대약진 운동'을 모방했다.

이 원칙은 전후 경제 복구를 위한 외국 원조의 기회를 놓치고 자력으로 갱생해야 했던 김일성의 입장을 정당화하기 위한 방편이었다.

국방에서의 자위

1962년 12월 10일 당중앙위원회 전원회의에서 김일성은 어떠한 외부의 침략에도 자체의 힘으로 국가와 국민을 보위하고 혁명을 계속 발전시킬 수 있도록 국방력을 강화해야 한다고 강조했다. 이때 국방의 자위 원칙으로 제시한 것이 전군의 간부화, 군 장비의 현대화, 전주민의 무장화, 전지역의 요새화 등 이른바 4대 군사 노선이다.

당시 김일성이 국방력 강화를 주장한 배경에는 1962년 소련 군사 원조의 중단, 1962년 10월 쿠바 사태 때 소련이 보인 투항주의적 태도, 1962년 남한에 등장한 군사 혁명 정부의 반공 노선 강화 등의 요인이 자리하고 있다.

이러한 내용의 주체사상이 북한 공산당의 통치 이념으로 공식화된 것은 1967년 12월 16일 최고인민회의 제4기 1차회의에서였다. 김일성은 '국가 활동의 모든 분야에서 자주, 자립, 자위의 혁명 정신을 더욱 철저히 구현하자'라는 기조 연설을 통해 다음과 같은 내용으로 당의 통치 이념을 밝혔다. "공화국 정부는 우리 당의 주체사상을 모든 부문에 걸쳐 훌륭히 구현함으로써 나라의 정치적 자주성을 공고히 하고 우리 민족의 완전한 통일 독립과 번영을 보장할 수 있는 자립적 민족 경제의 토대를 튼튼히 하며 자체의 힘으로 조국의 안전을 믿음직하게 보위할 수 있도록 나라의 방위력을 강화하기 위한 자주, 자립, 자위 노선을 철저히 관철할 것이다. 우리 당의 주체사상은 우리의 혁명과 건설을 성공적으로 수행하기 위한 가장 정확한 마르크스 레닌주의적 지도 사상이며 공화국 정부 모든 정책과 활동의 확고부동한 지침이다."

또한 1970년 11월 제5차 당대회의 당규약에서 마르크스 레닌주의와 함께 주체사상을 당의 공식 이데올로기로 채택한 북한의 '사회주의 헌법'은 "조선민주주의 인민공화국은 마르크스, 레닌주의를 우리나라의 현실에 창조적으로 적용한 조선노동당의 주체사상을 자기 활동의 지도적 지침으로 삼는다"고 규정하였다. 이렇듯 김일성 주체사상은 북한의 지도 이념으로 확고히 자리하고 있는 것이다.

북한측이 지금까지 주체사상을 통해 주장해 온 자주, 자립, 자위 원칙은 물론 독립된 주권 국가의 필수적인 요소임에 틀림없다. 그러나 겉으로는 아무리 좋은 주장이나 이론일지라도 과연 뒤에 숨어 있는 진정한 내용이 무엇인가 하는 점을 간과해서는 안 된다. 김일성 주체사상은 프롤레타리아 혁명을 통한 프롤레타리아의 독재가 아니라 김일성 1인 독재의 수단, 더 나아가 김정일에 이르는 부자 세습의 명분으로 사용되고 있다는 무서운 사실을 직시해야 한다.

인간의 진정한 자유를 모르고 사는 북녘 동포들에게 연민의 정을 느끼지 않을 수 없다. 그런데 더욱 안타까운 것은 이 같은 내부 사정을 모른 채 주체사상의 겉만 보고 흥분하며 좋아하는 일부 운동권 학생들이다. 그들 모두가 김일성 주체사상의 본질을 하루빨리 깨닫기를 간절히 바라는 마음이다. (1989. 10)

통일로 가는 길 5
북한의 통일 방안

　북한이 남북 통일을 실현하기 위해 첫번째로 시도한 것은 바로 6·25 전쟁이다. 이 시도는 물론 실패로 끝났지만 북한은 여전히 무력에 의한 통일 야욕을 버리지 않고 있다.
　그럼에도 불구하고 북한은 국제적인 이목과 국내 정치적인 이유 때문에 표면적으로는 평화 통일의 목소리를 낮추지 않고 있다.
　북한이 최근 우리 정부에 제의한 '고려민주연방공화국통일방안'은 지난 1980년 10월 10일 조선노동당 제6차대회에서 김일성이 제창했던 것이다. 그러나 사실은 1960년 북한이 주장했던 남북연방제를 수정한 것에 불과하다.
　북한이 주장한 '고려민주연방공화국통일방안'의 내용을 살펴보자.

　1. 전제 조건
　① 조국의 자주적 평화통일을 이룩하기 위하여 남한의 '사회주의 민주화'를 실현해야 한다. 남한에서 반공법과 국가보안법을 폐지하여야 한다.
　② 군사정권을 청산하고 '민주주의적인 정권'으로 교체하여야 한다.

③ 북한과 미국 간에 '평화협정'이 체결되고 주한미군은 완전히 철수해야 한다. 그리고 미국은 '조선 내정의 간섭'을 중지하여야 한다.

2. 연방제 통일

① 북과 남이 서로 상대방에 존재하는 사상과 제도를 그대로 인정하고 용납하는 기초 위에 북과 남이 동등하게 참가하는 민족통일정부를 수립하고 그 밑에 북과 남이 같은 권한과 임무를 지니고 각각 지방자치제를 실시하는 연방공화국을 창립하여 조국을 통일하여야 한다.

② 북과 남이 같은 수의 대표들과 적당 수의 해외 동포들로 '최고민족연방회의'를 조직, 북과 남의 지역정부를 지도한다.

③ 연방국가의 국호는 통일국가의 이름을 살리고 민주주의를 지향하는 정치 이념을 반영하여 '고려민주연방공화국'으로 한다.

3. '고려민주연방공화국' 수립 후에 실시할 '십대시정방침'
① 자주성 견지
② 민주주의 및 민족 대단결 지향
③ 남북 경제 교류 및 합작
④ 남북간의 과학, 문화, 교육 교류 및 통일적 발전
⑤ 남북간의 교통체신수단의 이용 보장
⑥ 전체 인민의 생활안정 복리증진
⑦ 군사적 대치 상태 해소, 민족 연합군대 조직, 쌍방 군대 축소
⑧ 해외 동포들의 민족적 권리 보장
⑨ 두 지역정부의 대외 활동 조정, 공동 보조
⑩ 대외 관계에서 전민족을 유일적으로 대표, 비동맹, 중립 노선 견지, 한반도 평화 지대화

언뜻 보아도 우리 정부로서는 도저히 수용할 수 없는 전제 조건들을 나열하고 있음을 알 수 있다. 우리 정부가 받아들이지 못할 것을 뻔히 알면서도 북한은 왜 이런 제의를 해 왔을까? 그것은 아마도 대외적인 선전 효과를 노리는 동시에 대내적으로는 조국 통일 문제를 김일성 자신이 주도하고 있다는 점을 드러내려는 의도 때문일 것이다.

북한의 주장이 얼마나 허구적인가를 보자.

첫째, '고려연방국' 또는 '고려민주연방공화국' 등 그럴듯한 용어를 사용하여 통일 지향적이라는 인상을 주려고 애쓰고 있으나 보편적으로 알려진 '연방(Federation)'을 말하는 것인지 아니면 '국가연합(Confederation)'을 말하는 것인지 그 개념과 내용이 애매모호하다. 실제로 북한은 우리말로는 '연방' 운운하면서 영어로는 'Confederation(국가연합)'이란 표현을 사용하고 있다. 북한은 대내적으로는 일견 통일 지향적인 '연방'을 사용함으로써 민족적 통일 염원에 편승하고, 대외적으로는 평화 공존을 표방한 '국가연합'을 사용하여 합리성과 현실성을 추구하는 국제 여론에 영합하고 있는 것이다.

둘째, 북한은 연방제 실현의 전제 조건으로 ① 대한민국 정부의 타도 및 용공 정권 수립, ② 남한의 이른바 통일혁명당을 비롯한 공산당의 합법화, ③ 대한민국을 제외한 미국, 북한 간 평화협정 체결 및 주한미군 철수 등을 내걸고 있다. 그러나 이 조건들은 현실적으로 도저히 받아들일 수 없는 것들이다. 또 다른 6·25 남침을 기도하고 있음이 명백하다고 할 것이다.

셋째, '십대시정방침'의 세부 내용들은 현실성 없는 고려민주연방공화국통일방안을 합리화하고 미화하기 위한 것에 지나지 않는다.

넷째, 김일성은 이른바 연방국가의 통일 정부 기구로서 '최고민족

연방회의'와 '연방상설위원회' 설치를 주장하고 이를 통해 "남북의 지역정부를 주도하며 나라와 민족의 통일적 발전을 이룩하기 위하여 노력하여야 한다"고 주장했다. 그러나 북한은 1972년 7월 4일 역사적인 남북공동성명(7·4 공동성명) 제6항의 명문 조항에 의거하여 설치된 남북조절위원회 운영을 일방적으로 중단시켰으면서도 그에 대해서는 일언반구도 없다. 전혀 이치에 맞지 않는 일이다.

결론적으로 북한은 온 겨레의 염원인 통일 문제를 김일성 세습 체제를 공고히 하기 위한 수단으로 여기고 있다. 그들은 평화 통일을 내세워 자신들의 무력 통일 야욕을 위장하려 한다. 이 어찌 전민족을 기만하는 행위가 아니겠는가. 진정으로 민족의 통일을 염원한다면 서로가 만나 허심탄회한 대화를 나누고, 분단 45년 동안 쌓여 온 문제를 쉬운 것부터 해결해 나가려는 자세를 보여야 마땅하다.

(1989. 11)

통일로 가는 길 6
우리의 통일 노력

지금까지 남한과 북한은 모두 여러 차례에 걸쳐 각각의 '통일방안'을 발표하여 왔으나 현실적으로 양쪽 모두가 수용 가능한 방법을 찾기란 매우 어려운 일로 여겨진다. 여기에는 내적, 외적 요인이 개입되어 있다.

내적 요인으로는 첫째, 남과 북이 이념적으로 정반대인 자유민주주의와 사회주의 체제에 의한 이데올로기적 대립이라는 점, 둘째, 이러한 정치적 환경에서 형성된 남북한 권력층의 정권 유지 차원의 상반된 견해와 주장, 셋째, 오랫동안 서로 다른 체제에서 교육받고 생활한 데서 오는 이질감 등을 들 수 있다. 또한 외적 요인으로는 첫째, 동·서 강대국 사이에 위치한 지정학적 불리함, 둘째, 6·25를 통해 비롯된 감정의 앙금과 각각의 군사적 동맹 관계, 셋째, 이데올로기 분쟁의 첨단에서 대리전의 양상을 띠고 있는 점, 넷째, 서로 다른 경제권에서 형성된 국제 관계와 기술적 협력 관계의 유지 필요성과 경제적인 이해 관계 등이 있다.

이러한 내적, 외적 요인과 또 다른 여러 장애 요소들 때문에 아무리 서로의 통일 방안이 합리적이라고 주장하여도 그 실효성이 의심스러울 수밖에 없는 것이 엄연한 현실이다.

그럼에도 우리의 통일 노력은 분단 이후 지금까지 중단된 적이 없다. 대표적인 예로는 1972년의 7·4 공동성명, 1982년 제5공화국의 민족화합민주통일방안, 그리고 1989년 제6공화국의 한민족공동체 통일방안 등을 꼽을 수 있다.

7·4 공동성명 이전의 노력

1971년 8월 대한적십자사는 남북 이산 가족의 인간적 고통을 덜어주기 위한 남북적십자회담을 제의했다. 북한이 이를 수락함으로써 8월 20일 판문점 중립국 감시위원회 사무실에서 처음으로 남북의 만남이 실현되었다. 그후 예비 회담 및 실무자 회담이 거듭되어 1972년 8월 제25차 회담까지 지속되었다.

적십자 정신에 입각하여 '이산 가족 찾기 운동'과 '재회'의 주선 등이 주요 논의 사항이었다. 이와 같은 접촉이 진행되는 가운데 막후 교섭으로 1972년 5월 이후락 중앙정보부장과 북한의 부수상 박성철이 각각 북한과 남한을 비밀리에 방문하기도 했다. 이 방문의 성과로 1972년 7월 4일 오전 10시에 남과 북이 동시에 이른바 7·4 공동성명을 발표하기에 이른다.

7·4 공동성명

다음은 7·4 공동성명의 주요 내용이다.

1. 쌍방은 다음과 같은 조국 통일 원칙에 합의를 보았다.
첫째, 통일은 외세에 의존하거나 외세의 간섭을 받음 없이 자주적으로 해결하여야 한다.

둘째, 통일은 서로 상대방을 반대하는 무력 행사에 의거하지 않고 평화적 방법으로 실현하여야 한다.

셋째, 사상과 이념, 제도의 차이를 초월하여 우선 하나의 민족으로서 민족적 대단결을 도모한다.

2. 쌍방은 남북 사이의 긴장 상태를 완화하고 신뢰의 분위기를 조성하기 위하여 서로 상대방을 중상 비방하지 않으며 크고 작은 것을 막론하고 무장 도발을 하지 않으며 불의의 군사적 충돌 사고를 방지하기 위한 적극적인 조치를 취하기를 합의했다.

3. 쌍방은 끊어졌던 민족적 연계를 회복하며 서로의 이해를 증진시키고 자주적 평화 통일을 촉진시키기 위하여 남북 사이에 다방면적인 제반 교류를 실시하기로 합의했다.

4. 쌍방은 지금 온 민족의 거대한 기대 속에 진행하고 있는 남북적십자회담이 하루빨리 성사되도록 적극 협조하는 데 합의한다.

5. 쌍방은 돌발적 군사 사고를 방지하고 남북 사이에 제기되는 문제들을 직접 신속, 정확하게 처리하기 위하여 서울과 평양 사이에 상설 직통 전화를 놓기로 합의했다.

6. 쌍방은 이러한 합의 사항을 추진시킴과 함께 남북 사이의 제반 문제를 개선, 해결하며 또 합의된 조국 통일 원칙에 기초하여 나라의 통일 문제를 해결할 목적으로 이후락 부장과 김영주 부장을 공동위원장으로 하는 남북조절위원회를 구성, 운영하기로 합의한다.

7. 쌍방은 이상의 합의 사항이 조국 통일을 일일천추(一日千秋)로 갈망하는 온 겨레의 한결같은 염원에 부합된다고 확신하면서 이 합의 사항을 성실히 이행할 것을 온 민족 앞에 엄숙히 약속한다.

7·4 공동성명이 발표되면서 남북의 대화는 분단 후 처음으로 적극성을 띠었다. 진행중이던 적십자회담은 보다 활발해졌으며 또한 남

북조절위원회를 통한 정치적인 회담 역시 진전을 보게 되었다.

1970년대 초반에 들어 이처럼 남북간의 대화가 활성화된 배경에는 나름의 이유가 있었다. 6·25 전란 후 남북은 모두 폐허 상태로 경제·정치 모두 위기에 처했다. 북한은 체제의 특성상 강력한 통제력으로 비교적 단시간 내에 복구가 가능했다. 경제적으로도 초기에 성공을 거두어 대남 우위를 점하고 있었으므로 항상 대남 선전 공세를 늦추지 않았다. 어찌 보면 대남 교란을 위한 전략상 남북 협상을 먼저 원했다고도 할 수 있다.

반면 남한은 4·19 혁명 이후 일련의 정치적 혼란 속에서 경제적인 문제는 해결할 엄두도 내지 못했다. 그러나 1961년 5·16 이후에는 강력한 정부의 통제로 문란했던 사회 질서를 바로잡았고, 1, 2차 경제개발 5개년계획을 성공리에 진행시킴으로서 비약적인 발전을 거듭했다. 1970년대 초반에는 모든 분야에서 대북 우위를 자신하게 됨으로써 남북 대화를 먼저 제의하기에 이른다. 그런데 북한 역시 대남 우위인 입장이라고 여기고 있었으므로 서로의 입장과 이해 관계가 잘 맞아떨어진 셈이다.

대화의 중단

7·4 공동성명 이후 본회의 추진을 위한 3차례의 공동위원장회의가 평양과 서울에서 개최되었고, 이를 통하여 남북조절위원회 본회의가 1972년부터 이듬해에 걸쳐 서울과 평양으로 장소를 바꿔 가며 두 차례 열렸다. 또한 남북적십자 본회담도 모두 일곱 번 개최되었다. 당시 논의된 내용은 이산 가족의 상봉 문제를 포함해 정치, 경제, 사회, 군사, 문화 등 넓은 범위에 걸쳐 있었다.

그러나 북한은 1973년 8월 28일 평양방송을 통하여 남북조절위원회 평양측 위원장 김영주의 명의로 남북대화를 중단한다는 성명을 발표했다. 그 표면적 이유는 당시 일본 동경에서 발생한 김대중 씨 납치 사건과 관련하여 "평화 통일을 주장하는 애국적 민주 인사를 탄압하고 있기 때문"이라고 밝혔다. 또 "남조선 중앙정보부 깡패와 마주앉아 대화할 수 없다"고도 했다. 한편으로는 그 해 박정희 대통령이 발표한 6·23 평화통일 외교정책선언을 구실로 삼았다.

그러나 실제 이유는 남, 북으로 교차 방문하여 회담을 하는 동안 북한이 기대했던 북한 우위의 선전 효과를 얻기는커녕 오히려 폐쇄된 북한 사회에 남한의 자유주의 사상이 유입될까 두려웠기 때문이며, 남한의 경제력이 북한보다 우위라는 사실로 인한 견제 심리가 작용했기 때문이었다.

북한은 일방적으로 대화 중단을 선언하고 나서 내외의 비난 여론을 의식했음인지 8·28 성명을 통하여 언제든지 대화 재개의 용의가 있다며 또 다른 전제 조건을 내걸었다. 이로써 모처럼의 대화의 장은 별 성과 없이 막을 내리고 말았다. 그러나 남과 북이 대화를 시작했다는 데 의의를 부여할 수 있으며, 쌍방 역시 단절된 상태에서 비교적 어두웠던 피차간의 정보를 어느 정도 현실적으로 파악했다는 데서도 그 중요성을 찾을 수 있다고 생각한다.

대화 중단 이후 지금까지

1970년대 후반에도 남북 상호간에 수많은 성명 발표가 있었고 수차례의 남북적십자 실무자 접촉은 있었으나 본회담은 개최하지 못하고 소강 상태를 이루었다. 대화의 실마리를 찾지 못한 상태에서 남한에서는 제5공화국이 탄생되어 1982년 '민족화합민주통일방안'을 발표했다. 이미 북한이 제의했던 '고려민주연방공화국통일방안'에 대한 우리측 입장이었던 것이다.

여기서 우리는 1979년 10월 박정희 대통령 서거 후 1980년 제5공화국이 탄생되는 불안한 정치 상황에서 북한이 갑자기 적극적인 대남 대화를 재개하려 의도적으로 노력했었다는 사실에 유념할 필요가 있다. 북한은 1979년 12월 모스크바 올림픽 남북단일팀 구성을 위한 체육회담을 제의했는가 하면, 일방적으로 단절했던 남북 직통 전화를 1980년 2월에 재개통시키기도 했다. 이는 말할 것도 없이 남한의 불안한 정국을 이용하고자 하는 속셈이었다. 그후 남한이 정치적인 안정을 되찾자 북한은 다시 본래의 소극적인 태도로 일관했음은 물론이다.

  이러한 북한의 태도와는 관계없이 남한만이라도 지속적인 통일 노력을 기울여야 할 것이다. 다행히 우리의 통일 노력은 제6공화국에 와서도 이어지고 있으니, 1989년 9월 자주·평화·민주를 3대 원칙으로 하는 '한민족공동체통일방안'을 새로이 제의하고 북한측의 반응을 기다리고 있는 것이다. (1989. 12)

통일로 가는 길 7
통일을 준비하는 생활

냉전 체제의 붕괴는 한반도에도 국제적 역학 관계의 변화를 가져왔다. 냉전 시대에 한반도의 역학 관계는 북한을 내세운 러시아·중국 세력과 남한을 내세운 미국·일본의 세력 대립을 의미하는 것이었다.

그러나 최근 우리 나라와 러시아, 중국 사이에 국교가 수립되었고 상호 경제 협력도 가능해졌다. 북한 역시 일본, 미국과의 관계를 다각적으로 개선해 나가고 있다. 이 같은 현상은 한반도 분단 상황에 대한 국제 열강들의 이해 관계 상충이 다소나마 완화되었음을 시사하는 것으로 볼 수 있다. 이제 한반도 통일에서 보다 중요한 요인은 외부가 아니라 남북 상호간의 관계에 있다는 것이다.

그 동안 남한과 북한 정부는 각각 나름의 통일 방안들을 제시해 왔으나 모두 어느 한쪽의 수용 불가 입장을 재확인했을 뿐이다. 다만 상호 대화를 위한 수단으로서의 역할은 인정할 수 있을 것이다.

이른바 결자해지(結者解之)의 원칙에 따른다면 미·러 양국이 강제적으로 남북을 통일시키는 방법이 있을 텐데, 이 방법은 현실적으로 설득력이 없다. 양자간 협상을 통하여 해결하는 방법도 생각할 수 있으나 한반도 주변 여건과 남북 당사자간의 입장으로 보아 개연성이 적다. 현재로서 실현 가능성이 있는 방법은 한쪽의 힘에 의한 흡수 합병으로 보아야 할 것 같다. 이에 해당하는 전례로 베트남(무력)과 독일(경제력)이 있다.

한반도의 경우에는 아무래도 독일과 같은 경제력에 의한 합병을 상정하는 것이 합당할 것으로 판단된다. 이때 합병의 절대 요소는 독일의 경우처럼 경제력의 우열이 명확해야 한다는 점이다.

물론 경제력에 의한 통일 과정에서 동유럽의 공산 국가였던 알바니아, 루마니아의 경우와 같은 무력 전쟁이 발발해서는 안 된다. 북한도 어쩌면 국제 사회에서 고립되는 위기가 점차 다가오고 있음을 감지하고 최후의 무력 항전을 벼르고 있는지도 모른다. 남한과의 대화와 접촉을 가급적 피하고 핵 개발에 매달리는 것을 보면 섬뜩한 느낌마저 든다.

또한 통일 후 독일이 치른 것과 같은 고통을 최소화하는 방안을 미리 강구해야 한다. 통일은 언제 어떤 형태로 이루어질 것이라고 쉽게 예측할 수 없는 복잡한 문제이기 때문이다.

우리에게도 통일은 반드시 이루어질 것이다. 그러나 예측할 수 없는 양상으로 이루어질 가능성이 크다. 따라서 국민 모두가 하루하루의 생활에서 늘 통일을 준비해야 한다는 것이다. (1993. 10)

평양, 1999년 겨울
통일의 봄을 위하여

1. 평양으로 가는 가깝고도 먼 길

서울에서 육로로 출발하여 개성, 사리원을 거쳐 평양까지는 자동차로 3시간 이내의 거리이다. 서울에서 대전까지의 거리보다 조금 더 먼 정도에 불과하다. 그런데 우리 일행은 평양을 방문하기 위하여 서울을 항공편으로 출발, 북경에 도착하여 북경 주재 북한대사관에 평양 입국비자 발급을 신청하고 하루를 보내고서야 평양행 비행기를 탈 수 있었다. 육로로 3시간밖에 걸리지 않는 평양을, 비행기를 타고 중국을 거쳐 이틀만에야 간다는 것 자체가 얼마나 불편한 일인가. 그것도 누구나가 다 갈 수 있는 것이 아님에랴!

나는 20세기를 보내는 마지막 시기인 1999년 12월 18일부터 25일까지 북한을 방문할 수 있는 기회를 부여받았다. MBC 주관하에 평양에서 개최되는 남북통일음악제에 남측 일행 중 한 사람으로 참석하는 행운을 얻었던 것이다. 일행은 10여 명의 지원팀과 30여 명의 연예인팀으로 구성되었고, 지원팀에는 각계 각층 인사들이 포함되어 있었다. 통일음악제를 개최하는 이유는 남북간의 교류 협력을 통하여 불신을 해소하고 평화적 분위기를 조성하여 민족의 숙원인 통일을 앞당기기 위한 것이었다. 통일음악제는 남한의 요청을 북한이 수락함으로써 이루어졌다. 그러나 북한이 남한과의 관계를 유지함에 있어 당국간의 대화와 접촉은 기피하고, 관변 단체를 통하여 남한의 민간 단체와의 접촉으로 이와 같은 행사를 성사시키는 것은 그들이 현재 당면한 국제적인 위치에서 생존 전략적 차원의 실리 추구 행위라고 보여진다. 현재 북한은 남한과의 체제 경쟁에서 여러 측면에서 불리한 위치에 처해 있는 것이 사실이다. 특히 경제적인 측면에서 격차가 너무 많이 벌어져 있고, 공산권 붕괴 이후 국제 무대에서 고립된 위치에 처해 있다. 이러한 난관을 돌파하고 체제를 유지하기 위하여 남한 당국과는 대화와 교류를 거부하면서 미국을 위시한 서방 국가들과 관계 개선을 위하여 여러 가지 방법으로 외교 전술을 전개하고 있다. 그러나 한편으로 북한은 간접적인 방법으로 남한과 교류 협력함으로써 실리와 명분을 찾기 위한 노력도 병행하고 있다. 그들이 이번 통일민족음악축제를 허락한 것도 이와 같은 그들의 입장을 반영한 것이라 볼 수 있다.

우리 일행은 수차례 일정을 변경하면서 북한의 승인을 기다리다가 12월 17일 김포공항을 출발할 수 있었다. 아시아나 항공편으로 북경공항에 도착한 것은 현지 시각으로 오후 1시가 조금 넘은 때였다. 오후 2시쯤에는 북경 시내의 호텔(Kempinski)에 도착하여 하루 일정을 보내게 되었다. 한정된 시간 내에 북경의 수많은 유적들을 관람할 수는 없어 우리 일행은 자동차로 천안문 광장을 둘러보게 되었다. 나는 개인적으로 북경을 두 번 방문할 기회가 있었으므로 다른 유적지들을 방문할 필요는 없었으나, 나머지 초행길의 일행들은 대단히 아쉽게 생각하였다. 1999년은 모택동이 지휘하는 중국 공산당이 중국 대류을 석권하고 북경에 공산 정권을 수립한 지 만 50주년이 되는 해였다. 북경은 공산 정권 수립 50주년을 기념하기 위하여 온 시내가 축제 분위기였다. 건물마다 각종 전기 장치를 화려하게 하여 아름다운 야경을 연출하였다. 몇 년 전의 초라했던 북경 거리, 그리고 그후 자전거로 뒤덮였던 북경의 거리는 지금 자동차의 물결로 바뀌어 있었다. 어둡고 초라했던 거리의 풍경들이 밝고 웅장한 현대 도시로 탈바꿈하여 우리 앞에 나타난 것은 바로 그간 중국이 얼마나 경제적으로 발전하였는가를 웅변으로 말해 주는 것이었다. 참으로 놀라운 변화였으며 시장 경제의 선택과 개혁·개방의 효과가 사회주의 정치 체제와 접목됨으로써 발전 효과를 배가시켰다고 볼 수 있다. 세계의 석학들이 21세기의 멀지 않은 장래에 중국이 세계에서 가장 큰 영향력을 행사하는 국가로 성장할 것이라는 예측을 하고 있다. 지금 눈앞에 변화된 모습으로 나타난 중국의 현실이 그것을 수긍하도록 하였다.

일행 중 몇몇 사람은 북경에서의 짧은 시간이 아쉬워 야경을 더 구경하기로 하고, 나머지 일행은 한국의 단란주점과 비슷한 주점을 찾았다. 주점은 많은 손님들로 붐비고 있었다. 손님들의 자유분방한 태도로 보아 중국은 이미 '사회주의 공산국가가 아니다'라고 생각하게끔 실제적으로 변화하였다는 것을 확인할 수 있었다.

대단한 놀라움으로 북경의 하룻밤을 보내고 다음날 아침 일찍 호텔을 출발하여 오전 10시경에 북경공항에 도착했다. 까다로운 수속을 마치고 12시 30분경에 고려민항 152호기에 탑승할 수 있었다. 그러나 우리 일행 중 세 사람이 북한 입국비자를 받지 못하여 북경에 남게 되었다. 왜 세 사람의 입국이 거절되었는가는 확실치 않으나, 그들의 신분이 정치인(국회의원), 종교인(스님), 은행 임원 등이었던 점으로 미루어 그들이 입국하여 일어날 수 있는 조그마한 말썽의 소지를 고려한 듯했다. 그러나 명시적인 이유 없이 입국을 거절당했음에도 불구하고 한마디의 해명조차 들을 수 없었다.

  우리 일행은 기내에 탑승하여 2시간 정도 대기해야 했다. 출발이 지연되는 것에 대한 기내 안내는 전혀 없었다. 다만 러시아 승객이 늦게 탑승하는 것으로 보아 여객 연결 관계인 것 같았다. 그도 그럴 것이 북경과 평양간 항공편은 주 2회 뿐이어서 항공기가 지연 도착되어 그들 승객들을 기다리는 것 같았다. 고려민항은 북한의 유일한 민간 항공사로서 국제간 노선을 취항하고 있다. 그런데 기내의 설비가 낡아서 퇴색되어 있었고, 스피커를 통해서는 행진곡풍의 정치 색채를 띤 음악이 방송되었다. 기내의 모든 표시는 한글로 되어 있었다. 예를 들어 'Fasten your seatbelt'는 '박띠를 매세요'라고, 'No smoking'은 '담배를 피우지 마세요'라고 표기되어 있었다. 기내 승무원(복무원)은 모두 6명 정도였다. 여승무원은 매우 친절하였고, 화장기가 전혀 없었으며 건강해 보였다. 기내 서비스는 각종 북한제 음료수와 맥주였으며, 기내식으로는 플라스틱 통 안의 밥, 삶은 고기, 빵, 잘게 썬 햄 등이 나왔다. 추운 날씨임에도 불구하고 기내식은 전혀 온기가 없는 차가운 상태로 나왔다. 아마 기내에는 음식 히팅 시스템(Heating system)이 없는 것 같았다. 그러나 음식맛은 비교적 좋은 편이었다. 이날 기내 손님은 대부분 남한 사람(통일음악회 인원과 경수로 건설 교대 요원)이었고, 나머지는 러시아 사람과 중국 사람 몇몇, 그리고 북한 사람이었다.

  오후 4시 30분경에 평양 순안비행장에 도착하였다. 공항에는 우리 일행을 영접하기 위하여 강종훈 아태평화위원회 서기장과 몇몇의 북한 안내원들이 나와 있었다. 그날 오후 평양의 기온은 영하 16도 정도의 추운 날씨였고 어둠이 내리기 시작하고 있었다. 공항 주변은 청사 건물로 보이는 작은 시설물 하나를 제외하고는 별다른 건물이 보이지 않았으며 삭막한 분위기였다. 비행기 활주로는 하나만 제설 작업이 되어 있었고, 나머지는 흰눈으로 뒤덮여 있었다. 평양의 비행장은 이곳 순안 비행장 하나만 있으므로 국내와 국제 공항으로 이용하고 있는 터였다. 드디어 비행기가 주기장에 도착하여 트랩을 내려 100여 미터 떨어진 청사까지 도보로 이동하였다.

　공항 청사는 시설의 규모나 기능으로 보아 남한의 지방 국내선 공항 정도였다. 청사 내부가 매우 협소하여 짐을 찾고 통관 수속을 하는 것이 매우 혼잡하고 시간이 걸렸다. 통관 절차 역시 매우 까다로웠다. 모든 절차가 협소한 공간에서 이루어지기 때문에 시간이 더 지체될 수밖에 없었으며, 입국 수속을 하는 장소도 한 창구밖에 없어서 더욱더 혼잡을 이루었다. 공항내 각 분야에 복무하고 있는 인원은 모두 군인과 같은 제복을 착용하였는데 설비와 기능보다 더 많은 인원이 배치되어 있다고 느껴졌다. 예를 들어 화물 이동 콘베이어 시스템이 매우 짧았음에도 불구하고 그곳에 제복을 입은 여복무원이 네 명이나 근무하고 있었으며, 각 창구에도 여러 명의 근무 요원이 배치되어 있었다. 이미 밖은 어두워져 공항 청사에는 전기가 들어와 있었으나 조명이 매우 어두웠다. 직감적으로 전력 사정이 좋지 않음을 느낄 수 있었다. 또한 공항내에는 난방이 전혀 이루어지지 않아 실내가 매우 추웠다.

　우리 일행은 모든 수속을 마치고 청사 밖에 대기해 있던 버스에 승차했으며, 3~4명의 안내원이 버스에 동승하였다. 버스가 공항을 출발할 때 오후 6시 30분을 지나고 있었다. 공항 주변에는 칠흑 같은 어둠이 깔려 있었다. 버스는 공항을 빠져나와 평양시로 향하였다. 차창 밖으로 보이는 것은 어둠 뿐이고 가로등은 모두 꺼져 있었다. 간간이 차창으로 희미한 불빛이 보이기도 했지만 건물들의 윤곽은 전혀 알아볼 수가 없었다. 평양 시내까지 약 30분 거리였는데 한두 대의 승용차를 만났을 뿐 거리에 통행하는 차량은 없었다.

우리 일행은 북한 안내원의 안내에 따라 약간 높은 언덕에 위치한 김일성 동상을 참배하였다. 동상 주변의 조명은 매우 밝아서 동상을 뚜렷하게 부각시키고 있었다. 김일성 동상에 참배를 마치고 숙소인 고려호텔로 향하였다. 고려호텔은 평양 시내에서 최고급이라고 하였는데, 44층 쌍둥이 건물로 구성된 거대한 호텔이었다. 그러나 막상 호텔에 도착해 보니 호텔은 대단히 어둡고 난방 시설이 가동되지 않는 듯 로비가 매우 추웠다. 나중에 안 사실이지만 북한에서는 전력난 때문에 가로등은 전혀 켜지 못하고 있었고, 각 아파트에도 의무적으로 한 등만으로 제한하고 있었다. 그것도 30와트 정도에 불과하기 때문에 시내의 야경은 마치 암흑 세계와 같았다. 저녁 식사는 강종훈 아태평화위원회 서기장이 호텔 3층 식당에서 주관하였다. 그는 환영사를 통하여 "새로운 2000년에는 화해·단결하여 통일의 길을 함께 열어 가자"라는 말을 하였다. 우리 일행들은 만찬이 끝나고 모두 하루 종일 추위와 지루한 대기 시간에 지쳐서 제각기 자기 방에 들어가서 휴식을 취하였다.

2. 주체사상탑과 매스게임, 그리고 전력난

12월 19일, 평양에 도착하여 이틀째 되는 날이다. 마침 일요일이기 때문에 자유스러운 하루를 기대하였으나, 오전 6시 호텔측의 모닝콜로 하루 일과가 시작되었다. 우리 일행이 평양에 도착했을 때 체류 기간 동안의 타임 스케줄을 설명받을 것으로 기대하였으나 일정표에 대한 안내원들의 언급은 전혀 없었다. 다만 아침 7시에 호텔 식당에서 아침 식사를 하고 그 자리에서 당일 일정표를 발표한다는 것

주체사상탑과 매스게임 연습 주체사상탑을 관람하고 나서 일행들과 기념 촬영을 했다(왼쪽이 필자). 뒷쪽으로 매스게임 연습을 하고 있는 북한 학생들의 모습이 보인다.

이었다. 우리는 북한 초청 기관의 관행에 대하여 알고 있었기 때문에 그들의 안내 계획에 따를 수밖에 없었다. 아침 7~8시까지 호텔 3층 식당에서 간단한 한식으로 아침 식사을 끝내고 9시에 호텔을 출발하여 오전 일정에 들어갔다.

맨 처음 안내된 곳은 대동강변에 위치한 주체사상탑이었다. 주체사상탑은 170미터 높이의 전망대 형식으로 되어 있었다. 그날 날씨는 매우 추워 영하 10도 이하의 기온인 것 같았다. 170미터 전망대 위에서는 매서운 바람에 드러난 살갗을 바늘로 찌르는 것 같은 강추위를 느꼈다. 평양 시내와 대동강 물줄기가 굽이쳐 흐르는 모습을 한눈에 볼 수 있었다. 전망대 위는 너무 추워 오래 머물 수 없었다. 전망대 위에서 내려다보이는 대동강변 고수부지에 많은 학생들이 운집해 있었다. 우리 일행은 이렇게 추운 날씨에 무슨 일로 많은 학생들이 모였는가 궁금하기도 하여 접근하려 했으나 안내원의 제지로 학생들을 만나 볼 수가 없었다. 안내원의 설명에 의하면 12월 24일 김정숙(국모 · 김정일의 어머니) 탄신일 행사를 위하여 학생들이 매스게임 연습을 하고 있다는 것이었다. 어린 학생들이 추운 날씨에도 불구하고 얇은 운동복을 입고 대열을 지어 스피커에서 울려 나오는 음악에 맞추어 연습을 하는 모습이 안쓰럽게 여겨졌다. 우리 일행이 학생들을 내려다보고 있었으나 그들은 전혀 의식하지 않고 연습에 열중하였다.

주체사상탑에 대한 안내원의 설명을 간단히 들은 후 조선영화제작소를 향하여 출발하였다. 조선영화제작소는 평양시 외곽에 위치하고 있었는데, 75만 평의 넓은 대지에 영화 촬영에 필요한 각종 건물들로 이뤄져 있었다. 특히 옛날의 중국·조선·서양 거리들이 꾸며져 있었으며, 남한 거리는 해방 직후의 모습이었다. 또한 고려대학교 본관 건물도 거의 똑같은 형태로 축소시켜 건축해 놓았다. 그밖에 영화 촬영을 위한 여러 형태의 건물들과 자연 경관들을 조성하여 잘 유지, 보수하고 있었다. 북한의 김일성, 김정일 수뇌부가 영화 예술에 지대한 관심을 갖고 있다는 것을 짐작케 하였다. 안내원의 설명에 따르면 제작, 기술, 배우 교육, 방대한 소품 보유 등을 통하여 최고 수준의 영화를 제작한다는 것이었다. 물론 이와 같은 영화 제작물은 체제의 우월성을 국민들에게 교육, 홍보하기 위한 하나의 수단으로 매우 중요히 생각하고 있다는 점을 느낄 수 있었다.

조선영화제작소 방문을 끝으로 오전 일정을 마치고 대동강변에 위치한 옥류관에서 냉면으로 점심을 대신하였다. 옥류관은 약 5천 명 이상 동시 수용이 가능한 대형 음식점이었다. 마침 일요일인 관계로 많은 평양 시민들이 냉면을 먹기 위하여 차례를 기다리고 있었다. 또 식사를 마친 시민들은 가족 단위로 주변에서 운집하여 쉬고 있었다. 우리 일행은 처음으로 가까운 거리에서 평양 시민들을 관찰할 수 있었다. 그들의 옷차림은 남한의 1960년대 초반 모습을 연상시켰으며, 두툼한 방한복과 방한모 차림으로 미루어 거주 지역의 난방 시설이 매우 열악한 것 같았다. 얼굴은 매우 거칠고 검게 그을러 있었으며 건강한 피부 색깔이 아님을 짐작할 수 있었다. 우리 일행들이 차에서 내려 식당 입구로 이동하는 동안 그들은 가급적 우리와 접촉하지 않으려고 피하였다. 그들은 우리 일행의 화려하고 자유분방한 차림새(특히 연예인들)에 시선을 모으고 있었다. 식당 안에는 별도 좌석이 마련되어 있었다. 곧이어 나온 평양식 냉면은 가히 남한에서는 맛볼 수 없는 훌륭한 음식임이 틀림없었다.

점심이 끝나고 우리 일행들은 연예인팀과 지원팀으로 나뉘어 오후 일정에 들어갔다. 연예인팀은 통일음악제를 위한 연습차 용화예술극장으로 이동하였고, 나머지 일행은 동명왕릉과 대성백화점 방문 일정에 들어갔다. 동명왕릉에 도착한 우리 일행은 그들의 안내에 따라 왕릉을 참배하였다. 동명왕릉 주변은 전면에 정릉사(定陵寺, 왕릉 수호 사찰)가 위치하고, 정릉사는 보광전(菩光展), 극락전(極樂展), 용화전(龍華展)으로 구성되어 각각 불상을 모시고 있었다. 절에는 스님이

동명왕릉 앞에 선 필자 북한은 동명왕릉을 복원하여 잘 보전함으로써 정권의 정통성을 부각시키려 노력하고 있다.

평양, 1999년 겨울

전혀 없었는데 불상 앞에 시주함을 놓고 그곳에 참배를 하고 시주하도록 권유받았다. 정릉사를 우측으로 하고 능선을 타고 오르면 좌우측에 수호신이 배치되었고, 동명왕릉이 위치하고 있었다. 동명왕릉 뒤로 15신하릉이 배치되어 있었으며, 그 중에는 온달장군과 평강공주의 합장릉도 있었다. 그들이 동명왕릉을 복원하여 잘 보전하는 이유는 북한 정권의 정통성을 부각시키기 위한 것으로 여겨졌다.

  일행은 4시 30분경에 평양 시내에 위치한 대성백화점을 방문하였다. 이 백화점은 평양 시민이 이용하는 백화점 중에서 비교적 큰 백화점으로 매일 오전 10시에 개장하여 오후 5시에 폐장한다고 하였다. 우리 일행이 백화점에 도착했을 무렵은 어둠이 찾아들기 시작하는 시각이라 북한 주민들이 대부분 백화점을 나오고 있었다. 백화점 내부는 전혀 난방 시설을 가동하지 않아 추웠으며, 종업원들도 두터운 방한복 차림이었다. 오후 4시 30분밖에 되지 않았음에도 실내가 어두워 겨우 물건을 관찰할 수 있을 정도였다. 그나마 진열된 상품들은 너무 조잡하여 전혀 구매할 만한 상품이 없었다. 안내원들의 은근한 권유에 우리 일행들은 제각기 한두 가지씩 물건을 구입하였다. 화폐는 인민폐와 미화를 모두 사용할 수 있었으나, 판매원은 미화 구입을 권유하였다. 외곽 날씨가 매우 추운 관계로 실내 온도가 영하권으로 떨어져 이를 다소나마 보완하기 위하여 창문마다 방풍 장치를 하였으며 특히 출입문에 두터운 담요를 쳐 놓았다. 그 담요는 사람들의 출입시에 냉기를 차단하기 위한 임시 방편으로 가설된 듯하였다. 그러나 평양 시내 대형 백화점의 하나인 대성백화점의 출입문을 가설극장의 경우처럼 만들어 놓은 것은 전혀 격에 맞지 않는 모습이었다. 우리 일행이 백화점을 구경하는 데는 30분이 채 걸리지 않았으며 5시 30분이 되기 전에 모두 백화점을 나왔다. 우리 일행이 마지막 손님이었다. 오후 6시 폐장 시간을 정하지 않아도 실내가 어두워 판매 행위를 할 수가 없을 지경이었다. 북한의 에너지 위기가 얼마나 심각한가를 단적으로 보여 주고 있었다.

우리 일행은 그날 일정을 모두 마치고 호텔로 향했다. 차창 밖으로 어둠이 내리고 있었다. 길거리에는 날씨가 추운 관계로 보행자들이 드문드문 있었는데 모두들 집으로 발길을 재촉하는 듯하였다. 거리의 남자들은 대부분이 방한모를 뒤집어쓰고 있었고, 여자들은 머플러로 온 얼굴을 감싸고 있었다. 시내의 가로등은 설치되어 있었으나 모두 꺼져 있었고, 드문드문 있는 상점들도 모두 문을 닫은 것 같았다. 모처럼 쉬는 휴일 저녁의 모습을 거리에서는 찾아볼 수가 없었다. 호텔에 도착한 우리 일행은 각기 여장을 풀고 오후 7시 호텔 식당에서 한식을 들면서 북한에서 유명한 '들죽술'을 곁들여 피곤한 일정을 마무리지었다. 저녁 식사 후 우리 일행이 이용할 수 있는 편의 시설로는 지하에 노래방 시설이 있었다. 그러나 우리 일행이 부를 수 있는 노래는 〈오빠 생각〉, 〈매기의 추억〉 등 10여 곡 뿐이었다. 맥주 한잔을 곁들여 담소를 나누다 제각기 방으로 돌아갈 수밖에 없었다. 우리 일행 중 비교적 젊은 사람들 몇몇이 호텔 맞은편에 주민들이 이용하는 식당을 보고자 하였으나 안내원의 제지로 호텔 밖 출입이 금지되었다.

3. 단군묘역의 대역사와 아쉬운 통일음악제 공연

12월 20일, 우리 일행이 평양에 도착한 지 3일째 되는 날이다. 그 날도 우리 일행의 당일 일정은 전날과 같이 아침 7시에 발표되었다. 그날의 주된 일정은 오후 4시에 봉화예술극장에서 열릴 통일음악제 행사였다. 오전 9시 예술인들은 2차 리허설을 위하여 봉화예술극장으로 출발하였고, 자문단은 안내원들의 안내에 따라 단군 묘역과 지하철 관광을 하는 것으로 오전 일정이 시작되었다.

호텔을 출발하여 평양 남쪽으로 약 1시간 거리에 위치한 단군 묘역에 도착했다. 단군 묘역은 방대한 면적에 조성되어 그 규모가 마치 작은 산을 보는 것 같았다. 안내원의 설명에 의하면 최근 단군 묘지로 추정되는 묘를 발견하고 발굴한 결과, 지금으로부터 5천 년 전에 만들어진 단군 왕릉을 발견하였다고 한다. 단군 왕릉으로 추정하게 된 것은 건조된 석실의 모양, 발견된 유골들을 과학적으로 분석하여 내린 결론이라고 한다. 그리고 이 왕릉에서 단군왕과 왕비의 유골이 발견되었고 발굴된 유골을 오래 보전하기 위하여 화학적 처리를 통하여 석실에 깊숙이 보관했다고 한다. 안내원은 "위대한 김일성 수상 동지께서 민족의 역사와 전통을 만세에 전하기 위하여 이렇게 거대한 규모로 새롭게 축조하셨다"고 설명하면서 감격적인 표정을 짓고 있었다. 그러나 안내원은 우리들이 의아해 하는 표정을 느끼고 부연 설명으로 "이 지역은 지질학적으로 유골이 손상되지 않아 오래 보존할 수 있는 특수한 지층으로 형성되어 있다"라는 설명을 덧붙였다. 사실이야 어떻든 그 왕릉의 웅대한 규모로 미루어 보아 역사적 사실의 진위를 떠나 많은 돈과 오랜 시간 그리고 엄청난 인력이 동원된 대역사(大役事)였음을 짐작할 수 있었다. 궁금한 것은 왜 엄청난 국력을 낭비하면서 확실하지도 않은 단군 묘역을 조성하였는가 하는 그들의 의도였다. 추정해 보건대, 한반도가 남북으로 분열된 상태에서 그들이 늘 주장하는 대로 민족 정통성을 계승한 국가가 바로 북한이며, 북한을 다스리고 있는 김일성이야말로 단군왕을 계승한 존재임을 주장하기 위한 것으로 판단되었다. 아울러 전날 보았던 동명왕릉과 연계하여 현재 북한은 단군왕이 통치하였던 고대 조선과 그 지역에서 우리 민족을 계승한 고구려 동명왕, 그리고 김일성에 이르는 한반도 한민족의 정통성을 부각시킴과 동시에 독재 체제하에서 김일성의 위상을 한없이 드높이기 위한 목적이 있다고 여겨졌다. 우리는 단군 왕릉의 내부까지 관람할 수 있었으나 유골의 실체는 영구 보존을 위하여 공개하지 않는다는 이유로 볼 수 없었다. 왕릉의 내부 요소요소에 조명이 설치되어 있었고, 내부 석축은 매우 정교하였다. 안내원은 헌금함에 각자 성의껏 헌금하도록 권유하였다.

  단군 왕릉 참배를 마치고 평양 시내로 들어와 봉화역에서 영광역까지 한 구간의 지하철 전동차를 탑승하였다. 오전 11시 20분 봉화역에 도착하였는데 역사(驛舍)는 별로 크지 않고 소박해 보였다. 역 구내에서 승차권을 단체로 구입하여 역무원에게 제시하고 지하층으로 이동하였다. 거대한 에스컬레이터 시설이 되어 있었으며, 150미터 지하로 내려가자 비교적 넓은 정차 대기 구간 시설이 있었다. 내부는 각종 대리석으로 호화롭고 웅장하게 단장되어 매우 인상적이었다. 우리 일행이 역에 도착하여 지하로 이동하는 동안 역 주변에 많은 사람들이 붐비고 있었다. 안내원에게 그 이유를 물어 보았더니 점심 식사를 하기 위한 직장인들이며, 직장에 공동 식당이 없어 각자 집에 가서 점심을 먹는다고 했다. 대략 오전 근무가 끝나는 11시부터 오후 2시까지가 점심 시간인 듯했다. 우리 일행이 지하층으로 이동하는 하행 에스컬레이터에는 우리 일행 외에는 아무도 없었으나, 상행 에스컬레이터는 빈 공간이 없을 정도로 사람들을 가득 태우고 이동 중이었다. 우리는 마주 지나가는 북한 주민들을 관찰할 수 있었고, 북한 주민들도 우리를 계속 주시하고 있었다. 에스컬레이터가 운행되고 있는 동안 지하층에서 지상층으로 환기용 바람이 불어오고 있었는데 많은 인원들이 이동하는 기운이 코에 감지되었고, 그들의 위생 상태가 좋지 않음을 직감할 수 있었다. 승강장에 도착하자 역무원이 지하철에 관한 설명을 하였다. 역무원의 설명이 끝나자 전동차가 도착하여 일행은 전동차에 승차하였다. 우리의 탑승을 위하여 한 칸은 비워져 있었고, 다른 칸은 콩나물 시루를 연상할 만큼 많은 인원들을 수용하고 있었다. 그 많은 인원들을 어떻게 통제하여 한 칸에 태우고 운행하였는지 신기하였다. 더욱이 어떻게 역무원의 설명이 끝나자마자 전동차가 도착하여 시승할 수 있도록 시간을 조정했는지 그들의 일사불란한 통제와 안내에 내심 놀라움을 금할 수 없었다. 영광역에 도착하여 역사 밖으로 나왔을 때도 역사 주변에 많은 평양 시민들이 운집하여 있었다. 그들은 우리와 접촉하지 않으려고 일행의 진로 방향에서 물러서고 있었다. 북한 주민과 몇 마디 인사를 하고 싶었으나 안내원들의 제지로 불가능하여 대기하고 있는 버스에 승차할 수밖에 없었다.

　점심 식사는 평양에서 단고기로 유명한 안산관으로 안내되었다. 안산관은 비교적 큰 식당에 속한다고 하는데 강변에 위치하고 있었다. 식당의 내부 시설은 비교적 깨끗하고 훌륭했다. 우리 일행을 위하여 각종 부위의 단고기가 양념이 되어 제공되었으며, 마지막으로 탕이 제공되었다. 한국에서 먹었던 보신탕보다 훨씬 맛이 좋은 것 같았다. 또한 단고기를 먹지 못하는 일행을 위하여 닭고기 요리를 제공하는 세심한 배려를 엿볼 수 있었다.

　점심 식사가 끝나고, 안내원들은 전날 그들이 안내한 대성백화점에 대한 우리들의 느낌이 만족스럽지 못하였던 것으로 생각했는지 시내 중앙에 위치한 낙원백화점으로 안내하였다. 우리가 보았던 대성백화점에 비하여 비교적 깨끗하고 화려하게 보였으나, 진열된 물건들은 구입할 만한 정도가 되지 못했다. 이곳에서도 의무적으로 소량 물품을 구입하였는데 역시 그들은 우리 일행에게 달러로 구입하도록 요청하였다. 백화점 방문을 끝내고 통일음악제가 열리는 봉화예술극장에서 멀리 떨어지지 않은 모란봉 을밀대로 안내되었다. 을 밀대 주변의 경치는 겨울임에도 불구하고 매우 아름다웠다.

　우리 일행이 극장에 도착하였을 때에 관람을 위하여 동원된 인원들이 장사진을 이루고 있었다. 그들의 차림으로 볼 때 일반 노동자는 아닌 것 같았고, 평양 시내에 근무하는 기간복무요원(공무원) 같아 보였다. 그때 시각이 오후 4시가 채 되지 않았으므로 그들이 근무 시간에 모두 동원된 것으로 짐작할 수 있었다. 우리 일행은 특별 출입구를 통하여 귀빈실에 안내되었다. 음악제는 정각 4시에 시작되었다. 일행은 극장 관람석 중앙에 비워 둔 특별석으로 안내되었고, 안내되는 동안 관람석의 관중들은 우리들을 박수로 환영하였다. 통일음악제는 1부와 2부로 나뉘어 진행되었다. 1부는 남측 연예인들이, 2부는 북측 연예인들이 장식하였다. 그런데 북측의 통제로 남쪽 가수들이 준비한 곡들을 전혀 공연할 수가 없었고, 그들이 제시하는 곡들 중에서 선택하도록 강요받았다. 때문에 남측 연예인들은 그들의 능력을 십분 발휘할 수 없었다. 그러나 우리측 연예인들은 사명감을 갖고 열심히 노력하는 것 같았다. 관중들의 반응은 의무적이었다고 느껴졌으며, 2부 북측 연예인들의 공연에는 열광적인 반응을 보였다. 우리측 가수들이 원했던 곡들을 그들의 분위기에 맞지 않는다고 임의대로 바꾸어 그들이 강요한 연주가 훌륭하게 이뤄질 수 없다는 것은 상식에 속하는 문제다. 그런데도 북한의 당국자나 관중들은 남과 북의 예술적인 측면의 비교 우위의 결과에 대단히 만족하는 듯한 느낌을 우리에게 주었다. 일행은 개운치 않은 기분으로 통일음악제를 관람하고 나오면서 이심전심으로 남북한의 이질화된 예술의 현실을 파악하고, 남한의 일면을 북한 주민들에게 보여줄 수 있었다는 것으로 위로를 삼을 수밖에 없었다.

　통일음악제가 끝난 후 호텔로 돌아오니 음악제를 주최한 아태평화위원회에서 다음날 귀국하는 연예인들을 위하여 이종협 부위원장의 주최로 만찬을 준비해 놓고 있었다. 만찬은 강종훈 서기장, 그리고 아태평화위원회 간부와 민족보위부 요원 다수가 참석하여 성대하게 진행됐다. 이종협 부위원장은 만찬사에서 "남북 연예인들이 한자리에 모여 공연하였다는 사실은 장차 우리 민족의 통일 사업을 위하여 진일보된 성과를 거둔 것이다"라고 격려하였다.

그러나 북한은 '통미봉남정책'으로 남한의 개혁·개방의 노력을 차단하고 있다. 동시에 미국과의 관계 개선을 통해 국제적인 고립을 탈피하고 경제적인 어려움을 해결하기 위하여 수단과 방법을 가리지 않고 있다. 이러한 시점에서 "손에 손잡고 벽을 넘어서…… 우리 모두 한마음 되자……" 하는 코리아나의 〈손에 손잡고〉 노래가 허용될 리 만무하다. 또한 팝송을 전문적으로 부르는 코리아나 그룹은, 북한이 트로트 계열의 흘러간 노래를 강요한다고 하여 그것을 잘 소화해 낼 수 있을 만큼 만능적인 능력을 가지고 있는 것 같지는 않았다. 결국 평양까지 와서 그들이 열망하던 노래를 불러 보지도 못하고 귀국하는 심정은 오죽하였겠는가!

4. 김일성 생가와 개선문, 그리고 식량난

우리 일행 중 연예인들과 방송인들은 모든 일정을 끝내고 12월 21일 아침 새벽에 평양에서 북경을 경유, 서울로 향했다. 남은 인원은 자문위원단 10여 명에 불과하였다. 잔여 자문위원들도 연예인팀과 방송인팀을 전송하기 위하여 새벽에 일어나 못내 아쉬워하는 그들을 새벽 어둠 속에 환송하고, 오전에는 호텔에서 쉬면서 마음을 정리하도록 일정을 조정하였다.

일행은 호텔내의 한식 식당에서 간단히 점심 식사를 마치고 오후 일정에 따라 만경대 김일성 생가를 향하여 출발하였다. 김일성 생가는 호텔에서 약 20분 거리에 위치해 있었다. 원래 만경대는 김일성 생가를 위시하여 조그마한 마을로 형성되었다고 하는데, 대동강을 뒤로 하고 아담하고 깊지 않은 계곡에 위치하고 있었다. 그러나 북한 김일성 정권이 탄생하여 김일성 생가를 사적지로 조성하면서 그 일대에 마을은 없어지고 주변이 공원화되었다. 지금의 만경대는 깨끗하게 정리되었고, 주변의 조경이 잘 어우러져 매우 아름답게 꾸며져 있었다. 김일성 생가는 위치와 크기, 모양에 따라 원래의 초가를 단정하게 재구성하고, 당시 김일성의 할아버지와 아버지가 사용하던 가구 일체를 그대로 배치하여 옛날 모습대로 복원하였다고 한다. 안내원은 그곳의 가재 도구 일체를 그럴듯한 사연을 각색하여 열심히 설명하였다. 그곳을 방문하는 동안 김일성 생가를 관람하기 위하여 (그들이 말하는 '성지순례') 시골에서 온 듯한 주민들이 줄을 서서, 우리 일행이 관람을 마치고 나오도록 밖에서 기다리고 있었다. 추운 날

김일성 생가를 관람하며 북한은 김일성 생가와 그 일대의 마을을 사적지와 공원으로 조성하여 주민들에 대한 사상의 교육 장소로 활용하고 있다.

씨에도 불구하고 많은 주민들이 질서 정연하게 줄을 서서 관람하는 것을 볼 때 다른 계절에는 상당한 수의 북한 주민들이 이곳을 방문하고 있음을 짐작할 수 있었다.

일행은 기념 촬영을 끝낸 후 만경대 생가를 뒤로 하고 시내로 향했다. 돌아오는 길은 노폭 40미터의 넓은 도로였다. 도로 주변에 각종 체육 시설이 즐비하게 건설된 체육거리와 개선문, 광복거리는 중요한 행사가 있을 때 퍼레이드를 하는 곳이라고 하였다. 체육거리와 광복거리의 중앙에 위치한 개선문은 1982년 4월 15일에 건립되었는데 높이 60미터의 직립 사각형 모양의 기둥과 중간의 큰 통로로 구성되어 있었다. 1톤짜리 화강암 1만 5천 개로 축조되었으며 그 외면에 김일성의 70회 생일을 기념하기 위한 70송이의 진달래꽃 무늬가 장식되어 있었다. 개선문이 그곳에 위치하게 된 연유는 김일성이 열네 살 때 독립 운동을 위하여 평양에서 그곳을 지나 만주를 향하였으며, 해방 후 많은 청중들을 모아 놓고 조선 독립 쟁취의 감격적인 연설을 했던 장소이기 때문이라고 한다. 체육거리와 광복거리 약 2킬로미터의 광활한 거리 가운데 프랑스의 개선문보다도 더 큰 규모의 독립문을 만들어 김일성의 업적을 과시하고 중요한 행사 때마다 이 거리를 이용하고 있다고 설명하였다. 그러나 우리 일행이 안내원의 설명을 듣고 있는 동안 그곳을 스쳐가는 자동차는 매우 드물었다.

우리 일행은 오후 내내 안내원에게 김일성 찬양 이야기를 들었다. 오후 일정을 모두 끝낸 후에는 시내 한 음식점으로 안내되었다. 음식점 이름은 '민족식당'이었다. 우리 일행이 도착하자마자 준비된 자리로 안내되었고 한식 음식이 제공되었다. 여러 가지 음식이 나왔는데 남한의 순수 한식과는 맛과 차림새가 달랐다. 나의 느낌으로는 중국식의 한식이라고 표현하는 것이 적절할 것 같았다. 술은 '평양찹쌀술'이었는데 남한의 안동소주와 비슷한 수준의 술이었다. 나는 그

술을 마시면서 '북한의 식량난과 이 술을 제조하는 원료와는 무관한 것인가?' 하는 생각이 들어 즐거운 기분으로 마실 수는 없었다. 이 식당의 특이한 점은 일반 대중 음식점인 듯 보였으나 무대가 꾸며져 있고, 조명과 함께 악단과 무희, 가수들이 번갈아 공연을 하며 우리 일행들의 흥취를 돋우기 위해 노력한다는 점이었다. 넓은 홀의 구석진 테이블에는 북한 주민이 자리잡고 있었으며, 우리 일행들을 위해 준비된 식탁은 무대 바로 앞 약간의 공간을 두고 중앙에 위치하였다. 그날의 분위기는 필경 우리 일행들의 식당 방문과 무관하지 않았다고 느껴졌다. 우리와 같은 식탁에 앉은 북한 안내원에게 평소에 공연을 하고 있는 식당인가 하고 질문하고 싶었다. 그러나 저녁 식사 시간이 되었음에도 몇몇 되지 않는 식당 이용객과 북한의 전력난, 식량난 등을 감안할 때 이렇게 화사한 분위기와 훌륭한 음식을 평소에도 제공하였겠는가 하고 생각해 보니 궁금증은 저절로 해결되는 듯했다.

오후 내내 지루했던 일정으로 인하여 정신적으로 피곤한 상태에서 술이 몇 잔 들어가자 일행의 분위기는 조금씩 바뀌고 있었다. 우리의 이러한 분위기를 간파하였는지 무대의 밴드와 가수가 음악을 바꾸어 남한에도 잘 알려져 있는 노래인 〈반갑습니다 반갑습니다〉부터 〈아리랑〉, 〈두만강〉 등 우리에게 친숙한 노래를 연주하면서 가수가 무대에서 내려와 우리 일행들에게 함께 노래를 부르도록 권유하였다. 자연히 분위기는 부드러워졌으며 그들과 우리 일행은 모두 일어나 다 같이 춤도 추고 노래도 부르며 어울리게 되었다. 그러는 동안 잊고 있었던 북한 주민들의 테이블을 살펴보았더니 이미 그 자리는 비어 있었다. 결국 그날 저녁 식당 손님은 우리 일행뿐이었다. 아무튼 우리 모두는 그 동안 긴장되었던 분위기를 풀 수가 있었다. 시간이 지나자 일행 중 몇몇은 과음을 한 탓으로 목소리가 커지고 분위기도 어수선해지기 시작하였다. 인솔 안내원과 단장은 내일의 일정을 위하여 자리에서 일어서도록 권유하였고, 저녁 식사를 겸한 여흥은 마무리되었다. 호텔에 도착한 일행들은 특별한 권유도 없이 모두 이심전심으로 지하에 위치한 노래방에 모여 착잡한 마음을 풀어 버리기 위해 늦도록 맥주를 마시고 노래를 부르며 하루의 일과를 종결하였다.

5. 정치적인 박물관과 회색빛 평양 시내

12월 22일, 그 동안 매섭게 추웠던 날씨는 조금 풀린 듯했다. 우리 일행이 평양에 도착한 후 맑은 날씨가 계속되어 매우 다행스러웠다. 북한 안내원들은 우리 일행이 전날 과음했다고 여겼는지 일정표를 느슨하게 조정하여 오전 9시 30분경 호텔을 출발하도록 배려하였다. 그러나 나는 전날 저녁 어설프게 취한 주기(酒氣) 때문인지 오히려 일찍 일어나게 되었다. 창 밖을 내다보니 아직 칠흑 같은 어둠이 깔려 있었다. 혹시 보이는 것이 있을까 하여 두리번거려도 평양 시내 즐비한 고층 건물에는 불빛 하나 보이지 않았다. 너무 일찍 일어난 것 같아 다시 잠을 청해 보았지만 방 안의 냉기 때문에 잠을 이룰 수가 없었다. 할 수 없이 일어나 내복을 두텁게 입고 전날의 일기를 쓰면서 날이 밝기를 기다렸다. 아침 7시가 지나서야 사물을 분간할 수 있게끔 주변이 밝아졌다. 방한복과 방한모 차림으로 단단히 무장한 시민들이 부지런히 오고 가는 것이 어렴풋이 보였다. 모두들 직장에 출근하는 모양이었다. 호텔 앞 넓은 아스팔트 도로에는 간간이 승용차가 지나고 있었는데 고위급 간부들의 출근차인 듯했다.

우리 일행은 식당에서 간단히 아침 식사를 마치고 9시 정각에 호텔 로비에서 만나게 되어 있었다. 안내원의 안내에 따라 오전 9시 30

에 호텔을 출발하여 호텔에서 멀지 않은 거리에 위치한 혁명사적 박물관(조선중앙역사박물관)에 도착하였다. 박물관은 만수대 김일성 동상 뒷편에 위치하고 있었으며 건물은 매우 크고 웅장하였다. 이 전시관은 1948년 처음 생겼으나 1972년 4월 15일 김일성 탄생 60돌을 맞이하여 이를 축하하기 위해 현재 위치에 건설, 이전하였다고 했다. 내부는 100개의 전시관으로 구성되며, 20만 점의 정치사적 전시물들이 있다고 했다. 안내원은 하루 평균 3천여 명의 각계 각층 인사들이 관람하며 학습을 하기도 한다고 소개했다. 우리 일행은 27개의 전시관만 관람하였는데, 안내원은 김일성의 항일 투쟁 과정과 독립 쟁취까지의 과정만을 보여주었다. 그 이후의 과정은 우리 일행들에게 거부감을 불러일으킬 소지가 있다고 판단하였는지 시간을 핑계로 보여주지 않았다. 나는 내심 한국전쟁에 관한 내용을 보고 싶었으나 뜻을 이루지 못해 아쉬웠다. 전시관에는 역사적 사실을 증명하기 위하여 각종 자료들을 전시하고 있었는데 보존에 상당히 신경을 쓰고 있는 흔적을 발견할 수 있었다. 북한의 각계 각층 사람들이 수차례 이곳을 방문하여 학습 목적을 달성하고 있다는 안내원의 설명으로 미루어 보건대, 이곳은 결국 김일성의 위대함과 북한의 정통성을 부각시켜 북한 인민들에게 자부심을 심어줌과 동시에 충성심을 유도하여 주민의 단합을 도모하기 위한 학습장으로 활용하는 정치적 냄새가 물씬 나는 전시관임을 알 수 있었다.

우리 일행은 관람을 마치고 응접실로 안내되어 박물관장이 대접하는 차를 들면서 그의 정치적 장광설을 들어야 했다. 그가 무슨 얘기를 오랫동안 했는지는 잘 기억이 나지 않지만, 다만 "위대한 김일성 수상께서……"라는 상투적 얘기만 수십 번 들었던 것 같다. 일행은 오전 일정을 마친 후 그곳을 출발하여 대동강가에 있는 안산관식당으로 안내되었다. 가는 도중 대동강 강가에 위치한 평양 종각에 들러

기념 촬영을 하였으며, 점심 식사 후 대동강 가운데 위치한 쑥섬을 견학하였다. 여의도와 비슷한 크기의 그 섬에는 통일전선탑이 세워져 있었다. 그 탑은 1948년 평양에서 개최된 남북제정당대표회의에 참석하였던 인물들을 기념하기 위하여 세웠다고 했다. 비문에 기록된 명단 중에서는 남한에서 참석한 김구, 김규식 선생의 성함도 있었다. 안내원의 설명에 의하면 김일성은 남북한이 각각 국가를 형성하기 전까지 통일국가 형성을 위하여 이처럼 노력하였으나 남한을 점령한 미군과 이승만은 이에 호응하지 않고 1948년 8월 15일 남한에 단독 정권을 수립함으로써 그의 노력은 수포로 돌아가고, 1948년 9월 9일 북조선 인민공화국을 수립할 수밖에 없었다는 설명을 덧붙였다. 그 사실들을 증명하기 위하여 탑 주변에 몇 가지 시설을 배치하여 놓았는데, 김일성이 당시 대표자들과 대동강을 건너왔다는 배를 위시하여 연회를 하였다는 원두막 모양의 간이 건물도 전시되어 있었다.

쑥섬 견학을 마치고 돌아오는 길에 대동강 다리에서 멀리 보이는 곳에는, 1968년 북한이 납치한 미국 정보함 푸에블로호를 강가에 정박시켜 평양 시민들에게 전시하고 있었다. 그들이 미국 정보함을 그곳에 배치, 관람토록 한 이유는, 조선말 개화기인 1866년 9월 2일 미국 상선인 제너럴 셔먼호가 대동강 하류부터 평양까지 거슬러 와 평양을 침범하여 김일성의 증조부 김응우가 민중들을 동원하여 그곳에서 싸워 물리친 역사적인 곳이기 때문이라고 했다. 그러니까 셔먼호 대신 미국의 정보함 푸에블로호를 납치, 이곳에 위치시켜 그들이 말하는 미국의 침략적 근성을 국민들에게 교육시켜 적개심을 갖도록 함과 동시에 김일성의 조상들도 애국적인 투쟁을 하였음을 선전하기 위한 목적인 것 같았다. 우리 일행은 간단한 설명을 듣고는 그곳을 지나 시내 한복판에 위치한 평양산원에 안내되었다.

평양산원은 임산부를 위한 병원이었으며, 병원 내부는 산부인과를 위시하여 임산부에게 필요한 각종 진료 시설을 갖추고 있었다. 각종 기기에는 김일성·김정일 부자가 희사한 장비임을 붉은 글씨로 크게 새겨 놓았다. 공산국가에서 김일성·김정일 부자의 이름으로 희사했다는 것은 국가 예산으로 구입했다는 것과 같은 의미인데도 불구하고 인민들에게 김일성·김정일 부자의 자애로운 생각을 부각시키기 위한 선전문인 듯했다.

그날 일정은 호텔을 중심으로 한 평양 시내 일원이었으므로 시내 분위기를 볼 수 있었다. 시내의 교통 수단은 지하철 위주였으며, 전기식 버스, 그리고 승용차 등이 있었다. 도로는 비교적 넓게 꾸며져 있었지만 차량들의 통행은 별로 없는 편이었다. 전기 버스가 이동하는 모습은 한두 대 보였으나, 대부분 정차 지점에 모여 대기하고 있었다. 현재 북한의 전기 사정과 연료 사정을 감안할 때 장비를 보유하고도 사용할 수 없는 실정에 놓여 있음을 짐작케 하였다. 더욱이 보유한 장비들조차 노후되었고 부품 공급의 어려움으로 고장 상태로 방치되어 있었다. 평양 시내는 비교적 광활하고 깨끗했으나, 대부분의 건물들이 단순 콘크리트 건물이어서 칙칙한 회색빛으로 어두워 보였으며, 오래되고 보수를 하지 못해 유리창이 파손되어 흉하게 보이는 곳이 많았다. 많은 사람들이 거리 주변의 인도를 따라 걸어서 이동하고 있었다. 추운 날씨 탓인지 그들의 차림새는 깨끗하지 못했으며 밝은 표정을 잃었음을 느낄 수 있었다. 우리 일행들은 모두 침울하고 측은한 마음이 들어 유쾌하지 못한 기분으로 하루를 마감하였다.

6. 김일성 시신 참배와 묘향산 관광

12월 23일의 날씨는 다소 흐렸으나 그 동안 매우 추웠던 탓인지 영하의 날씨인데도 불구하고 포근하게 느껴졌다. 북한 안내원들이 일찍 도착하여 우리 일행들의 출발을 재촉하고 있었다. 그날 일정은 금수산궁전 관람이었다. 금수산궁전은 김일성의 시신을 모신 장소로 그들이 안내한 어떤 곳보다도 많이 신경을 쓰는 듯하였다. 우리 일행들의 복장을 정장 차림으로 요구하였고, 여성들의 옷차림도 화려한 것을 피하도록 하였다. 호텔을 출발하여 금수산궁전까지는 버스로 30분 정도 걸렸다. 금수산궁전은 굉장히 넓게 자리잡고 있었다. 정문에는 삼엄한 경계를 펴고 있었고, 외곽 울타리에는 높은 철조망을 쳤으며 무장 군인들이 동초 경계를 하고 있었다. 우리 일행들이 아침 9시 정각에 도착했을 때 많은 인원들이 참배 순서를 기다리고 있었다. 우리 일행은 안내원의 지시대로 외투와 모자, 카메라, 기타 소지

금수산궁전 앞에 선 필자 금수산궁전에는 김일성의 시신이 안치되어 있다. 멀리 보이는 건물의 외벽에 김일성 사진이 걸려 있다.

품들을 모두 차 안에 두고 내렸다. 출입문 입구에는 금속 탐지기를 설치하여 방문객의 몸수색을 철저히 하였다. 출입문으로부터 본관으로 진입하는 통로가 매우 길었으며 방문객들의 편의를 위하여 긴 통로에 수평 에스컬레이터를 설치하였고, 통로 곳곳에 경비 병력을 배치하여 삼엄한 분위기를 조성하였다.

  본관 1층의 넓은 공간에는 김일성이 생전에 탑승하던 벤츠 승용차를 전시해 놓았다. 그곳을 지나 상승 에스컬레이터로 한 층을 더 올라가게 되어 있었다. 본관 2층에는 복도로부터 전층이 붉은 카페트로 장식되었다. 벽면은 티크 무늬 목재로 중후하고 장엄한 분위기를 연출하였으며, 주변의 장식품들도 조화를 잘 이루고 있었다. 우리 일행은 중앙에 위치한 큰 방으로 안내되었다. 출입문 입구에는 단정한 복장의 건장한 호위병이 출입문 좌우에 서서 출입 인원을 감시하고 있었다. 입구에서 바라보이는 방 중앙에 김일성 시신이 안치되어 있는 것이 보였다. 그 방은 넓고 높았으며 실내 조명은 김일성 시신을 밝게 비추고 있었다. 실내 기온은 저온 창고에 들어온 것처럼 선선함을 느끼게 하였다. 참배를 위하여 줄을 서 있는 사람들은 5~6명씩 짝을 지어 시신 정면에 위치하여 시신을 향해 참배하고 시계 방향으로 측면과 후면 그리고 반대편 측면을 돌면서 참배하도록 되어 있었다. 다만 후면의 머리맡에서는 절을 하지 못하도록 하였으며, 나머지 세 방향에서만 머리 숙여 절하도록 하였다. 시신의 보존은 매우 완벽하여 마치 살아 있는 사람이 누워 잠을 자고 있는 듯한 느낌을 주었다. 시신의 얼굴에 화장을 하여 화색마저 돌게 하였다. 참배를 마친 사람은 뒤에 이어지는 참배객들 때문에 방에 더 이상 머물 수 없었고 퇴장해야 했다. 참배를 마친 우리 일행은 옆에 위치한 넓은 방으로 안내되어 비치된 방명록에 기재하도록 권유받았다. 그 절차를 마치면 진입하였던 역순으로 퇴장하게끔 되어 있었다.

우리 일행이 퇴장할 무렵에는 북한의 많은 주민들과 띄엄띄엄 외국 참배객들의 줄이 계속 이어졌다. 특히 북한 참배객들은 대부분 시골 사람들이었는데 그들의 차림새는 남한의 1960년대 초반과 같은 느낌을 주었다. 여성들의 한복은 벨벳 치마저고리가 대부분이었다. 더러는 겨울용 한복이 없었던지 여름 한복을 입고 있었다. 그들은 날씨가 추운 탓으로 내의를 두껍게 입었으며 이로 인하여 한복이 우스꽝스럽게 들뜬 모습들이었다. 차라리 보통 복장을 한 것만 못하다고 여겨졌다. 그들의 검고 초라한 모습을 통하여 농촌의 어려움이 어떠한가를 알 수 있었다. 북한 주민들의 참관 대열은 시종일관 엄숙하였는데, 여인들은 시신 앞에서 참배하는 동안 거의 대부분이 울음을 그치지 못하였다. 오랜 세월이 지난 지금까지 그들의 마음속에 김일성이라는 존재가 어떻게 자리하고 있는가를 보여주는 단면이기도 하고, 김일성의 유일 사상이 얼마나 철두철미하게 침투하고 있는가를 보여주는 장면이기도 했다.

우리 일행은 금수산기념궁전을 떠나 북동쪽의 묘향산으로 가기 위하여 고속도로로 진입하였다. 묘향산은 평양으로부터 120킬로미터 떨어진 곳에 위치하였으며 버스로 1시간 40분 정도 소요되는 거리였다. 묘향산을 향하는 고속도로는 청천강을 끼고 있었는데 주변에는 간간이 농촌 마을이 보였다. 우리 일행으로서는 평양시를 떠나 외곽으로 처음 나가는 길이었다. 농촌을 직접 보지는 못하더라도 먼발치에서나마 볼 수 있다는 기대 때문에 마음이 설레기까지 하였다. 고속도로에 들어서자 며칠 전 내린 눈이 그대로 쌓여 추운 날씨에 빙판을 이루고 있었다. 그 때문에 우리를 태운 버스는 제대로 속력을 낼 수 없었다. 도로에 눈이 그대로 쌓여 있다는 것은 자동차의 내왕이 없다는 사실을 말하는 것이었다. 간혹 지나가는 차를 마주했을 뿐이고 그 수도 매우 드물었다. 고속도로를 달리는 동안 몇 대의 트럭이 길가에 정차되어 있었다. 대부분의 트럭은 국방색의 군용 트럭이었다. 그 트럭들은 고장 수리를 하고 있는 것 같았다. 그들은 차량을 수리하는 동안 추위를 피하기 위하여 불을 피우고 서성거리며 몸을 녹였다. 그러면서 지나가는 우리 차량을 주시하였다. 그러한 트럭을 몇 대 더 보았는데 거의 같은 모습을 연출하고 있었다. 이러한 모습들은 정기적인 교통 수단 없이 군용 트럭을 이용하고 있음을 말해 주는 것이었다.

고속도로 주변의 야산들에는 큰 나무가 거의 없었다. 하천은 준설이 되지 않아 하상이 상당히 높아져서 여름철에는 홍수가 날 수 있는 소지를 보여주고 있었다. 수많은 모래와 자갈이 있음에도 불구하고 하상 준설 작업을 할 수 없었던 것은 그것들을 처리할 만한 장비가 부족하다는 것을 말해 주는 것이고, 고속도로 주변의 야산에 나무가 없다는 것은 농민들이 난방용으로 나무를 사용하고 있음을 드러내고 있었다. 비교적 특이하다고 여겨지는 것은 마을 주택들이 높은 곳에 위치하고 있었다는 점이다. 이러한 마을의 위치 선정은 부족한 경작지를 충분히 활용하기 위한 주거지 선택이라는 점에서 긍정적으로 느껴졌다. 그리고 농촌 주택들이 지은 지 오래된 관계로 거의 대부분이 고가(古家)처럼 보였고, 준농촌 지역의 아파트들도 거의 낡아 있었다. 매서운 추위를 이기기 위하여 아파트 창문들을 농촌용 비닐로 임시로 막았는데 바람에 날려 무질서하게 되어 있었서 마치 6·25 사변 후 난민촌을 연상케 하였다. 농촌에 연결된 전기선과 전화선은 규격화된 전신전화주가 아니고 통나무에 십자 모양을 만들어 설치된 것이었다. 고속도로 주변 농촌에 비닐하우스와 온실 재배 시설이 전무한 것은 북한의 전체주의 농경 생활에서 예측되었던 것과 같았다. 이러한 현상 때문에 식량 부족이 가중되고 있다고 생각되었다. 또한 고속도로 이동 중에 물자 수송을 위한 트럭 또는 컨테이너 수송 차량을 전혀 볼 수 없었는데 이는 그들의 산업 체계가 얼마나 침체되었는가를 보여주는 단면이기도 했다. 고속도로를 지나는 동안 농촌 주변은 이동하는 사람을 잘 볼 수 없었다. 농한기를 이용하여 부수적인 생산 활동을 하는 것 같지는 않았다. 물론 추운 날씨 탓이기도 하지만 농촌 주변에 가축을 사육하는 축사가 있을 법도 한데 전혀 발견할 수 없었다. 북한 사회가 국가계획경제 체제 아래에서 협동농장 형태로 농업이 이루어지고 있으므로 개인 사유 관리 체제의 남한 농촌과 비교가 되지 않겠지만, 농한기에 이렇게 조용한 농촌으로 유지된다면 생산 소득에 큰 차이가 있을 수밖에 없다고 생각하면서 답답함을 금할 수 없었다. 이런 여러 가지 생각을 하는 동안 우리가 탄 버스는 고속도로를 벗어나 묘향산 입구에 도달하고 있었다.

작은 마을을 지나 묘향산 계곡 깊숙이 진입하자 주변 경관이 아주 수려한 곳에 큰 건물이 나타났다. 그 건물이 묘향산 국제친선전람관이었다. 그곳의 안내원과 책임자가 나와서 우리 일행이 도착하기를 기다리고 있었다. 그들의 설명과 안내에 따라 건물내에 전시되어 있는 전시물을 관람하였다. 그곳에는 김일성이 각국에서 받았던 각종 선물들을 대륙별, 나라별로 전시해 놓았다. 관리와 보관이 잘 되어 있었고 진기한 물건들도 많았다. 특히 김일성 밀랍상이 전시된 곳을 방문하였을 때 우리 일행들은 마치 생존한 김일성이 두 손을 벌리고 우리를 영접하는 것으로 착각할 만큼 잘 만들어진 데 감탄하였다. 또한 진기한 각종 선물들을 하나도 빠짐 없이 진열하여 전시관을 만들었다는 점에서 우리 일행들의 반응은 긍정적이었다. 전시관에는 관람객들을 위한 휴게실이 마련되어 있었고 따뜻한 음료수를 판매하였다. 기념품 판매소도 있었는데 그 규모가 전시관에 비하여 매우 초라하였으며 기념품도 거의 보잘것 없는 수준이었다.

전시관 밖에 보이는 묘향산은 흰눈에 덮여 있었다. 고속도로 주변 야산과는 달리 울창한 숲이 잘 보존되어 있었다. 아름다운 기암 절벽, 그리고 계곡의 물이 얼음과 눈으로 어우러져 한 폭의 동양화를 보는 것 같았다. 한두 가지 흠이 있다면 전시관을 경비하기 위하여 전시관 입구에 경계 초소가 어울리지 않게 초라하게 지어져 있었으며, 계곡 곳곳에 초막이 설치되어 병력들이 경계 근무를 서고 있는 것은 전시품의 보호를 위한 조치로 여겨졌지만 관광 명소에 어울리지 않는 건물로 옥의 티를 보는 것 같았다.

전시관 관람을 마치고 입구로부터 1킬로미터쯤 떨어진 곳에 위치한 향산호텔에 도착하여 점심 식사를 했다. 예정 시간보다 1시간이 늦은 오후 2시가 넘은 시간이었다. 이곳의 음식들은 미리 준비되어 있었던 관계로 모두 차가운 음식이 되어 있었다. 그러나 그 식당 자체가 호텔에 소속된 호텔내의 식당이라고 보면 우리의 상식으로 차가운 음식을 서비스한다는 것이 이해가 되지 않았다. 준비된 음식은 사람 수에 비하여 양이 많았고 우리 일행들은 늦은 시간으로 인하여 시장기가 있었으나 차가운 음식이라 많이 먹을 수가 없었다. 식당에는 우리 일행을 제외하고는 전혀 이용객이 없었다. 우리 일행을 접대하기 위하여 종사 인원이 불필요할 만큼 많이 배치되어 있는 듯하였다. 간단히 식사를 마치고 나오면서 나는 오히려 음식의 대부분을 남긴 것이 잘된 일이라 생각되었다. 호텔 외부의 상황으로 보아 호텔 내의 객실 손님도 거의 없을 것 같았다.

향산호텔에서 조금 내려온 곳에 보현사가 있었다. 보현사는 묘향산 입구에 위치한 오래된 사찰(1072년 건립)로서 우리 일행이 생각한 것보다 비교적 관리와 보존이 잘 되어 있었다. 그러나 그곳에 스님 복장을 하고 나온 안내원이 스님인지 아니면 스님 복장을 한 관리원인지 분간하기가 어려웠다. 안내를 받으면서 그들의 어투로 보아 스님 모양을 한 관리인으로 느껴졌다. 그곳에는 팔만대장경 탁본 전권이 보관되어 있었고, 대웅전을 위시한 부속 건물과 경내 시설물들이 새로이 단청을 하여 매우 화려하게 보였다. 대웅전 앞 석탑들은 고색이 완연하여 먼 옛날부터 보전하여 오는 탑들로 판단되었다. 경내 조경들도 매우 깨끗하게 유지되고 있었다. 묘향산을 배경으로 깊숙이 전시관이 위치하였고 보현사 중간에 향산호텔도 조화를 이루었으니, 일반 관광객들이 자유롭게 관람할 수 있도록 배려한다면 많은 외화를 벌어들일 수 있는 훌륭한 관광지가 될 것으로 생각되었다. 우리 일행은 어둠이 내리기 시작할 무렵 묘향산을 뒤로하고 평양을 향하여 출발하였다.

평양에 도착했을 때는 이미 어둠이 깔려 있었다. 우리 일행은 조총련과 통일교의 자금으로 건설되었다는 보통강호텔에 도착하였다. 이 호텔은 주로 일본 계열의 방문객이 투숙하는 곳이라 하였다. 호텔 로비에 크리스마스 트리가 장식되었고 캐롤이 흘러나오고 있었다. 물론 방문객들을 위한 배려로 여겨졌으나 우리가 묵고 있는 고려호텔과는 매우 다른 분위기를 느낄 수 있었다. 우리 일행은 모처럼 남한과 같은 분위기에서 저녁을 맛있게 먹었다. 만찬 후 호텔에 도착하니 거의 밤 11시가 가까운 시각이었다.

7. 교육 시설 견학과 고별 만찬

12월 24일은 크리스마스 이브인 동시에 그곳에서는 김정숙(그들은 '국모'라고 함)의 탄생기념일로 비교적 축제 분위기가 연출되고 있었다. 그날 우리 일행의 첫 방문지는 만수대 미술창작기지였다. 이곳은 외국 관광객을 상대로 일종의 외화 벌이를 하는 장소로서 북한의 유명한 화가들이 창작한 그림들을 전시, 판매하고 있었다. 북한의 상점 또는 백화점 모든 곳에 정찰제가 실시된다고 알고 있었으나 이곳에 표시된 가격들은 모두 비싸게 표기되어 우리 일행들은 구입할 엄두도 못 내고 구경만 하고 있었다. 나에게 다가온 판매원이 그림 한 점을 구입할 것을 권유하였다. 너무 비싸다고 거절하였더니, 판매 안내원은 구입할 의향이 있다면 별도 토론(가격 흥정)할 것을 제의하여 놀랍게도 정찰 금액의 반액 이하로 구입할 수 있었다. 이러한 일은 그들이 외화 벌이를 위하여 경쟁적으로 실적을 올리기 위한 수단이라고 여겨졌다. 이러한 분위기를 간파한 우리 일행은 제각기 몇 점씩 그림을 구입하였다.

다음 방문지는 북한의 영재 교육의 학습장이자 김정일의 모교인 평양제1고등중학교였다. 이 학교에는 각 학생들의 특기 교육을 위하여 각종 실험실과 특별활동 교실이 잘 꾸며져 있었다. 특히 한 학급이 30명 미만의 학생으로 편성되어 교육 환경에 상당히 신경쓰고 있음을 알 수 있었다. 우리 일행을 맞이한 교장과 여교사는 간단한 인사 후 각 교실을 안내하였다. 학교 건물 10층에 있는 음악실을 견학하기 위하여 엘리베이터를 타고 이동하는 도중 정전이 되어 중간에서 내려 계단을 통해 10층까지 걸어 올라가야 했다. 음악실에는 남녀 학생 몇몇이 연주 준비를 완료하고 있었으나 정전으로 인하여 악기들을 사용할 수 없게 되자 음악교사의 아코디언 반주에 맞춰 합창과 무용을 했다. 학생들은 우리에게 그들의 연주를 들려주지 못한 것이 못내 아쉬운 표정이었다. 연주가 끝나고 아래층으로 이동하여 학교 간부들과 인사를 나누는 동안 전기가 들어오자 학생들의 요구에 의하여 다시 음악실로 올라가 그들의 연주를 듣게 되었다. 어린 학생들이 진심으로 우리 일행을 맞이하는 일면도 볼 수 있었지만 그들 특유의 교육에 의한 계획된 행동과 표현들이 우리 마음을 우울하게 만들었다.

호텔에서 점심 식사를 마치고 오후 일정으로 김일성종합대학을 방문하였다. 이곳은 방대한 부지에 건물들이 잘 배치되어 있었고 경내는 아름다웠다. 학교 본관 건물에 우리 일행이 도착하자 부총장과 한 여교수가 정문에서 반갑게 맞아 주었다. 우리는 본관에 위치한 학교 박물관에 안내되었다. 그곳에 진열된 각종 동식물의 표본을 관람할 수 있었다. 전시된 표본들은 김일성이 외국으로부터 기증받았거나 북한내에서 마련한 것들로 학생들의 학업에 보탬이 되도록 보내 준 것이라고 했다. 여타의 시설은 방학인 관계로 내부 견학이 이루어지지 못했고 부총장의 구두 설명과 차 대접으로 간단히 견학을 마쳤다. 학생들이 수업하는 모습과 학교 도서실, 기숙사 등을 구경하지 못한 것이 못내 아쉬웠다.

호텔로 돌아오는 길에 김일성광장에 위치한 중앙역사박물관을 관람하였다. 그곳에는 고대 조선으로부터 현재 북한 정권이 존재하기까지의 각 과정을 조형물로 설명하고 있었다. 그 박물관은 일반 대중의 학습을 목적으로 만들어진 듯했다. 설치된 조형물은 전날 보았던 전시관의 그것들과 비교하여 질이 떨어지는 것 같았다.

중앙역사박물관 견학을 마치고 밖으로 나오자 김일성광장이 보였다. 추운 날씨에도 불구하고 많은 남녀가 모여 대형 스피커에서 울려 나오는 음악에 맞추어 춤 연습을 하고 있었다. 안내원의 설명에 의하면 그곳에서 그날 저녁 김정숙의 생일을 축하하기 위한 축제가 있을 예정이라고 하였다. 영하의 추운 날씨에 수많은 남녀들이 자진하여 모여서 밤 공연을 위해 춤 연습을 한다는 것이 도저히 이해되지 않았다.

그날 점심은 고려호텔 44층 스카이라운지에서 계획되어 있었는데 그때 안내원이 박재규 경남대학교 총장이 통일원 장관이 되었다는 소식을 우리 일행에게 알렸다. 우리 일행 중에는 박재규 총장의 부인인 김선향 교수가 동행하고 있었다. 안내원들은 김선향 교수가 박재규 총장의 부인인 것을 이미 알고 있었고 모두 그녀에게 축하 인사를 전했다. 44층 스카이라운지는 전층이 회전하는 층으로서 앉은 채로 평양 시내 전체를 조망할 수 있는 시설로 꾸며져 있었다. 그러나 보통 때는 전력 관계로 작동하지 않고 그날 우리 일행이 점심을 먹는 동안만 작동하는 것 같았다.

  저녁 만찬에는 이종혁 아태평화위원회 부위원장이 참석할 예정이라고 통보하였다. 저녁 만찬 시간에는 박재규 경남대 총장의 통일원장관 발령을 축하하기 위하여 이번 행사에 관련된 북한의 많은 인사들이 참석하였다. 그들 중 이종혁 아태 부위원장, 백문길 민화협 위원, 김정길 아태 참사, 김광일 민화협 의전부장, 유완철 민화협 위원, 임순일 아태 참사, 임성해 민화협 여성간부 등 다수가 참석하였다. 민화협은 아태평화위원회의 협력사적 존재이며 그 자리에 참석한 인사들 중에는 그들이 소개한 직책과 달리 상당한 핵심적 요인이 있다고 안내원이 귀띔해 주었다. 그날 만찬은 김정부 경남대학교 부총장의 만찬사와 이종혁 아태 부위원장의 답사, 그리고 관동대학교 백영철 총장의 건배 제의로 시작되었다. 특히 방북 일정을 마치는 고별의 성격과 박재규 장관의 취임을 축하하는 축하연의 성격을 동시에 띠면서 분위기가 매우 고조되었다. 만찬에 참석한 북한 인사들은 한결같이 김선향 교수에게 축하의 뜻을 전했다. 신임 박재규 통일원장관이 취임하여 남북한의 관계가 보다 원만히 해결되기를 기원하면서 시종일관 정중한 예의를 표하였다. 우리 일행은 만찬의 고조된 분위기 때문에 비교적 많은 양의 술을 마시게 되었고 만찬이 끝날 무렵에는 대부분이 취한 상태였던 것으로 기억된다. 다음날 아침 일찍 출발하는 비행기 일정 때문에 우리 일행들은 고조된 분위기를 진정시키고 모두 숙소로 돌아가 하루 일정을 마쳤다.

8. 평양과 서울, 그 하나됨을 위하여

　방북 마지막 날인 12월 25일은 맑은 날씨였다. 평양의 크리스마스 이브와 크리스마스는 조용하기만 했다. 우리 일행은 아침 9시에 북경으로 출발하는 고려민항기를 타기 위해 8시까지 공항에 도착했다. 지난 저녁 환송을 겸한 자축 파티에서 과음한 탓인지 모두들 부스스하고 피곤한 모습으로 체크아웃을 하고 곧바로 공항을 향하여 떠나야만 했다. 새벽 6시 30분이었다. 이른 시각이기 때문에 아직 어둠이 깔려 있었고 길거리에 사람들의 내왕은 별로 없었다.
　8시 조금 전에 공항에 도착하여 출국 수속을 밟았다. 입국 수속 때와는 사뭇 다르게 신속하고 간단한 절차만 거치고 탑승 대기 장소로 이동했다. 평양 체류 기간 동안 우리와 함께 행동했던 안내원 모두와 아태위원회 간부들도 이른 아침임에도 불구하고 많은 인원이 환송차 공항 출발 대기실까지 나와 있었다. 출국 수속 시간이 채 20분도 걸리지 않아 우리 일행은 내심 놀랐다. 그들의 특별한 대우로 미루어 신임 통일부장관의 부인 일행에 대한 배려로 여겨졌다. 우리 일행은 잠깐 동안 그간 정이 들었던 안내원들과 환담과 석별의 인사를 나누고 비행기에 탑승했다. 기내에는 올 때에 만석이었던 것과는 달리 우리 일행 외에 외국인 다수를 포함하여도 좌석의 절반 정도가 비어 있었다. 비행기가 활주로를 향하여 이동하고 있었으나 환송객들은 자리를 뜨지 않고 시종일관 우리 일행을 향하여 손을 흔들었다. 우리 일행들도 창 밖을 바라보면서 모두 손을 흔들며 답례했으나 밖에서는 우리 일행들의 모습이 보이지 않았을 것이다. 비행기는 이륙하여 평양 상공을 선회한 후 기수를 북경으로 돌렸다. 9박 10일간의 평양 방문 여정이 길었던 것 같기도 하고 짧았던 것 같기도 하면서 만감이 교차되었다.

한반도가 외세에 의하여 분할 점령당한 후 남과 북에 이념을 달리하는 국가가 탄생하여 민족을 두 동강내어 놓고 가장 가깝고도 멀게 느껴지는 민족으로 변화시켰다. 한때는 한반도 전쟁을 통해서 형제끼리 민족상잔의 비극을 연출하였고, 이로 인하여 남북간에 적개심의 깊은 골을 파게 되었다. 이러한 한민족의 비극이 어찌 우리들의 잘못만으로 빚어졌겠는가? 20세기 후반을 강타한 국제 사회의 냉전 기류가 한반도의 약소 국가를 희생의 제물로 만들어 버렸던 것이다.

20세기 말 공산 세력이 붕괴하면서 한반도에도 변화의 바람이 불고 있다. 그러나 김일성·김정일 부자가 대를 이어 통치하는 북한은 아직도 해빙의 훈풍이 강하게 불고 있지는 않는 듯하다. 모스크바의 바람이 시베리아의 먼 거리를 오는 동안 소멸되었는지 아니면 중국의 방풍벽에 부딪혀 방향 전환을 하였는지 아직 이렇다할 소식이 감지되지 않고 있다. 그러나 소련이 붕괴되고 중국이 개혁과 개방을 통하여 자유주의 시장경제 체제로 변화하는 바람이 서서히 압록강과 두만강을 넘어 불기 시작하였고 고립된 북한은 체제 유지를 위하여 최후의 몸부림을 치고 있다.

공산권의 붕괴로 인해 북한의 경제는 막대한 타격을 받고 있다. 설상가상으로 1993년부터 1997년까지 한해와 홍수 등의 천재지변으로 국내 농업 기반이 완전히 무너져 아사자가 속출하는 최악의 상황에 도달하였다. 이러한 내우외환 속에 1994년 스탈린과 버금가는 전권 정치를 휘둘러 북한을 장악하고 있던 김일성이 사망하고 김정일 후계 체제로 연결되는 정치적 혼란의 삼중고를 겪게 되었다. 이런 와중에서도 김정일을 정점으로 한 북한 군부 세력과 당핵심 세력들이 단합하여 교묘한 수단과 방법으로 체제를 유지하고 있는 듯하다.

현재 북한 김정일 체제의 가장 긴박한 문제는 폐허화된 경제 기반을 재건하여 정상 궤도에 올려놓는 일일 것이다. 이를 위하여 그들의 가용 수단인 핵·미사일 위협으로 북미·북일 관계의 정상화를 시도하고 부수적 효과로 경제 재건을 시도하고 있다. 그리고 남한의 경제 협력을 통한 경제 재건 시도 또한 하나의 방법으로 고려하고 있는 것 같다. 그러나 모두 여의치 않은 것으로 보인다. 미국, 일본과의 접촉 시도는 북한이 의도하는 대로 조속히 이루어지지 않고 있으며, 경제적 어려움은 더 심화되는 한편 남쪽의 경제 협력을 통한 탈출구는 개혁과 개방을 통한 체제 붕괴의 개연성을 내포하고 있기 때문에 쉽게 수용할 수 있는 상황이 아니다. 게다가 날로 심화되는 에너지난 때문에 공업 기반은 무너지고 속출하는 기아 인민들로 인한 사회 통제 능력이 점차 약화되는 실정에 처해 있다.

북한의 김정일과 정치 핵심 세력들이 이러한 북한의 딜레마적 입장에서 체제 생존을 위한 최선의 방법이 무엇인가를 모를 리 없을 것이다. 그들 역시 중국과 같이 체제 유지를 하면서 개혁과 개방을 통하여 경제를 회생시킬 수 있는 여건을 어떻게 만들어 갈 것인가를 고민하고 있을 것이다. 그들의 가용한 수단으로서 핵·미사일을 포함한 군사력 과시를 통한 국가 이익의 추구는 한정된 범위내에서 유용하다는 결론에 도달한 것 같다. 경제 회생을 위해서는 개혁과 개방이 불가피하다는 인식 또한 하고 있는 것으로 보인다. 그러나 이 두 가지의 상호 모순 때문에 성공적 결과를 가져올 수 없을지도 모른다는 자신들의 딜레마도 그들은 인식하고 있을 것이다.

1998년 국민의 정부가 탄생하면서 김대중 대통령은 포용 정책을 일관되게 추진하고 있다. 그러나 반세기에 걸친 남북간 불신의 골은 너무 깊어 북한은 이를 좀처럼 믿지 않고 있다. 다만 당국간의 대화와 접촉은 배제하면서 민간 경협과 간접적인 교류를 통하여 남한의 포용 정책의 진의를 조금씩 신뢰하게 되고 우리 일행과 같은 남한 단체의 방북 활동을 통하여 그들은 남쪽의 진정한 의도를 파악하려고 노력하는 것 같다. 또한 그들은 이를 통한 그들의 판단에 따라 실리를 추구하기 위한 그들의 행동 범위를 넓혀 가고 있는 것으로 생각된다. 현대 그룹의 금강산 관광 사업, 통일음악제, 각종 교류를 통하여 남북간 긴장을 완화하고 교류를 확대하면서 점차적으로 접근하려는 그들의 노력을 우리는 엿볼 수 있었다. 이와 같은 간접적 교류 확대는 남북의 불신을 해소하고 민족적 동질성을 회복하는 데 일조하고 있다는 확신을 갖게 되었다. 우리는 이번 평양 방문을 통하여 그들이 자랑스럽게 공개하는 평양에서조차 인민들이 어렵게 살고 있음을 목격할 수 있었다. 북한의 현실정은 분명 민족의 비극이다. 하루 속히 남·북 공히 국가 이익 추구에 얽매이지 말고 민족의 이익을 위하여 대승적 입장에서 교류 협력을 지속해야 한다. 그렇게 한다면 머지않아 통일은 이루어질 것이라는 느낌을 갖게 되었다.

 이런 생각을 하는 동안 우리 일행은 북경공항에 도착했다. 우리 일행은 12시 20분에 출발하는 아시아나 항공기로 환승하는 시간이 대단히 촉박하여 북경 신공항 청사를 구경도 못한 채 탑승하였다. 항공기는 서울을 향하여 정시에 이륙하였다. 그 동안 긴장으로 인하여 피로했던 심신이 갑자기 나른해지면서 크리스마스 저녁을 가족과 함께 보낼 수 있다는 기쁜 마음으로 잠에 빠져들었다. 얼마나 잤을까 갑자기 항공기가 착륙하는 충격 때문에 잠에서 깨어났다. 시계를 보니 오후 3시 50분을 가리키고 있었다. 창 밖으로 내다보이는 서울이 새삼 아름답게 보였다. 그러면서 '정말 집이 좋구나' 하는 생각에 빨리 집에 가고 싶어졌다. (2000. 2)

일관성

　요즘 국내외적인 관심사로 가장 부각되는 사건을 든다면 북한의 핵문제일 것이다.
　북한의 핵문제가 세계 관심사가 된 것은, 1993년 3월 북한이 국제원자력기구(IAEA)의 특별 사찰을 거부하고 핵확산금지조약(NPT) 탈퇴를 선언하면서 시작된다. 그로부터 약 14개월 동안 수 차에 걸친 북·미 고위급 회담, IAEA 관계자 회담, 유엔 안보리 회담, 핵 사찰 재수용, 특별 부분 사찰 거부, 남북 실무 접촉의 파기 등의 순서로 북한은 핵카드를 이용한 갖가지 외교 활동을 마치 곡예사의 외줄타기식으로 아슬아슬하게 진행해 왔고 아직도 해결의 실마리를 찾지 못하고 있다. 그러나 분명한 것은 북한이 핵카드를 이용하여 국제 외교적으로 고립된 상태에서 벗어나 유리한 입장으로의 전환을 위한 노력을 계속하고 있다는 사실이다.
　북한의 궁극적 목적이 어디에 있느냐는 것은 예측 가능하지만 확실한 의도는 알 수 없다. 그러나 한 가지 분명한 것은 여러 가지 상황과 증후로 보아 북한이 핵 개발 중이라는 사실이다. 또한 그 목적이 평화적 이용이 아니라 전쟁용이라는 것은 '서울 불바다' 발언으로 명확해졌다. 그렇다면 예상 피해 대상자는 대한민국인 것이다. 그런데 당사자인 대한민국은 전혀 대화에 제외되어 있고, 북한은 미국을 상대로 대화하려고만 한다. 미국 역시 핵문제 해결을 위하여 부득이 북한을 상대할 수밖에 없는 처지인 것 같다.

이러한 상황에 대해 여러 가지 해석이 가능하지만, 근본적인 문제는 남한의 일관성이 결여된 대북 정책의 수행이라 볼 수 있다. 한반도 통일 전략의 변화는 차치하고, 북한이 핵카드를 마구 휘두르는 위기 상황에 대처해야 할 중요 인사가 세 번씩이나 교체되었다. 북한이 반세기 동안 단 한 번의 변화도 없이 시도하고 있는 것이 무력에 의한 적화 통일이다. 이제는 핵까지 개발하여 단숨에 서울을 '불바다'로 만들겠다고 위협하고 있다. 그들이 이미 백만의 군인을 휴전선에 전진 배치 완료했고 군의 사기 진작을 위하여 갖가지 노력을 하고 있음은 매스컴을 통하여 알려진 바와 같다. 이와 같은 상황에도 불구하고 우리측에서는 정반대되는 상황만 벌어지고 있으니 무엇을 알고 그러는 것인지 모르고 그러는 것인지 불안하기만 하다.

대한민국이 미국의 핵우산 밑에 있다고 하나 우리의 대비 없이 항상 안전할까 의문이다. 냉혹한 국제 사회에서 영원한 우방도 없고 영원한 적도 없다는 사실은 역사를 통하여 증명되었다. 현재 우리의 혈맹인 미국이 우리를 지원하고 있고 북한의 오판을 저지하고 있다. 그러나 언제 상황의 변화가 있을지 아무도 예측할 수 없지 않은가?

북한과 남한이 일대 일의 관계가 되었을 때 막강한 군대와 핵까지 가진 북한에 무슨 방법으로 대응할 것인가. 북한이 경제적으로 궁핍하고 남한이 아무리 잘 산다 할지라도 싸움에는 부자와 거지가 따로 없다. 주먹 센 측이 일단 승리한다는 것은 삼척동자라도 알 일이다. 망하고 난 다음의 후회는 아무 소용 없는 것이다. 오로지 믿을 수 있는 것은 스스로 힘을 키우는 것밖에 없다.

　핵이면 핵, 힘이면 힘으로 대처해 나간다면 결국 승리는 뻔한 것 아니겠는가. 바라건대 하루빨리 단합하여 힘을 모으고 정부는 일관성 있는 대응으로 국민의 신뢰를 회복하는 것이 급선무일 것이다.

(1994. 5)

배수진

　배수진(背水陣)이란 물을 등지고 진을 친다는 뜻으로 옛날 중국의 군사 전략 용어인 배수지진(背水之陳)에서 유래한 말이다.
　한(韓)나라의 왕 유방이 한신에게 명하여 조(趙)나라를 공격하도록 했는데 먼 거리를 진군한 병력이 극도로 지치고 험준한 산악을 만나 지형적으로도 불리한 입장에 처하게 되었다. 이를 타개하기 위하여 한신은 주력 병력을 강을 등지고 포진하게 했다. 『사기(史記)』에서는 이 장면을 다음과 같이 묘사하고 있다.

　　信乃使萬人先行(신내사만인선행)
　　出背水陳(출배수진)
　　趙軍望見而大笑(조군망견이대소)

　　한신은 일만의 군대를 먼저 보내어
　　강을 등지고 진을 치게 했다.
　　조나라 군대는 이것을 보고(병법을 모르는 자라고) 크게 웃었다.

여기서 배수진은 강이 퇴로를 차단하기 때문에 병력이 전멸할 수도 있는 위험성을 지닌다. 따라서 통상적으로는 사용되지 않는 전술이다. 그러나 한신은 병사들을 선택의 여지가 없는 사지에 몰아넣음으로써 필사의 각오로 싸우도록 했던 것이다. 마치 쥐가 고양이에게 쫓겨 막다른 골목에 이르면 오히려 돌아서서 고양이에게 달려든다는 내용의 속담과 같은 뜻을 내포한 전법이다.

배수진을 가볍게 여긴 조나라 군대가 전원 진군하여 일격에 섬멸하려 했으나 한나라 군대의 필사적인 저항에 부딪쳐 고전하는 동안 매복했던 한나라 병사들이 쉽게 험준한 요새를 돌파하여 성을 함락시켜 승리를 쟁취했다고 한다.

우리 나라에도 이와 유사한 예가 있다. 임진왜란 때 왜구의 침략으로 추풍령 이남이 함몰되고 파죽지세로 한양을 향하여 적군이 진군하는 상황에서 선조 임금은 당시 맹장이었던 신립 장군에게 이를 격퇴하도록 명했다. 신립 장군은 얼마 남지 않은 정예 관군을 지휘하여 적과 싸우게 되었다. 이때 신립 장군은 조령, 죽령으로 이어지는 험준한 소백산맥의 지리적 이점을 택할 것인가 아니면 결사 항전을 각오한 배수진으로 일전을 벌인 것인가를 놓고 고민한 끝에 후자를 택했다. 결국 물밀듯이 밀어 닥치는 왜군에게 중과부적으로 밀려 전원 수장되는 비참한 패전을 했다. 이 싸움이 그 유명한 탄금대 전투이다.

이러한 사례에서 유래한, '더 물러설 수 없는 처지'를 뜻하는 '배수진'은 요즘 '에라 모르겠다, 이판사판이다'라는 뜻으로 대치되는 것처럼 보인다. 최근 매스컴에 자주 보도되는 북·미 핵 협상에서 북한은 한국형 경수로의 수용 문제를 놓고 절대 수용 불가를 주장하면서 협상 자체를 원점으로 돌려놓기 위해 '핵 개발을 계속하겠다'는 공갈을 치고 있다.

북한이 왜 이렇게 완강히 저항하고 있을까. 작금의 북한 실정을 감안한다면 충분히 분석 가능한 행위라고 생각된다. 첫째, 1980년대에 들어서면서 북한의 경제 개발 계획은 궤도를 벗어나 버렸고 그나마 후견인 노릇을 하던 소련의 몰락으로 더욱 어려워진 데다가 설상가상 계속되는 기상 이변으로 식량 사정이 악화되었다. 둘째, 이를 타개하기 위하여 그들이 제시한 합영법은 자유 진영의 호응을 얻기는커녕 자체의 모순(주체사상, 주체경제 유지)에 봉착하여 실효를 거둘 수 없었다. 셋째, 김일성의 사망으로 정신적인 지주를 상실한 패배 의식에 사로잡혀 극도로 불안정한 상태이다. 이런 상황에서 한국형 경수로의 수용은 결과적으로 북한의 개방을 유도하는 도화선의 역할을 할 것이고 스스로 주장하는 북한 우위의 자존심을 잃게 만드는 결과를 가져올 것이 뻔하다. 그렇기 때문에 현재 북한의 상황은 자유 세계의 개방 요구에 퇴로마저 차단된 상태 바로 그것이다. 결국 북한 당국이 배수진을 치고 있다고 해도 틀리지 않을 것이다. '이판사판 죽기 아니면 까무러치기'의 잘못된 배수진인 셈이다.

　북한은 이미 핵 무기, 화학 무기를 비롯한 막강한 군사력을 보유하고 있다. 이러한 정황에서 북한은 일전불사를 외친다. 반면 우리는 북한의 이러한 분위기를 단순한 공갈로 받아들이고 있다. 미국의 핵 우산이 있으니까, 우리도 막강한 국군이 있으니까 하는 안이한 생각에 대부분 젖어 있다. 흥청망청하는 과소비, 못 다툼만 하는 노사 문제, 이완된 사회 분위기에서 조장되는 각종 범죄, 바로 이런 것들이 우리의 현상황을 단적으로 보여준다. 아차 하는 순간에 통일이고, 세계화고 다 날아가고 심지어는 남북한이 공멸하는 비극이 연출될 수도 있다.

　우리가 잘 산다, 우리 국력이 강하다는 말만 내세우지 말고 실제로 승리하고 자존할 수 있는 방법을 모색해야 한다. 북한의 잘못된 배수진에 대처하는 길은 결국 국민 각자의 자각과 단결에서 찾아야 할 것이다. (1995. 4)

제4부
새해를 맞이하며

우리는 한 가족

 다사다난했던 1987년도 저물고 희망찬 1988년 원단을 맞이하였다. 한 해를 마무리짓고 새해를 출발하는 시점에서 지난 일들을 반성하고 새해를 설계하며 실천을 다짐하는 것이 개인이나 회사나 다를 바가 없고 국가 역시 이런 차원에서 운영된다고 본다.
 지난 1987년은 뒤돌아보기조차 싫은 한 해가 아니었던가 생각한다. 그러나 쓴 약이 몸에 좋다고 하듯이 우리를 괴롭게 한 모든 일들이 어떻게 보면 값진 교훈과 지식이 되지 않았나 하는 생각도 든다. 사회적으로는 불안한 정국, 노사 분규, 대통령 선거 등의 큰일들이 꼬리를 물었고, 회사로서는 아직 걸음마도 제대로 못 하는 어린 나이에 세차게 몰아치는 세파에 시달리며 갖은 고생을 겪었던 한 해였다. 그러나 비 온 후에 땅은 더 굳어지는 법이며, 온상 속의 화초보다 들꽃이 생명력이 더 강하다고 했다. 한 회사가 태동하여 갖은 고생 끝에 자립한다면 더욱 끈질기고 강한 체질의 회사가 되리라 생각하고 위로해 본다.
 이런 측면에서 작년에 우리가 겪은 고생은 여러 모로 값진 경험이었다. 또한 이제 갖은 산고를 겪고 태어나는 새로운 정부는 국민의 합의에 의하여 탄생한 것이기에 과거의 어려움을 교훈삼아 잘 해나 갈 것이라고 일단 기대를 걸어 보고 싶다.

작년 한 해 가장 값진 우리의 수확은 어려움 속에서 누구도 상상할 수 없을 정도로 굳게 단합된 모습을 과시했다는 것이다. 혹 다른 사람들이 우리에게 '어떻게 속단하느냐?', '무엇으로 증명할 것이냐?'라고 묻는다면, 나는 이렇게 말하고 싶다. 우리의 체온, 우리의 눈빛, 그리고 우리의 오고 가는 마음을 조금이라도 느끼고 지켜보라고.

우리 회사의 당면 과제로는 장비의 현대화, 기능의 극대화, 재무 구조의 개선 등 태산과 같이 많은 일들이 있다. 그러나 이러한 일들은 인간의 지식과 돈으로 해결할 수 있는 단순한 것들이다. 보다 중요한 것은 회사를 형성하는 '우리'라는 인간적인 차원에서의 공동체 의식이다. 이것이 핵이 되어 모든 것이 이루어진다는 것을 우리는 명심해야 한다.

'우리'라는 공동체 의식은 반드시 신뢰를 바탕으로 한 상호 인격의 존중, 진실한 사랑으로 결속된 인간 관계를 말하는 것이다. 남남이 모여 하나의 목적을 위하여 협력하여 이루어 나가는 생활의 장이 바로 우리들의 일터인 회사이다. 회사가 잘되고 못되고 하는 것의 가장 핵심적인 요소는 진실한 인간 관계로 결속된 힘의 원천을 골간으로 하여 고도의 기술과 경영 합리화의 노력이 조화를 이루는 것이다. 이런 관점에서 지난해의 어려운 여건 속에서 다져진 결속은 더욱 값진 것이다.

새해를 맞이하여 우리의 단합된 힘을 사랑으로 더욱 결속시켜 튼튼한 회사의 기초를 완성하고 이를 토대로 다른 일들을 추진할 때 기대 이상의 성과를 거둘 수 있으리라 확신한다.

올해는 가족 여러분과 약속한 '회사의 기반 구축 완성의 해'이다.

따라서 금년은 회사로서는 매우 중요한 한 해가 아닐 수 없다. 건축할 때 가장 중요한 것이 기초 공사이다. 기초 공사는 대개가 지하에서 이루어지므로 자칫 소홀히 취급하는 경우가 있다. 만일 그렇게 되면 아무리 찬란한 멋진 건물이 지상에 지어졌다 하더라도 곧 금이 가고 보기 흉하게 될 뿐만 아니라 붕괴의 위험마저 있을 것이다.

이처럼 보이지 않는 부분이 오히려 더욱 중요할 수 있다. 바로 이 보이지 않는 부분 중에 가장 중요한 것이 인화 단결로써 이루어지는 한 가족 의식, 즉 사랑으로 결속된 공동체 의식인 것이다.

우리 모두 가슴을 활짝 펴고 머리를 높이 들어 멀리 떠오르는 아침 해를 맞이하며 한없이 맑은 공기를 듬뿍 마시자. 새해 아침 희망찬 설계를 각자의 마음속에 새기며 풍요롭고 행복한 내일을 위하여 전진하자. (1988. 1)

웃자

태양은 반드시 동쪽에서 떠서 서쪽으로 넘어간다. 이와 같은 현상은 수천 년 수만 년 동안 변함 없이 지속되었고 또 계속될 것이다. 이러한 대우주의 현상 속에 우리의 생활은 아무런 느낌 없이 아침에 잠자리에서 눈을 뜸과 동시에 하루의 일과가 시작되고 해가 서쪽으로 기울어 어둠이 찾아들면 저녁을 맞이하고 잠자리에 들면 하루가 종결된다. 인간의 이러한 일상 생활 역시 당연한 것으로 여겨지며 반복되어 왔다.

먼 옛날 우리 인간이 미개하였을 때는 시간의 셈 개념이 없어 이 세상에 출생하면서 그런 생활의 반복 속에 세월은 흘렀고 인생은 마무리되었으리라고 생각한다. 그러한 현상을 추측케 하는 한 예로 2차대전 중 일본이 남양군도를 점령했을 때의 일을 들 수 있다. 미개한 원주민들을 생포하여 심문하는 과정에서 건장한 청년으로 보이는 원주민에게 나이를 물었더니 "예, 십여 살 될 겁니다"라고 대답하더라는 것이다. 다시 "그럼, 자네 아버지는 몇 살인가?" 하고 물었더니, "저희 아버지도 십여 살 될겁니다" 하더란다. 전혀 시간 개념이 없는 생활의 탓이었을 것이다.

우리는 예외 없이 달력을 보면서 한 해가 가고 이제 며칠 지나면 새해를 맞이하는구나 하고 생각한다. 그러나 엄격히 따지고 보면 12월 31일 저녁이 유별나게 다르고, 1월 1일 아침이 유난히 밝은 것은 아니다. 그런데도 우리는 관념적으로 연말을 맞이하면서 못 다한 한 해의 일들을 아쉬워하고 또 잘못한 일들을 반성하고 내년에는 못 다한 것, 잘못한 것들이 모두 잘되도록 기원하면서 희망찬 새해의 아침을 맞이한다. 그러기에 어둡게 보이는 세모요, 밝은 새해 아침이 되는 것이다. 그렇게 되는 이유는 우리가 마음의 눈으로 세상을 보기 때문이다.

이제 1988년을 보내고 1989년 새해를 맞이하면서 우리도 지난해 못다한 일, 아쉬운 일, 후회스러운 일, 잘못한 일 등의 한 해 일들을 돌이켜보며 작게는 자신의 일부터 좀더 크게는 직장의 일, 나라의 일까지 곰곰이 반성하게 된다.

그러나 가능한 일, 바꾸어 말하면 작은 일 한 가지라도 마음에 새겨 실천하는 것이 못 다할 큰 일에 연연하는 것보다 값지다는 것은 누구라도 아는 상식이다. 그러니 거추장스럽게 국가 일을 논한다거나 직장의 일까지는 포함시키지 않아도 좋다. 국가의 일들은 정치를 하는 분들에게, 직장일은 직장 운영자에게 우선 맡긴다고 생각하고 우리 스스로의 작은 일들 중에 하나를 떠올리는 것은 어떨까.

내가 권유하고 싶은 것은 바로 '웃음'이다. 웃음 중에는 여러 가지가 있다. 비웃는 웃음, 바보스러운 웃음, 음흉한 웃음 등 갖가지 감정을 표현하는 웃음이 있지만, 여기서 이야기하고자 하는 웃음은 그러한 웃음이 아닌 복을 가져오는 정다운 웃음을 말한다.

다 같이 한번 상상해 보자. 아침에 곤한 잠에서 깨어나 눈을 떴다. 옆에는 하루 종일 어려운 환경에서 집안일 꾸려 나가랴, 애들 돌보

랴, 남편 뒷바라지하랴 피곤한 하루를 보내고 일어날 시간인데도 곤히 새벽잠에 빠져 있는 아내의 얼굴이 있다. 시집올 때는 그 고왔던 얼굴이 세파에 시달리는 동안 주름살로 가득하다. 순간 변변치 못한 자신을 의식하면서 안쓰럽고 미안한 생각이 든다. 그 옆을 보니 철없고 순진한 아이들의 얼굴이 눈에 들어온다. 큰놈은 개구쟁이라 얼굴에 상처 자국까지 있다. 어제 저녁 곤히 자느라 제대로 씻지도 못했던지 꾀죄죄한 얼굴이다.

인기척에 아내가 드디어 눈을 뜨고, 늦잠으로 당황한 엄마의 움직임에 애들도 잠에서 깼다. 당황하며 일어나는 아내에게 다정하게 미소를 지으며 "여보 잘 잤어? 아직 늦지 않았어" 하며 어깨라도 두드려 주고, 어린것들을 돌아보며 "이런, 내 귀여운 새끼들을 깨웠구나! 더 자거라" 사랑스런 얼굴로 이불을 다독거리며 어루만져 준다. 아내는 다정하고 믿음직한 남편의 체취를 느끼며 비록 경제적으로는 부유하지 못하고 보잘것 없는 처지에 있지만 그 순간에 느끼는 행복감은 그 무엇으로도 바꿀 수 없는 것이라 생각한다. 아내는 삽시간에 피곤이 싹 가시면서 경쾌한 기분으로 일어나 "여보. 늦어 미안해요. 잠깐만 기다리세요. 빨리 아침 준비할께요" 하고 웃는다. 그러면 "여보 아직 늦지 않아. 천천히 해" 하고 답한다. 하루가 이렇게 웃음으로 시작된다. 아내의 따뜻한 전송을 받으면서 흐뭇한 마음으로 출근길에 오른다. 손에 따뜻하게 느껴지는 도시락 가방에서 다시 조금 전의 아내 얼굴을 만난다. 출근 버스에서 동료들과 웃음으로 인사를 나눈다. 좋은 친구들. 버스 창가로 비치는 거리의 모습은 마냥 활기차고 즐겁다.

언제 왔는지도 모르게 직장에 도착한다. 아침에 만나는 윗사람도 웃음으로 맞아 준다. "안녕?" "안녕히 주무셨습니까?" 더 말이 필요없다. 일과가 시작되고, 하루 종일 즐거운 마음으로 일한다. 비록 작고 보잘것 없는 것일 수도 있지만 자신의 일에 긍지를 느낀다. 출근길에 전송하던 아내의 웃는 얼굴이 주마등처럼 뇌리를 스친다. 혼자 웃는다. 열심히 일하자. 나를 하늘처럼 믿고 사는 아내, 그리고 저 귀엽고 천진한 아이를 위하여 술, 담배라도 줄여 금년 생일에는 아내에게 조그마한 선물이라도 하나 사 주자. 얼마나 좋아할까? 이런 생각들이 영상이 되어 하나 둘씩 지나간다. 그래 오늘만큼은 곧바로 퇴근하여 아내를 놀라게 해주자. 그래 대포 값이 절약되었으니 큰놈 좋아하는 튀김과자나 사서 가야겠다. 그리고 또 씩하고 혼자 웃는다. 하루의 일과는 즐거운 마음으로 잘 끝났으며, 퇴근길에도 놀라며 맞이할 아내의 얼굴을 떠올리며 또 혼자 웃는다.

우리의 소박한 동료의 모습을 새해의 결심과 더불어 그려 보았다. 바로 이것이 진정한 행복이 아닐까? 행복이란 물질의 풍요로움에 있는 것이 아니고 바로 우리의 마음속에 있다. 그리고 바로 웃음이야말로 굳게 닫혀 있는 우리의 행복의 문을 여는 열쇠란 것을 깨우쳐야 한다.

우리의 인생은 유한하며 또한 순식간에 지나간다. 그런데 우리는 어리석게도 이 아까운 우리 인생의 시간을 쓸데없는 과욕으로 허비하며 터무니없는 망상 속에서 허우적거린다. 웃음이라는 단순한 실천 속에서 소중한 진리를 깨달은 우리 모두가 좋은 직장, 나아가서는 훌륭한 국가 건설을 위한 힘의 원천임을 잊지 말았으면 하는 것이 나의 새해 소망이다. (1989. 1)

어디로 갈 것인가?

　연말연시를 맞아 신문이나 방송에서는 한 해를 보내고 새해를 맞이하며 '다사다난했던 80년대를 청산하고 대망의 90년대를 맞이하여……'라고 표현한다. 하도 여러 번 듣다 보니 짜증스럽기까지 하다. 좋은 이야기도 한두 번이지 자꾸 하면 좋게 들리지 않는 법이다. 무엇이 다사다난했고, 더더욱 대망의 90년대라고 하니 무엇을 그리 크게 기대하고 있는지 잘 모르겠다. 그러니 이제는 신문도 보기 싫고 텔레비전, 라디오 모두 역겹기까지 하다.
　며칠 전에는 신문 1면에 대문짝만한 글씨로 썼기에 무엇인가 하고 들여보았더니 '5공 청산 방안의 합의'라고 씌어 있다. 제발 잘되었으면 하는데 쉽사리 합의가 이루어질런지?
　솔직히 말해 우리 소시민의 작은 소망은 조용한 사회, 명랑한 분위기, 그리고 넉넉치는 못하지만 걱정 없는 생활이면 족하다 할 것이다. 물론 사람마다 생각의 기준과 사는 방법이 다르니 만족 정도는 분명 다르리라고 여겨진다.
　옛사람들은 생을 영위하는 데 있어서 물질적인 만족보다 정신적인 자유스러움에 더 가치를 두었던 듯하다. "나물 먹고 물 마시니 더 이상 족함이 없다"는 표현처럼 말이다. 그리스의 현자 디오니소스 역시 따스한 햇볕에 만족감을 표시하였다. 예수 그리스도, 석가모니 등의 성인은 말할 것도 없다.

그런데 최근 나라의 형편, 사회의 분위기가 말이 아니다. 어찌 이렇게 쉽게 변할 수 있을까? 변해도 좋은 쪽이 아니고 나쁜 쪽으로 말이다. 1988년 6·29선언 이후 각계 각층의 욕구가 한꺼번에 분출되어 지금껏 시끄러운 것 같다. 물론 그 동안 민주주의 한다고 제도만 비슷하게 만들어 놓고 국민을 멋대로 통치한 위정자의 책임도 크다. 그러나 억압된 상태에서 진정한 민주주의가 무엇인지도 모르는 채 피동적으로 생활했던 우리들의 수준도 문제가 있다고 본다.

원래 진정한 민주주의란 실현하기 어려운 이상적인 정치 제도이다. 이런 점으로 본다면 공산주의 역시 마찬가지이다. 그런데 우리가 지향하고 있는 최소한의 민주주의 국가란 소위 국민소득 일만 불 이상의 일본을 포함한 서방 7개국을 모델로 삼고 있다. 이런 나라들은 민주주의의 역사, 선진 기술, 자연 자원 등 필요한 여건을 갖추고 있다. 이 모든 것은 오랜 세월을 통하여 열심히 노력하여 이룩한 것이지 그저 하루아침에 얻어진 것이 아니다. 그런데도 우리들은 여러 모로 불리한 여건에서 모든 것을 하루아침에 이루겠다는 성급한 행동들을 하고 있는지도 모른다. 이런 것을 '뱁새가 황새 흉내내다 가랑이 찢어진다'고 표현한다.

정치 이야기는 신물이 날 지경이니 그만두고 바로 우리 주변의 형편을 좀 보자. 요즘 시내에 나가면 자동차 행렬이 꼬리를 물어 자동차가 제대로 가는 것인지 아니면 제자리에 정차하고 있는 것인지 구별하기 힘들 지경이다. 언제부터 우리의 형편이 이렇게 좋아져서 너나 할 것 없이 자동차를 가져야 하는지 궁금하다. '꼭 필요한 것인가?' '분수에 맞는 것인가?' 한번쯤은 생각해 볼 문제이다. 집도 장만하지 못하고 전세 생활하면서 자가용 가졌다고 뽐내는 것은 정말 꼴불견이다. 도로 사정, 주차 시설도 없는 복잡한 시내에 일과 후 골목마다 즐비하게 주차시켜 놓는 이유는 또 무엇인가? 마음먹고 장만한 자가용이니 여러 사람에게 과시도 하고 기왕이면 가족들과 외식도 좀 하고…… 등등의 이유로 나온 차들일 것이다. 그렇지 않아도 좁은 골목 양쪽에 일렬로 주차해 놓았으니 차량 통행은 거의 불가능하고 더욱이 사람이 통행할 길조차 없어 남의 집 처마 밑으로 다녀야 할 형편이다.

며칠 전의 일이다. 피곤한 일과를 마치고 모처럼 집에서 잠이나 자야겠다고 생각하고 평소보다 일찍 잠자리에 들었다. 맛있게 잠에 빠져 있는데 요란하게 울리는 전화벨 소리에 잠을 깼다. 불을 켜고 시계를 보니 자정이 넘었다. 순간적으로 '아차 현장에서 사고가 났구나' 하고 불길한 예감이 든다. 조심스럽고 두려운 마음으로 숨을 한번 크게 몰아쉬고 정신을 차려 수화기를 들었다. "여보세요" 하니, "사장님. 저 좀 살려 주십시오" 한다. 밑도 끝도 없는 말에 어리둥절하여 "이 사람 무슨 일인데?" 하고 물으면서 목소리로 대략 누구라는 짐작이 간다. "술을 마시고 나오다가 경찰 단속에 걸려 지금 파출소에 붙들려 있습니다"라는 해명이었다. 어찌되었건 얼마나 다급하면 나에게 전화했겠나 하여 화도 낼 수가 없었다. 현장에 가 보니 파출소에 들어갈 수 없을 정도로 초만원 성황(?)을 이룬 상태였다. 왜 이렇게 되었을까? 민주화의 결과로 오히려 흥청망청거리는 풍토로 바뀌었는가?

금년 초 임금 협상을 하면서 나는 분명 '나눔의 즐거움' '우리 가족들의 좀 나아지는 생활 형편' '서로 고마워하고 아끼는 한 가족 분위기 조성' 등을 떠올리며 기꺼이 응했던 것이 사실이다. 그런데 노사협의회 석상에서 요즘 회사 형편이 대단히 어렵다는 설명을 했더니, 대의원 한 명이 이런 저런 돈이 이렇게 저렇게 나가는데 어렵다는 말이 웬 말이냐며 결론적으로 불평이다. 어이가 없어 웃을 수밖에 없었다. '회사를 운영하는 데 어디 인건비만 갖고 운영이 되나요. 선생님 공부 좀 하고 발언하셨으면 합니다'라고 말하고 싶었으나 모르고 한 말인데 하고 웃어넘기고 말았다. 바로 이런 것이 이른바 민주화 속에서 조직된 노조의 설익은 목소리이다.

이런 분위기라면 먼저 우리의 마음이 병들고 그로 인하여 기업은 망하게 되고, 기업이 망하면 국가가 망하게 될 것이다. 이러한 상황을 누가 해결할 것인가. 정치인? 재벌? 아니다. 우리 개개인이 각성하여 자기 자리를 찾아 열심히 일하는 것이 나 자신을 위하고 가정을 위하고 사회를 위하고 국가를 위하는 길이요, 또한 참다운 민주주의를 이루는 길일 것이다.

우리 모두 한마음 한뜻으로 주변 눈치보지 말고 솔선수범하자. 1990년 새해 새 아침 동해의 아침해가 크고 밝기를 기대하면서.

(1990. 1)

평범한 진리

　19세기 말 영국의 조그마한 성에서 있었던 일이다. 한 성주가 있었는데 천성이 착하기는 하지만 욕심이 많은 사람이었다. 그는 평소에 재산 모으는 일을 열심히 하여 손꼽히는 부자에 속하였다. 어느 날 낮잠을 자면서 꿈을 꾸었는데 꿈속에서 하느님으로 보이는 백발 노인을 만났다. 평소 착한 일을 별로 한 적이 없는 터라 두려움으로 인해 숨도 크게 쉬지 못하고 있는데 노인이 가까이 와서 "오늘 밤 이 성에서 가장 부자가 죽게 될 것이니라!" 하고 말하는 것이었다. 이 소리에 깜짝 놀라 깨어 보니 꿈이었던 것이다. 그러나 꿈속에서 노인이 말한 내용이 생생이 기억되어 점점 불안해졌다. 이 성에서 가장 부자라? 바로 그 사람은 성주 자신임이 틀림없었기 때문이다. '오늘 저녁에 죽는다.' 너무 두려워 견딜 수가 없었다. 아무리 꿈이라도 너무 또렷했던 말소리가 점점 두려움을 가중시켰다. 혹시 내가 죽게 되면 어떻게 하나! 나의 가족은 어떻게 하고 이렇게 애써 모은 재산은 어떻게 하나! 불안하기 짝이 없었다. 갑자기 무슨 일이 일어나서 죽게 된다는 것일까? 별별 생각을 다 하게 되었다. 이렇게 멀쩡하고 건강한 사람이 갑자기 죽다니, 병으로 급사하는 것일까? 집이 갑자기 무너져 압사하는 것은 아닐까? 그러나 매우 튼튼한 성이 무너진다는 것은 상상이 되지 않는다. 벼락이 칠까? 별이 초롱초롱한 밤이니 벼락이 칠 일도 없다.

　시간이 흘러 드디어 자정을 가리키는 시계의 종소리와 동시에 멀리서 교회종이 은은히 울리고 있었다. 그 종소리는 아주 멀리서 들려오고 있었으며 마을 어디에서 사람이 죽었음을 알리는 종소리였다. 성주는 죽음을 면하였다는 안도의 한숨을 내쉬며 대기하고 있던 의원에게 "죽을 사람이 내가 아니었군!" 하고 쑥스럽게 웃었다. 그러나 순간 '가장 부자'라는 꿈속 노인의 말이 생각나서 '그럼 이 성에 나보다 더 부자인 사람이 있었단 말인가?' 하는 의문이 생겼다. 그 성주는 부하들에게 빨리 가서 누가 죽었는지 알아보고 오라는 명령을 내렸다.

　조사를 마치고 돌아온 부하들의 보고에 따르면 건너 마을 다리 밑 움막에 사는 불쌍한 늙은 거지 영감이 죽었다는 것이었다. 성주는 깜짝 놀라 '분명 움막 속에 금은보화를 숨기고 죽었을 것이다'라고 생각하며 행여 누가 그것을 발견하고 가져갈까 두려워 "빨리 가서 움막을 모조리 뒤져 보아라. 거기에는 귀한 보물이 숨겨져 있을지 모르니까" 하고 단단히 일러 급히 가도록 명하였다. 시간이 꽤 지났건만 좀처럼 부하들은 돌아오지 않았다.

　성주는 안절부절 서성대며 금은보화 소식만 기다리고 있는데 해가 중천에 솟았을 무렵 드디어 부하들이 돌아왔다. 성주는 조급한 마음에 "금은보화는 어찌 되었느냐?" 하고 다그쳐 물었다. 그러나 부하들의 대답은 너무나 의외였다. "움막을 모조리 뒤져 보았습니다만, 금은보화는 보이지 않았습니다. 대단히 황송하오나 발견한 것은 모두 이것뿐입니다" 하고 작은 보자기의 물건들을 펼쳐 보였다. 거기에서 나온 물건은 평소 구걸할 때 사용하던 쪽박과 부러진 숟가락, 그리고 겉장이 찢어진 낡은 성경책 한 권이 전부였다. 성주는 낡은 성경책을 보는 순간 번개처럼 뇌리를 스치는 것이 있었다. "아! 바로 그것이었구나." 성주는 '가장 부자'의 참뜻을 깨닫게 되었던 것이다. 진정한 부자는 물질의 다소에 의해서가 아니라 마음의 풍요에 의해 결정된다는 사실을. 성주는 그 이후로 자기의 재물을 가난한 사람에게 나누어 주고 남들의 어려운 일에 괴로움을 같이하는 훌륭한 성주로 일생을 마쳤다는 이야기이다.

위의 예화는 우리에게 시사하는 바가 크다고 생각한다. 오늘날과 같이 물질 만능주의가 팽배하고 자기만을 생각하는 극도의 이기주의가 만연하는 풍조 속에 사는 우리에게 삶의 가치를 어디에 둘 것인가에 대한 명확한 해답을 주고 있는 것이다.

망국병인 과소비, 각종 비리, 범죄 등이 다 이러한 사회 분위기에서 비롯된다고 하겠다. 이 때문에 국가의 건전한 경제 활동의 분위기는 퇴색되고 금년과 같이 60억 불의 무역 적자가 초래된 것이다. 물론 페르시아만의 위기, 원유가의 상승, 우루과이 라운드 등으로 인한 국제 무역 여건의 악화를 주요 요인으로 꼽을 수도 있겠지만, 근본적인 원인은 위에서 말한 망국병이라 할 것이다. 우리가 모처럼 선진국으로 도약하는 호기를 잡은 이때 이대로 주저앉을 수는 없지 않은가. 이 모든 잘못은 우리의 욕심에서 비롯되었음을 우리는 쉽게 발견할 수 있다. 따라서 이것을 치유하는 방법도 쉽다고 할 수 있다. 우리가 위의 예화에서 살펴본 평범한 진리 속에 치유 방법이 있을 것이라 생각한다. 새해를 맞아, 오늘의 우리 잘못을 반성하며 내일을 설계해야 할 것이다. (1991. 1)

어려움을 극복하는 길

　영일 가족 여러분! 새해 복 많이 받으십시오. '복 많이 받으십시오'라고 인사드리는 참뜻은 '복 받으실 일 많이 하십시오'라는 것이다. 매사에 양보하고 모든 이를 위하여 베푸는 한해가 되어 주십사 하는 것이다.
　새해를 맞이하는 이 순간에도 우리의 주변에는 너무나 어려운 일들이 도사리고 있다. 그러기에 선뜻 '희망찬 1992년을 맞이하여' 운운하는 말을 할 수 없다. 누구나 알고 있듯 세계 정세는 미소 양대 세력의 균형이 무너지고 새로운 질서 편성을 위한 조정 국면에 있으며, 국내적으로는 6공화국 출범과 동시에 불어 닥친 민주화 열풍에 휩싸여 있다.
　이러한 내외적인 분위기가 여러모로 우리 나라에 불리한 영향을 미친다는 사실은 우리 모두 현실에서 피부로 느끼고 있다. 그간 유지되어 오던 한미 협조 관계가 국제 사회의 힘의 논리로 변하였다. 지난해 대미 무역 적자가 이를 대변한다. 이처럼 국제 사회에서 적과 우방의 개념은 수시로 국가 이익을 위하여 변한다는 사실을 우리는 현실에서 보고 있다.

　국내적으로도 그간 정신 없이 뛰던 우리 모두가 민주화란 노랫소리에 넋을 잃고 방향 감각을 잃어버린 상태이다. 노사 문제, 학생 운동, 각종 이익 추구에 얽매인 집단 행동, 불건전한 사회 기풍의 만연 등의 문제들은 고임금, 노동 생산성 저하, 투자 의욕 감퇴, 과소비, 향락주의 등의 부작용을 낳고 말았다. 이 모든 것이 누군가 우리에게 던져 준 것이 아니고 우리들 스스로가 조장하였다는 사실을 인식해야 한다.

　최근 사회 각계 각층에서 위기 의식을 느끼면서 이래서는 너나 할 것 없이 모두 망할 것이라는 자각의 분위기가 조성되고 있다. 그리하여 30분 일 더 하기 운동, 10퍼센트 덜 쓰고 10퍼센트 더 저축하기 운동 등의 건전한 분위기가 싹트고 있음은 매우 바람직한 일이라 하겠다.

　우리 회사도 지난해에 많은 어려움을 겪어야 했다. 노사의 문제가 매끄럽지 못하였고 그 때문에 대외적인 공신력이 최악의 상태에 이르렀다. 또한 그런 분위기의 부작용이 각종 안전 사고와 재해로 이어져 회사와 개인의 많은 손실을 초래하였다. 이러한 분위기 속에서 우리는 싫든 좋든 간에 1992년을 맞이하였다.

　대외적으로는 21세기에 예상되는 경제 침략 전쟁의 포석이 이미 시작되었다. 이른바 유럽 경제권이라든가 북미 경제권, 일본 경제권 등이 바로 그것이다. 이러한 분위기를 바탕으로 미국의 무역 개방 압력이 더욱 거세어질 것이고 유럽 경제권의 무역 보호 장벽은 더욱 높아질 전망이다. 또한 일본의 경제 침략 기도는 본격적인 마각을 드러낼 것으로 보인다. 이러한 선진 제국의 압력 속에 설상가상으로 후진 제국이 급속히 성장해 우리의 모든 경제 분야에 엄청난 위협이 될 것이다.

국내적으로는 금년에 집중된 각종 선거 때문에 예상되는 부작용 또한 대단히 심각할 것으로 생각된다. 우선 선거 때 풀려 나오는 돈, 이로 인한 물가 상승, 치안 공백에서 오는 사회 분위기의 혼란, 이러한 여파로 야기되는 생산의 차질 등 무수한 난제들이 우리 앞에 수북히 쌓여 있다. 이 어려움을 과연 어떻게 극복할 것인가? 이 시점에서는 망설일 시간조차 없다. 나는 다음 사항들을 제안하고 싶다.

개인적으로는,

긍정적인 사고 방식을 가지자.
매사에 열심히 일하겠다는 마음을 가지자.
주변 모두를 사랑하자.
분수에 맞도록 아껴 생활하자.

또한 단체의 일원으로서는,

한 가족 의식을 가지자.
기술 발전을 위하여 노력하자.
절약하고 아끼는 마음을 가지자.
안전 의식에 투철하자.

이상의 각오를 굳게 하여 실천에 옮길 때 우리 앞에 놓여 있는 난제들이 수없이 많다고 하여도 능히 극복하리라 믿어 의심치 않는다.

(1992. 1)

희망찬 새해, 만족스런 한 해

　새해 새 아침이 밝았다. 돌이켜보면 지난 한 해는 국내외적으로 대단히 바쁘고 어수선한 해였다. 세계는 바야흐로 냉전 시대를 종식하고 화해의 시대로 전환하였다. 그러나 이러한 상태가 평화스러운 분위기로의 전환이라는 등식은 성립되지 않는다. 세계는 또 다른 형태의 대립과 경쟁 체제로 돌입하고 있기 때문이다. 경제 블럭화 현상이 바로 그것이다.
　유럽 각국은 공동 경제 블럭화하였으며, 북미 역시 이에 공동 대처하고 있다. 결국 자국의 경제 발전과 이익을 위하여 모든 수단과 방법을 동원하겠다는 것이다. 매일같이 지상에 보도되는 '우루과이 라운드'도 일종의 압력 수단이다. 이러한 일들이 우리와 무관한 것이 아니고 바로 우리 깊숙이 파고들어 오고 있음을 실감하고 있다.
　우리는 급변하는 세계 정세로 인해 그간 정립되어 있던 관념의 재조정도 미처 하지 못하는 사이에 우리에게 닥친 심각한 압력에 정신조차 차리지 못하는 실정이다. 결국 최근의 국제 정세의 변화는 '영원한 우방도 없고 영원한 적도 없다'는 말을 실감케 한다.

지금 우리 나라는 남북의 대립이 상존하여 군사적인 대치가 불가피하고 그간 우리의 우방이었던 서구 여러 나라들의 무역 장벽과 각종 압력으로 심각한 타격을 받고 있다. 설상가상으로 동남아 각국과 거대한 이웃인 중국까지도 우리의 밥줄인 무역 시장을 잠식하고 있으니 대단히 불안하고 힘겨운 위치에 놓였음을 쉽게 알 수 있다. 그야말로 사면초가의 형국이다.

국내적으로는 지난해에 총선, 대선 등 국가 대행사를 치렀고, 1992년과 더불어 제6공화국은 막을 내렸다. 언제나 그러하였지만 정치적인 전환기에는 사회적으로 많은 부작용이 따르기 마련이다. 정권 말기의 통제력 약화에서 오는 사회 불안 요소 등이 지난 한 해 동안 우리 모두를 불안하게 했다.

우리 회사도 유난히 많은 안전 사고를 냄으로써 막대한 손실을 자초한 한 해였다. 누구나 한 해를 마무리하고 새해를 맞으면서 못 다한 아쉬움으로 섭섭해 하면서 새해에는 꼭 무엇무엇을 이루리라고 갖가지 계획과 결심을 하게 된다. 그런데 금년도 각 분야별 전망을 보면 우리의 여건이 호전되리라는 기대를 걸 수 없는 형편인 것 같다. 세계 경제의 침체가 다소 나아질 것이라는 전망들을 하고 있으나 급격한 호전은 어려울 것으로 예측된다. 국내의 정치, 경제, 사회 분야도 새로운 정부의 의욕적인 개혁 의지로 서서히 호전될 것이라는 기대는 가져 보지만 그간의 침체 정도가 너무 심하여 쉽사리 기대만큼의 성과는 어려울 것이라는 전망이다.

이러한 상황 속에서 살아 남는 길은 우리 스스로 생존해야겠다는 의지를 갖고 단결하여 하나로 뭉쳐서 내핍과 절약으로 낭비 요소를 철저히 차단하고 각 분야에서 연구, 노력하여 원가를 절감하는 길밖에 없다.

이제는 우리 가족 구성원 모두가 국내외의 여건과 회사의 사정을 짐작할 수 있을 만큼 의식이 성숙하였다고 믿는다. 과거의 터무니없는 주장과 요구 등을 되풀이해서는 안 될 것이다. 어떻게 고르게 몫을 나누느냐 하는 고민은 밥솥에 밥이 충분할 때 비로소 가능한 것이다. 빈 솥을 놓고 어떻게 나눌까 걱정하고 있다면 아마 먼저 정신병원으로 가야 마땅할 것이다. 우리의 노력은 밥솥에 맛있는 밥이 가득 채워지도록 하는 데 먼저 집중되어야 할 것이다.

지금 우리의 위치는 초보적인 단계에 지나지 않는다. 그간 우리 스스로 많은 노력을 경주하였지만 성과는 별무한 실정이다. 그러나 시행 착오적인 경험을 통하여 우리가 발전할 수 있는 길을 터득하는 성과를 거두었다고는 말할 수 있다.

이제 새해를 맞이하여 새로운 정부의 탄생에 발맞추어 각계 각층에서 새로 출발하자는 분위기가 일고 있다. 우리는 이즈음에 새로운 각오로 심기일전하여 적극 동참해야 한다. 그리하여, 희망찬 새해로 시작하여 만족스런 한 해로 마무리할 수 있도록 다 같이 서로를 격려하고 노력하도록 하자. (1993. 1)

개꿈을 현실로!

　대개 섣달 그믐날 밤에는 보람된 새해를 위하여 여러 가지 설계를 한다. 그리고 새해를 맞아 서로 인사를 나누면서 "좋은 꿈 꿨어?"라고 묻곤 한다. '돼지꿈'이 좋다고들 하지만 개의 해인 금년만큼은 '개꿈'을 꾸는 것도 대단히 좋을 듯하다.

　원래 '개꿈'이란 현실에 맞지 않는 꿈, 두서 없이 꾸는 꿈을 말한다. 현실에 맞지 않는 꿈은 대체로 이상적인 세계를 말하고, 두서 없는 꿈은 복잡하고 다양한 욕구의 표현이기도 하다. 새해 첫날 '개꿈'을 꾼 것은 지난밤 여러 가지 새해의 이상적인 설계를 하다가 잠이 들었기 때문일지도 모른다. 그러니 '개꿈'이 실현되도록 노력한다면 어찌 좋은 결과가 오지 않겠는가!

　지난해는 정말 다사다난했다. 특히 포항 지역에 인연이 있는 우리들에게는 더욱 그러했던 것 같다. 그 이유는 POSCO의 특수성 때문이다. 지난 일 년간 우리에게 닥친 일들은 정말 감당하기 벅찬 것들이었다. 그러나 돌이켜보는 지금 이 순간은 오히려 홀가분하고 어떤 의미에서는 한 단계 성숙된 기분이 든다.

문민 정부의 탄생과 동시에 진행된 POSCO의 변화는 민주화, 합리화를 통한 조용한 내적 혁명이었다고 해도 과언이 아니다. 지난날 POSCO는 온실 속의 수목처럼 외부의 악조건에 대처하는 힘을 기르지 못했던 것이 사실이다. 우리 회사 역시 그 속에서 안주하고 있었으니 변화에 대처할 수 있는 힘이 거의 없었다는 것이 솔직한 고백이다.

다행스럽게도 회사가 살아 남은 지금 생각해 보면 개혁의 물결을 헤쳐 오는 동안 소중한 자각을 할 수 있었고 우리들의 생각은 좀더 다양해지고 성숙했다고 여겨진다. 진정한 의미로 경쟁 속에서 생존할 수 있는 방법을 깨닫게 되었다고 할 수 있다.

새해 아침 일어나 곰곰이 생각해 보니 지난밤의 꿈이 '개꿈'이었음이 확실하다. 그러기에 우리는 노력을 해야 한다. 우리는 이제부터 시작인 셈이다.

새해의 아침은 밝아 왔다. 금년 역시 생존을 위한 피나는 경쟁이 불가피할 것이다. 이와 같은 현실은 나의 것, 너의 것만이 아닌 우리의 것, 우리의 현실이라는 사실을 깊이 인식해야 한다. 그리고 자기의 맡은 바 소임을 다할 때 비로소 '개꿈'이 현실로 나타날 수 있을 것이다. (1994. 1)

'새해 새 아침'의 의미

 묵은 해를 보내고 새해를 맞을 때마다 누가 이렇게 '새해 새 아침'이란 말을 만들어냈는지 그 놀라운 지혜와 통찰력에 감탄하지 않을 수 없다. 따지고 보면 섣달 그믐과 새해 첫날은 아무것도 다를 바가 없다. 동쪽에서 해가 뜨고 서쪽으로 지는 자연적인 현상은 거의 변화가 없는 것이다. 그럼에도 '새해 새 아침'을 말하며 세월의 변화를 긍정적으로 인식하는 것은 저마다의 삶에 희망을 갖고 적극적으로 대처하기 위한 것으로 생각된다.
 삶의 질을 높이기 위해서는 반드시 지난 한 해의 결과를 분석하여 잘된 부분은 확대 시행하고 잘못된 부분은 시정하기 위한 새로운 계획을 세워야 한다. 이와 같은 자기 설계, 새로운 각오 없이 어떻게 발전을 기대할 수 있겠는가. 어제와 오늘이 아무런 변화가 없고 작년과 금년을 매듭 없이 그냥 이어 간다면 그것은 현상 유지조차 어려울 뿐더러 퇴보와 타락의 길을 자초할 것이다. 이러한 의미에서 지난해를 돌이켜보고 잘못된 점과 잘된 점을 짚어 보기로 하자.

우선 잘못된 부분을 돌이켜보면, 첫째, 우리 회사는 통폐합을 통한 구조 조정을 단행해야 했다. 물론 세계화를 대비한 경쟁력 강화라는 측면에서는 당연하고 옳은 일이라 평가된다. 그러나 이러한 와중에서 직접 영향을 받았던 당사자들은 매우 불안하고 어두운 한 해였다.

둘째, 각종 사고의 연속이었다. 회사에서 부담한 액수만 6억여 원에 달한다. 더구나 인명 손실까지 가져온 사고는 안타깝기 그지없다. 이로 인한 회사의 평가 절하, 온 식구들의 사기 저하 등으로 야기된 각종 부작용이 지금 이 순간까지도 사라지지 않고 있음은 마음을 무겁게 한다.

셋째, 급조된 회사 통합에서 오는 행정의 다원화, 인수 과정에서 비롯된 손실과 불협화음, 그리고 하청 업체와의 불미스런 사고……

그러나 긍정적인 측면이 없었던 것은 아니다.

첫째, 외형적인 확대로 매출액이 증가했다.

둘째, 업무의 범위 확대로 장비 운영의 효율화가 가능해졌다. 이를 바꾸어 말하면 원가 절감의 요소가 생겨났다고 할 수 있다.

우리의 목표는 단연 세계 제일의 특수 운송 전문 업체로 발돋움하는 것이다. 이를 위해서는 운영 장비의 최신화, 기술의 고도화, 회사 운영의 합리화 등이 선행되어야 한다. 그러나 이것만으로 모든 일이 이뤄지는 것은 아니다. 회사는 오직 분위기 조성의 역할을 수행할 뿐이며 우리 모두의 자발적인 노력이 더욱 중요하다는 것이다.

마치 과일 나무를 심고 나서도 나무가 잘 자라도록 거름을 주고 보살핀 몇 년 후에야 비로소 열매를 수확할 수 있듯이, 우리의 희망찬 미래도 개개인의 땀과 노력이 밑거름이 될 때 비로소 큰 수확을 거둘

수 있을 것이다. 우리 모두 밝은 마음, 희망찬 마음으로 힘차게 첫발을 내딛자. (1995. 1)

깊은 사랑으로 새해를

새해를 맞으면서 지난 한 해를 돌이켜보면, 무엇보다도 갑자기 이루어진 회사의 통합과 구조 조정으로 온 가족이 고통받았던 일이 떠오른다. 그 어려웠던 상황을 인내로 극복한 가족 모두에게 감사의 인사를 드린다.

지난해에는 통합 원년을 맞이하여 특수 운송 분야에서 세계 제일을 목표로 3차년 계획을 발표했다. 이의 실현을 위하여 약 100억 원에 달하는 신장비 도입을 추진하였고, 작업의 효율성을 높이기 위하여 현장 밀착 관리 체제인 팀제로 전환했다. 또한 여러 구성원들의 기술 향상을 위하여 각종 교육과 해외 파견 등 적극적인 활동을 전개했다.

이제 제2차년도인 올해에는 지난해 추진하던 일들을 지속적으로 추진할 것이고 아울러 전개한 일들의 성공적인 결과를 위하여 더욱 더 내실 있는 운영을 계획하고 있다. 우선 자본금의 증액, 회사 각종 경비의 절감, 간접비의 절감 등을 위하여 노력할 것이며 인원의 효율적인 운영으로 불필요한 인원을 성역함으로서 경직성 비용을 줄여

부채 경감의 효과를 증대할 것이다.

이러한 회사의 노력에 병행하여 전가족이 노력하여야 할 부분이 있다. 회사에 대한 깊은 애정에서 우러나오는 한 가족 의식을 바탕으로 회사가 잘되어야 모든 가족의 생활 터전이 건실해진다는 평범한 진리를 명심하여 각자 최선을 다하여 기술 연마, 장비 애호, 그리고 맡은 바 임무를 완성한다는 투철한 책임 의식을 가져야 한다는 것이다.

그러나 지난해 말 회사의 노조 간부 경선에서 빚어진 불미스러운 사태를 보면서 과연 세계 제일을 지향하는 회사가 아직도 이 정도 수준밖에 되지 않는가 하는 실망감을 감출 수 없었다.

세계 제일이 되는 길은 무엇보다 노·사간에 이심전심으로 모든 일을 이해하는 데 있다고 생각한다. 회사의 노력이 선행됨은 물론이고 각자 자기 발전을 위하여 눈을 크게 뜨고 귀를 활짝 열고 세계 제일이 되기 위한 지식을 축적할 수 있도록 스스로 노력해야 할 것이다.

자기의 확고한 신념은 무엇보다 스스로 상황을 판단할 수 있는 능력에서 생긴다. 그렇지 못할 때 감언이설에 현혹되어 마치 돈키호테 같은 행동이 연출되는 것이다. 우리의 진정한 목표 달성을 위해서는 지속적인 자기 연마, 서로 신뢰할 수 있는 아량, 그리고 서로 사랑하는 마음이 절대적으로 필요하다고 생각한다. 그것들이 갖춰질 때 비로소 세계 제일은 우리의 눈앞에 저절로 다가올 것이다.

우리 모두 서로 깊이 사랑하고 신뢰하는 가족이 되도록 함께 노력하자. (1996. 1)

비장한 각오로 다시 일어서자

다사다난했던 정축년 한 해가 지나고 무인년 새해를 맞이하였다. 보통 때 같으면 희망찬 새해라는 말로 우리의 바람을 표현하겠지만, 지금의 암담한 현실 앞에서는 그런 표현은 어울리지 않을 것 같다. 새해를 맞아 역경을 이겨내기 위한 우리의 각오를 새롭게 다지는 시간이 먼저 필요한 때이다.

지난해는 새로운 대통령을 탄생시키는 국가적 행사가 있었으며, 또한 IMF 구제 금융을 받지 않으면 안 될 국가 부도 위기에 직면했다. 국제 거래에서 우리의 지불 능력을 상실해 빚을 얻지 않으면 국가 경제가 파산에 이르는 위기인 것이다. 왜 이렇게 되었을까. 한마디로 살림살이를 잘못했기 때문이다.

예를 들어 우리 이웃의 한 가정이 파탄지경에 이르렀다 할 때 그 이유는 여러 가지일 것이다. 부부간에 애정이 식었다면 매일 같은 부부 싸움으로 집안의 분위기가 말이 아닐 것은 뻔한 일이다. 자연히 아이들은 불안과 공포에 하루하루를 보내게 되고 급기야는 공부는 뒷전으로 미룬 채 밖으로 떠도는 방황을 겪게 된다. 그러는 과정에서 나쁜 친구들과 어울리고 결국 문제아로 변해 버린다. 아버지는 매일 술타령에 시간 가는 줄 모르고 사업에도 의욕을 잃어 운영하는 기업은 부도를 맡게 된다. 어머니 역시 어렵고 복잡한 가정의 분위기를 외면하고 싶어 매일 친구들과 어울리며 살림살이를 포기하고 만다. 이렇게 되면 한 가정의 총체적인 파탄은 필연적인 결과일 것이다. 한 가정의 경우가 이러한데 국가의 경우는 더 말할 것도 없다.

이제 와서 한탄해 본들 무슨 소용이 있겠는가. 이미 지나간 일들이고 후회해도 아무 소용이 없는 일이다. 다만 지금이라도 국가 경제가 위기에 처해 있음을 알게 된 것이 다행스러운 일이라고 생각한다. 이제 남은 것은 모두가 대오각성하고 심기일전 단합하여 노력하는 길밖에는 다른 방법이 있을 수 없다. 마침 새로운 대통령이 탄생되고 국가 조직이 새롭게 정비되어 새로운 각오로 새출발하는 계기가 되었으니 다행스러운 일이다. 만약 이번에도 실패한다면 우리에게 더 이상 희망이란 단어는 찾아볼 수 없게 될 것이다.

우리 회사도 구조 조정의 후유증 등으로 수 년간 중병의 병고를 치렀다. 다행히 우리 모두의 단합된 노력으로 이제 겨우 죽을 고비를 넘겼다. 그러나 한숨 돌릴 겨를도 없이 이번엔 IMF 한파가 세차게 우리 회사를 몰아붙이고 있다. 우선 유가가 인상되었고 환율 급등에 따른 물가 인상으로 모든 자재비가 천정부지로 뛰고 있다. 금리가 상승되어 부채에 대한 이자 부담이 가중되었고, 설상가상으로 POSCO의 긴축 재정 방침에 따라 그간 현금으로 지급되어 오던 부분의 50퍼센트가 어음 지급으로 결정되어 막대한 자금의 부담을 안게 되었다. 게다가 대부분의 금융 기관의 사정이 어려워짐에 따라 기업의 자금 융통의 길마저 막히게 되어 그야말로 진퇴양난의 위치에 놓였다. 천신만고 끝에 흑자로 돌아선 기업 살림이 적자로 반전될 것이 눈에 보인다. 그렇다고 여기에서 포기하고 주저앉을 수는 없다.

우리 모두의 생존을 위하여 더욱더 허리띠를 조여 매는 노력이 요구되는 시점이다. 이에 따라 회사에서는 살아 남기 위한 전략으로 금년도 회사 운영 방침을 다음과 같이 제시하고자 한다.

첫째, 6.5시간 목표를 기필코 달성해야 한다. 현재의 6시간에서 0.5시간의 상향 달성은 부족한 인원의 몫을 하기에 충분하다. 또한 가동 장비가 그만큼 줄어들어 곧바로 수입으로 연결된다. 그것은 수입이라는 금전적 차원뿐만 아니라 부수적으로 회사가 세계 일류의 운송 수준에 진일보하는 것이고 이는 곧 우리들의 자부심을 고양시키는 길로 연결될 것이다.

둘째, 안전 사고 제로(Zero)화이다. 작년에 몇몇 사람의 방심으로 발생한 안전 사고 때문에 약 2억 원에 육박하는 금전적인 손실은 물론 당사자들의 심신의 피해 역시 막대하였다. 이는 우리 모두의 고통이며 회사의 살림살이를 궁핍하게 만드는 큰 원인이다. 그밖에도 모든 물자를 아껴 쓰는 절약 정신이 크게 요구되고 있다.

이상의 노력들이 바로 IMF 시대를 맞아 우리가 위험에서 벗어나는 길임을 잊지 말아야 한다.

요즘 우리 주변에는 매일같이 수만 명의 가장이 일자리를 잃고 수많은 가족들이 파산의 위기에 봉착해 있다. 이런 때에 나를 지키고 가족을 지키고 나의 일터인 직장을 지키는 일이 바로 우리 국가를 파탄에서 건져낼 수 있는 애국의 길이 아니고 또 무엇이겠는가. 새해를 맞이하여 어려움 속에서도 희망을 잃지 말고 비장한 각오로 다시 일어서자. (1998. 1)

사랑하는 영일 가족과 새천년을 맞으며

지난 20세기는 격변의 세월이었다. 세계사적으로는 제1, 2차세계대전을 치렀고, 소련을 위시한 공산주의의 대두로 미·소 양국 중심 체제의 냉전 시대를 맞이했으며, 세기 말에는 공산권의 국가들이 체제 경쟁에서 패배함으로써 자유민주주의 진영의 미국이 전세계를 주도하는 양상을 띠었다. 그러나 이 같은 단일 체제의 지속을 장담하기는 어렵다. 조만간 단일 체제에 대한 불만이 팽배해지고 이에 수반되는 모순을 제거하기 위하여 저항 세력이 생길 것이다. 이미 세계 도처에서 이러한 증후가 나타나기 시작했다.

최근 러시아와 중국이 그간의 적대적인 관계를 청산하고 친선을 약속했으며, 유럽연합의 국가들은 단일 경제 블록을 형성하고 군사적으로도 독자 노선을 선언함으로써 미국에 저항하고 있다.

세계적인 석학인 에릭 홉스봄이 그의 저서 『극단의 시대』에서 격변의 20세기 역사를 통하여 21세기를 예측케 하였고, 폴 케네디 예일대 교수는 『21세기 준비』에서 21세기는 세계화·정보화 시대이며 지극히 단축된 시간과 공간 시대에 적응하기 위해서는 고도의 지식과 전문적 기능이 요구된다고 역설했다. 그들의 주장은 고도화되는 과학 기술에 영향을 입어 지구촌이 지극히 협소해진다는 것을 의미하며, 모든 민족과 국가가 세계 경제권에 속하지 않을 수 없는 시대를 예고하는 것이다.

지금은 모든 분야에서 세계 질서를 통제하기 위한 각종 기구가 활동을 계속하고 있다. 예컨대 세계무역기구(WTO)라든지 심지어 비정부기구(NGO) 같은 민간 기구에 이르기까지 세계 도처에서 또한 세계 각 분야에서 일정한 기준에 의하여 통제 조정의 역할을 수행하겠다는 움직임을 보이고 있다. 이러한 움직임이 진일보한다면 세계 국가의 탄생 또한 가능하다고 보인다. 그러나 이와 같은 시대의 흐름이 그대로 선진국과 후진국 또는 강대국과 약소국 간의 불균형의 극복으로 이어지는 것은 아니다. 따라서 분명한 것은 냉혹한 국제 관계 속에서 자민족과 국가를 보존하고 발전시킬 수 있는 길은 스스로의 노력 이외에는 없다고 하여도 과언이 아니라는 점이다. 이른바 무한 경쟁의 시대인 것이다.

우리는 1999년 내내 새로운 21세기를 준비하기 위하여 여러 측면에서 예측 가능한 상황을 상정하고 이에 대처하기 위하여 우리 스스로 변해야 살 수 있다는 결론을 내렸다. 또한 세계 제일의 위치를 확보해야 무한 경쟁의 시대에 살아 남을 수 있다고 강변해 왔다. 왜 이처럼 절박한 심정으로 다그쳐야만 하는가? '세계 제일'이 아니어도 살 수는 있지 않은가? 물론 세계 제일이 아니어도 살 수는 있다. 지금까지의 세계사 속에서 선진 강대국의 국민이나 후진 약소국의 국민이나 삶을 영위한다는 점에서는 다를 바가 없었다. 그러나 우리가 중시하는 것은 삶의 질이다. 그것은 물질적, 정신적 차원을 모두 아우른 것이어야 한다.

우리는 20세기 초반 일제의 식민지가 되었던 뼈아픈 역사를 가지고 있다. 2차대전의 종료로 겨우 국권을 되찾았으나 열강들의 이해의 틈바구니에서 반쪽 나라의 신세를 면하지 못한 채 동족 상잔의 비극을 겪었고 지금도 반목과 대립의 관계를 지속하고 있는 실정이다. 이와 같은 비극은 왜 계속되는가? 바로 우리의 힘이 한반도에 영향을 미치는 열강의 힘에 미치지 못하기 때문이다. 그런 우리가 현실에 만족하고 하루 밥 세 끼 먹고 연명할 수 있다고 만족과 행복을 말할 수 있는가를 깊이 반성해야 할 것이다.

21세기를 맞이하면서 우리의 각오는 남달라야 한다. 그래서 '변해야 산다'는 점을 강조하고 싶다. 특히 후진성을 벗어나지 못한 정치 행태로는 희망이 없다. 일천한 민주주의의 역사 때문이라는 변명은 가당치 않다. 아무도 우리의 경험을 통한 자각의 때를 기다려 주지 않기 때문이다. 또한 경제적으로도 우리는 경쟁력이 미약하다. 이것 역시 스스로 극복하지 않고 다른 나라의 도움을 기다릴 수 없다는 점을 우리 모두 잘 알고 있다. 그렇다면 어느 한 가지 제대로 갖춘 것이 없는 것이 우리 나라의 실정이다. 그럼에도 우리는 노·사·정 모두가 화합하지 못한 채 IMF의 치욕스런 기억을 외면하고 있다.

새천년을 시작하는 지금 우리 모두 주변 상황을 냉철히 인식하고 스스로를 성찰해야 한다. 다시 한 번 강조하지만 변해야 살 수 있다. 지금의 편협한 사고 방식을 대승적 차원으로 승화시켜야 무한 경쟁의 21세기에 생존할 수 있고 우리의 자녀들에게 온전한 삶의 터전을 물려줄 수 있다. (2000. 1)